区域旅游产业可持续发展管理创新研究

王庆生　胡宇橙　李　烨　等著

国家自然科学基金面上项目（71373174）资助

科学出版社

北　京

内 容 简 介

本书从区域旅游产业可持续发展管理创新的概念体系入手，论证区域旅游产业可持续发展与环境保护的联动机制，探讨遗产旅游及其可持续发展问题，并以京津冀区域为例，从旅游目的地可持续发展竞争力评价、旅游产业集聚测度及其协同发展以及管理创新三个方面入手，对区域旅游产业可持续发展及其管理创新的理论与实践论题进行初步实证研究。本书的特色在于初步诠释了区域旅游产业可持续发展是一项涉及管理学、经济学和地理学的跨学科系统工程，并对环境保护、遗产旅游和国家公园等热点可持续发展问题进行了跟踪研究。

本书可供旅游高校教师、研究生和旅游科研及管理部门相关人员阅读参考。

图书在版编目（CIP）数据

区域旅游产业可持续发展管理创新研究 / 王庆生等著. —北京：科学出版社，2018.3

ISBN 978-7-03-057012-3

Ⅰ. ①区… Ⅱ. ①王… Ⅲ. ①区域旅游-旅游业发展-可持续性发展-创新管理-研究-中国 Ⅳ. ①F529.7

中国版本图书馆 CIP 数据核字（2018）第 054401 号

责任编辑：徐 倩 / 责任校对：贾娜娜
责任印制：吴兆东 / 封面设计：无极书装

科 学 出 版 社 出版

北京东黄城根北街 16 号
邮政编码：100717
http://www.sciencep.com

北京京华虎彩印刷有限公司印刷

科学出版社发行 各地新华书店经销

*

2018 年 3 月第 一 版 开本：720 × 1000 1/16
2018 年 3 月第一次印刷 印张：14 1/2
字数：282 000

定价：102.00 元

（如有印装质量问题，我社负责调换）

作者简介

王庆生，1963 年 11 月生，河南偃师人，乌克兰敖德萨国立大学哲学博士。现任天津商业大学管理学院院长，教授，旅游管理学科研究生导师组负责人。兼任天津商业大学普通高校人文社科市级重点研究基地——管理创新与评价研究中心主任，天津商业大学第五期市级重点学科——工商管理学科带头人，国家级特色专业（旅游管理）主持人，天津市级教学团队（旅游管理专业）带头人、中国旅游协会旅游教育分会理事、天津市旅游协会常务理事、天津市人民政府咨询专家库成员，全国旅游服务质量社会监督员。主持完成的科研成果获河南省科技进步奖二等奖 1 项、三等奖 4 项。获天津市级教学成果一等奖 1 项（主要完成者）。曾在乌克兰、俄罗斯、白俄罗斯、美国和澳大利亚等国留学或访学。2004 年被河南省委组织部、教育厅、人事厅等六部门联合授予"河南省留学回国人员先进个人"荣誉称号和"河南省留学回国人员成就奖"奖章；2009 年被天津市委、市政府授予"天津市优秀留学人员"荣誉称号。主编或第一作者发表著作（含教材）11 部，发表论文（独著或第一作者）70 余篇，主持承担国家自然科学基金面上项目 1 项。

胡宇橙，1973 年 8 月生，陕西榆林人，现为天津商业大学管理学院旅游管理系主任，硕士，副教授。主要研究方向为区域旅游发展、旅游企业管理，参与国家级、省部级课题多项，主持完成天津商业大学青年基金项目多项，参与完成多项横向规划课题。近些年针对研究方向发表相关学术论文，编著相关著作和教材。

李烨，1980 年 4 月生，黑龙江鸡西人，现为天津商业大学管理学院酒店系副主任，博士，讲师。主要研究方向为旅游与酒店风险管理，主持天津市艺术科学规划课题 1 项，校级课题 2 项，横向课题 1 项，参与国家级、省部级课题多项。在国内外期刊发表二十余篇学术论文和教改论文，其中发表英文论文 5 篇。出版著作两部，主编、参编、参译多部教材和著作。指导学生完成天津市大学生创新创业项目 1 项，国家旅游局英才培养项目两项，天津市大学生创新创业实践活动项目 1 项。荣获天津商业大学重要科研贡献奖、"教工先锋岗"先进个人、优秀教师、优秀指导教师、教学质量优秀奖等多项奖励。

前　言

本书是天津商业大学主持承担的国家自然科学基金面上项目（编号：71373174）结项成果的重要组成部分。

在课题组团队老师和研究生的积极配合下，本书终于在 2017 年的炎夏完成了。本书的完成，不仅对最近获批的天津市第五期重点学科——天津商业大学工商管理学科建设起到助推作用，同时使本人及团队在旅游学科研究道路上的积累进一步向前延伸。

我将本人近 30 年对旅游学科的学术求索大致归纳为三个部分：旅游高等教育；旅游规划与开发；旅游业可持续发展研究。感谢 2006 年 2 月进入天津商业大学从事教研工作以来，包括原旅游管理学院王文君在内的天津商业大学旅游教研团队对我的信任和支持，我有幸成为天津商业大学首批国家级特色专业——旅游管理专业主持人、天津市"十二五"综投重点建设品牌专业——旅游管理专业主持人，以及天津市"十三五"综投规划建设专业——旅游管理专业主持人，同时有幸获得"2016 年天津市级教学团队——旅游管理专业教学团队带头人"称号；以主持完成"旅游区规划研究"（2000 年获河南省科技进步二等奖）课题为起点，基于主持完成 40 多项各级旅游规划的实践基础，我主编的《旅游规划与开发》（第2 版）于 2016 年出版发行。从主持完成"河南省旅游业可持续发展支撑体系研究"（1999 年获河南省科技进步三等奖）课题开始，我对于旅游业可持续发展的关注和研究就从未间断过，2013 年主持申报的"区域旅游产业可持续发展管理创新研究"获批国家自然科学基金面上项目，见证了我个人对于旅游学科重要研究论题的判断、信心与坚持，也使我有了新的更高的学术求索平台。

总体而言，本书的学术贡献在于：初步诠释了区域旅游产业可持续发展是一项涉及管理学、经济学和地理学的跨学科系统工程；论证了区域旅游产业可持续发展和环境保护的联动机制；探讨了遗产旅游及其可持续发展问题；以京津冀区域为例，从旅游目的地可持续发展竞争力评价、旅游产业集聚测度及其协同发展以及管理创新三个方面，实证研究了区域旅游产业可持续发展及其管理创新的理论与实践论题。

本书是国家自然科学基金项目课题组团队协作和集体智慧的结晶。全书框架由王庆生提出，胡宇橙、李烨负责本书编写过程中的协调和组织工作。本书的具体编写分工如下：第 1 章，1.1 节王庆生、胡宇橙，1.2 节胡宇橙，1.3 节胡宇橙，

1.4 节王庆生；第 2 章，2.1 节吴静，2.2 节吴静，2.3 节王庆生、吕婷；第 3 章，3.1 节王庆生、于沐仔，3.2 节王庆生、吕婷，3.3 节王庆生、杨茜，3.4 节王庆生、张行发；第 4 章，4.1 节李烨，4.2 节王庆生、张亚州；第 5 章，5.1 节邢博，5.2 节李烨，5.3 节邢博；第 6 章，6.1 节王晓文，6.2 节李志刚，6.3 节冉群超，6.4 节王庆生；参考文献由吕婷、于沐仔整理。全书初稿完成后，由王庆生统纂定稿。

真诚感谢科学出版社徐倩编辑对本书编辑出版所付出的辛劳和给予的支持。特别感谢中国科学院科技政策与管理科学研究所徐伟宣对本课题研究给予的指导与支持。感谢天津商业大学学科办张立毅、科技处杨传民、社科处冯玉萍对课题申报、开展与管理的大力支持。天津商业大学图书馆王惠玲在课题调研、研究用图书资料购买整理方面做了大量科研辅助工作，特表谢忱。

由于我们的研究水平所限，本书论述的有关区域旅游产业可持续发展管理创新的观点和方法仅是抛砖引玉，恳请学界同仁和读者不吝指正。

2017 年 7 月 13 日

于海明园

目 录

第1章　区域旅游产业可持续发展研究的理论基础

1.1　相关概念及其研究进展

1.1.1　相关概念的界定

区域旅游产业包含区域旅游和旅游产业等相关概念,对区域旅游产业的认识,需要在以下相关概念认识的基础上进行。

1. 旅游系统

系统是指各要素以一定的目标为导向,通过相互关联作用和反馈制约机制形成的有机整体。

苏联著名旅游地理学家普列奥布拉仁斯基于1971年在其与维杰宁合著的《游憩与地理学》中,首次提出了游憩系统的概念。普列奥布拉仁斯基等研究指出,就游憩地理学(在这里视同我国的表述"旅游地理学",后同)早期研究而言,苏联研究者最初关注的问题有两个:一是出现了新的地域分异现象——游憩活动;二是既要研究游憩活动本身,又要分析自身的环境与自然、经济、系统分布的关系。游憩活动形成了特殊的社会系统类型:游憩系统。游憩系统主要由以下五个相互联系的子系统组成,即游憩者群体(旅游者子系统)、自然与文化综合体(旅游目的地子系统)、技术支持系统(旅游基础设施子系统)、服务人员群体(旅游服务子系统)以及相应的管理机构(旅游管理子系统)。

2003年,王庆生与乌克兰社会经济地理学家多普契也夫在《乌克兰地理学报》发表文章《游憩地理学理论与方法论问题探析:现代观》,进一步补充完善了地域游憩系统的概念体系,并提出了游憩产业地域组织系统,其中特别强调了游憩管理与游憩营销子系统的重要性。

近年来,旅游系统的提法已经被学术界认可,但是关于旅游系统的定义、组成、结构等基本方面,学者所持意见不尽相同。

1988年,美国著名旅游规划学者Gunn提出了旅游系统的概念。Gunn认为,旅游系统是由需求版块和供给版块两个部分组成的,其中供给版块由交通、信息促销、吸引物和服务等部分构成,这些要素之间存在着强烈的相互依赖性。

吴必虎(2001)认为,"从系统理论角度来考虑,旅游活动实际上是一个系统”，认为旅游科学和旅游规划的研究对象应该是游憩系统，这一观点和苏联学者的观点一致。吴必虎指出，在中国的实际运用中，旅游系统更容易为大众所接受，因此仍然可以使用旅游系统这一概念，但其含义应该包括游憩活动谱上的所有内容，有家庭游憩、户外日常休闲、一日游、过夜游及较长时段的度假活动等。本书同意这种观点。

基于上述内容，吴必虎提出了旅游系统构架思路，即旅游系统应包括四个部分：客源市场系统、出行系统、目的地系统和支持系统。

吴人韦认为旅游系统由旅游者、旅游企事业单位和旅游地组成，具有运转、竞争、增益三大功能，其旅游系统概念实质上是指旅游业活动系统。

陈安泽、卢云亭等提出的旅游系统框架也由供给系统和需求系统两部分组成，其中供给系统包括旅游地域系统、旅游服务系统、旅游教育系统、旅游商品系统四个子系统。进一步分析，旅游地域系统作为主要部分，包含旅游资源、旅游区或旅游地结构、旅游生态环境、旅游路线、旅游中心城镇等五个物质性内容。

张亚林认为旅游地域系统是人类各种旅游活动与各种旅游资源，通过一定的媒介和方式，在一定地域范围内的有机结合，是一个社会-地理系统。系统内部由旅游客体（旅游资源）子系统、旅游主体（旅游者）子系统和旅游媒介（旅游设施结构和旅游服务管理）子系统三个子系统组成，其实质是从空间角度来认识旅游活动系统。由此可以看出，旅游系统是一种旅游活动系统，旅游活动既包括旅游者活动也包括旅游业活动。旅游活动系统是旅游规划与开发和旅游管理要解决的核心问题。

吴承照（1998）指出，从更广泛的意义来说，由于众所周知的旅游活动的无限关联，旅游系统是一个依赖于很多行业支持的系统，旅游规划必须协调旅游业与这些行业的关系。

旅游规划与开发实践表明，旅游系统运行过程中，尤其是遵循可持续发展原则、强化与重视旅游管理子系统已成为不容忽视的方面。旅游管理子系统主要由旅游地管理机构和管理创新两部分组成。前者主要是提供旅游管理组织和体制保障，后者的重点是旅游管理方法、途径的创新。从系统论角度来看，管理是指根据一个系统所固有的客观规律，施加影响于这个系统，从而使这个系统呈现一种新状态的过程。科学管理和有效调控将成为保障旅游系统运行的关键环节。

基于上述内容，综合国内外学者观点，本书认为，旅游系统是由旅游管理子系统、旅游客源市场子系统、旅游目的地子系统、旅游出行子系统和旅游支持子系统五部分组成，具有特定结构和功能的活动系统，是自然、经济、社会复杂系统的子系统。

2. 区域旅游产业

1）旅游产业

对旅游产业的认识，学界一向存在不同的观点，针对旅游产业的性质、构成、边界等提出不同的看法。根据传统经济学对产业划分的标准，即一个产业是由主营业务基本类似、主要产品基本相同的同类企业集合而成的。旅游产业的现实情况，与此标准相差甚远。根据南开大学李天元的观点，第一，旅游产业并非由传统意义上的同类企业所构成，因为很多旅游企业的主营业务和主要产品并不尽相同；第二，在旅游产业中，因游客服务业务的开展而产生的投入与产出难以清晰地进行测算和确定；第三，在旅游产业中，大多数旅游企业实际上都隶属于某一传统的标准产业。但是，旅游产业又客观存在，而且在现代世界中发挥着重要的促进经济发展和社会发展的作用。根据世界旅游组织（World Tourism Organization，UNWTO）的统计，2015 年世界旅游出口额达到 1.5 万亿美元，提供的各类就业岗位比例达到 9%，旅游经济产出占世界经济总产出的 10%。据 2015 年国家统计局第 10 次常务会议通过并予以公布的《国家旅游及相关产业统计分类（2015）》，该分类分为旅游业和旅游相关产业两大部分。

旅游业是指直接为游客提供出行、住宿、餐饮、游览、购物、娱乐等服务活动的集合，旅游相关产业是指为游客出行提供旅游辅助服务和政府旅游管理服务等活动的集合。所以，在现有的对旅游产业概念的认知中，李天元的观点和张辉的观点更加符合行业发展的实际：李天元认为，旅游业就是以旅游消费者为服务对象，为其旅游活动的开展创造便利条件，并提供其所需产品和服务的综合性经济产业；张辉认为，旅游产业是以旅游活动为中心形成的配置行业，凡是为旅游活动提供直接或间接服务的行业和企业，都是这个配置产业的组成部分。

也有学者将旅游产业分为三个层面：①旅游核心产业，包括旅行社行业、旅游饭店业和景观业等；②旅游特征产业，与世界旅游组织界定的旅游特征产业对接，包括直接为游客服务、与旅游密切相关的行业；③旅游经济产业，指通过旅游经济活动所拉动的直接、间接的产业，包括 50 多个行业。也有学者从旅游产业内涵的角度指出，旅游产业是一个范围非常宽泛的、跨部门、跨行业、跨产业的产业，是一个有机的企业和行业的集合体。

本书认为，从产业要素结构上，可以将旅游产业分为四大部分：旅游资源，含自然旅游资源和人文旅游资源；旅游服务，包括购物、交通、住宿、饮食、电信、出入境、医疗保健、心理学服务、宗教、益智、娱乐等；旅游基本用品，含农产品、工业产品和基础设施生产；旅游管理，主要包括宏观管理和市场营销及旅游企业管理等。根据以上行业发展的实际情况和各学者的观点，本书认为，旅游产业是以旅游者为服务对象，以旅游活动为纽带而形成的包括交通、住宿、餐饮、游览、购物、娱乐等相关行业和企业的综合性经济产业。

2）区域旅游

认识区域旅游之前，首先对区域进行界定。区域一般是指一个客观上存在的空间概念，它没有严格的范畴和边界以及确切的方位，大到数个国家小到一个自然村均可以构成一个区域。不同的学科对区域有各自的理解。地理学把区域看作地球表面的地域单元；政治学把区域看作国家管理的行政单位；社会学把区域看作相同语言、相同信仰和民族特征的人类社会聚落；经济学把区域看作便于组织、计划、协调、控制经济活动而从整体加以考虑的并兼顾行政区划完整性的一定的空间范围。区域在实际应用时常以行政区划的边界为界限。区域在旅游学科中有两方面的含义：一是根据所研究问题的需要和特性而具有一般意义的抽象概念，没有明确的边界范围，可以是地理意义上的区域，或是政治意义上的区域，还可以是经济意义的区域，如区域旅游资源等；二是指空间意义上的区域概念，其含义也因研究对象不同有经济意义、地理意义、政治意义之分，如京津冀区域旅游等。

区域旅游的概念至今没有公认的表述，国内学者从自己的学科背景和研究目的出发，提出了不同的观点。1987 年，在中国地理学会人文地理专业委员会的一次会议上，陈传康等首先提出了区域旅游的概念，认为区域旅游就是在旅游资源分布相对一致的空间内，以中心城市为依托，依据自然地域、历史联系和一定的经济、社会条件，根据旅游者需要，经过人工开发与建设，形成有特点的旅游空间，包括各种类型的旅游区和旅游交通网络体系，以吸引旅游者在一定区域内旅游。此定义提出的时间最早，陈传康等认为资源是区域旅游组织的基础，在当时的发展条件下，该定义对区域旅游研究起到一定的积极作用。后来，不同的学者对区域旅游作过不同的研究和阐述。涂人猛（1994）认为区域旅游是以区域作为相对独立的单位来接待旅游者、组织安排旅游活动的经营服务方式，是特定空间存在的旅游策划活动及其关系的综合，该定义将区域旅游界定为某一空间独立服务旅游者的经营活动，停留在将区域看作目的地的认识上，有一定局限。郑荣富（1997）认为，区域旅游是依据旅游资源、交通、设施以及地理位置、行政区划等要素，以客源集中的中心城市或著名的旅游点为依托，以彼此相互协作的接待服务为基础，形成的较为完整的旅游区域。显然，这种界定为以旅游中心城市、旅游中心景点为核心，向周边扩散的核心-边缘理论给区域旅游合作中的应用提供了依据。郑耀星（1999）认为区域旅游是指跨行政区域的一些旅游地域空间关系密切的地方在一定空间范围内的跨行政区域的旅游，该定义强调区域旅游中各地方之间跨行政区域的相互关系。李永文和史本林（2000）认为，区域旅游从范围上看是指特定地域的旅游，从组成要素上看是指以人类旅游活动为主体、以旅游观光对象为客体，并由其他人文与自然要素交织而成的旅游地域系统。与前几种定义相比，该定义有一定突破，将区域旅游看作一个地域系统，但是，受当时旅游业发展局限的影响，其对旅游产品类型的认识停留在观光旅游层面上。薛莹（2001）从结构的角度出发，认为区域旅游应是依据旅游经济活动的自然联系而构成的旅游层次，在市场的作用下，以分工、交换和协作方式形成的联系相对紧密的旅游要素集群，区域旅游是带有该区域特点的特色旅游，具有地理的共同性及资源或旅游经济结构上的相似性，它们可以拥有共同的资源，也可以有较接近的文化背景，或类似的旅游产品形式。

从前面对区域旅游的研究进程看，区域旅游在实际发展中不断发展演变，由最初的以某一级别的行政区划的范围，不断地扩大到跨行政区域的旅游合作，或从区域范围内出于打造完整的旅游产业链目的而等形成的区域旅游系统。所以，基于历史发展的视角，结合旅游产业的实际发展情况，本书认为，区域旅游产业是在某一行政区域空间内或跨行政区域空间，以旅游者为服务对象，以旅游活动为纽带而形成的包括交通、住宿、餐饮、游览、购物、娱乐等相关行业和企业的综合性经济产业。

3. 全域旅游

2017 年 3 月 5 日中华人民共和国第十二届全国人民代表大会第五次会议上，李克强总理在政府工作报告中强调进一步释放国内需求潜力，提出完善旅游设施和服务，大力发展乡村、休闲、全域旅游。全域旅游表述首次出现在国家政府工作报告中。

国家旅游局自 2015 年启动的国家全域旅游示范区创建工作，旨在推动旅游业由景区旅游向全域旅游发展模式转变，推动旅游业创新、协调、绿色、开放、共享发展，促进旅游业转型升级、提质增效，构建新型旅游发展格局。国家旅游局先后公布了两批国家全域旅游示范区创建名单：2016 年 2 月国家旅游局公布了首批国家全域旅游示范区创建名录，共计 262 个；2016 年 11 月国家旅游局公布了第二批国家全域旅游示范区创建名录，共计 238 个。根据 2015 年 9 月国家旅游局颁布的《关于开展"国家全域旅游示范区"创建工作的通知》，主要考核指标包括：①旅游业增加值占本地国内生产总值（gross domestic product，GDP）比重 15% 以上；②旅游从业人数占本地就业总数的比重 20% 以上；③年游客接待人次达到本地常住人口数量 10 倍以上；④当地农民年纯收入 20% 以上来源于旅游收入；⑤旅游税收占地方财政税收 10% 左右；⑥区域内有明确的主打产品，丰度高、覆盖度广。

精确地讲，全域旅游是国家旅游局"十三五"时期为推动我国旅游产业快速健康发展而提出的一种区域旅游发展理念或模式，随着国家全域旅游示范区工程的全面深入推动与建设，全域旅游也成为当今中国无论是学界还是业界关注的热点议题之一。一般认为，全域旅游是指在一定的行政区域内，以旅游业为优势主导产业，实现区域资源有机整合、产业深度融合发展和全社会共同参与，通过旅游业带动乃至统领经济社会全面发展的一种新的区域旅游发展理念和模式。

相应地，全域旅游目的地就是一个旅游相关要素配置完备、能够全面满足游客体验需求的综合性旅游目的地、开放式旅游目的地，是一个能够全面动员（资源）、立足全面创新（产品）、可以全面满足（需求）的旅游目的地。从实践的角度，以城市（镇）为全域旅游目的地的空间尺度最为适宜。

1.1.2　研究进展

1. 区域旅游系统研究

区域旅游系统研究是在一定区域空间范围内，与区域旅游产业发展相关联的自然、社会、经济、历史、文化、政治等要素构成一个相关联的整体，如何优化各关联要素达到共赢成为区域旅游产业健康发展的关键。

根据对中国知网的检索，1989 年在青岛召开的区域旅游开发与旅游地图学术研讨会上，关发兰在《区域旅游系统网络结构分析与网络优化设计——以四川省为例》的论文中对区域旅游系统进行阐述，认为区域旅游系统是指与区域旅游业发展相关的自然、社会、经济、历史、政治、文化和工程技术等一切要素在一定的地域空间范围内相互关联、相互制约和作用而共同形成的有机整体。基于系统的整体性原理，探讨如何通过不同特色和类型旅游地域的联合与协作，形成区域旅游网络，使其产生一种大于各部分之和的总体效应，同时也增强组成网络的各地域单元个体的对外旅游吸引力。关发兰在论文中提出了区域旅游系统的概念并进行界定，并以四川省为例研究了区域旅游系统网络结构及其优化，已达到区域内各节点共赢的效果。

目前，国内学者基于旅游地域系统视角，多侧重于研究区域旅游开发的相关问题，而探讨旅游产业空间集聚机制问题的成果则相对较少。张亚林（1989）较早地从旅游地理学角度对旅游地域系统进行研究，初步介绍了苏联及欧美学者的相关研究成果，并对系统的基本含义、结构联系等方面进行了理论分析。李波等（2000）运用 Delphi 法和层次分析法，建立了我国川南旅游小区开发序位评价模型，并通过该模型对川南 14 个旅游小区的开发价值进行了评分，在旅游地域系统理论的指导下，以各小区得分为主要依据，对川南旅游地域开发的时空模式进行了探讨。黄泰等（2003）通过分析旅游地域系统和区域城市体系在要素、结构及功能上的多层耦合关系，归纳出一定区域城市支持下的旅游地域系统空间组织——地域旅游城市网络等级体系模式。黎华群（2005）研究了长三角地域旅游城市网络体系的空间组织问题，并提出了该区域旅游产业联动发展的对策和建议。黄金火和吴必虎（2005）以西安地区为例，探讨了区域旅游系统空间结构的模式和优化问题。王庆生等（2005）以旅游地域系统理论为基础，对河南省地域旅游系统进行了初步研究。何效祖（2007）基于对旅游地域系统结构构建的分析，对旅游资源评价方法进行了综合研究。李雪等（2012）基于对旅游地域系统的界定，从旅游流空间分布及其集聚扩散、系统空间组织形态、系统演化模式及演化机制等方面对国内外旅游地域系统演化的相关文献进行了系统回顾，并提出了现有研究存在的不足和研究趋向。

2. 区域旅游系统空间结构及其优化研究

区域旅游系统研究围绕区域旅游系统结构及其优化在理论和实证方面展开。佟玉权（1998）基于科学的旅游开发规划对区域旅游系统结构优化的倚重，从系统论的角度出发，阐述了区域旅游系统中的结构问题，并提出由宏观旅游系统结构优化与微观旅游系统结构优化构成的科学组织区域旅游系统结构的一系列理论与方法。黄金火和吴必虎（2005）以西安地区为例，研究了区域旅游系统空间结构的模式和优化问题，重新构建了由旅游目的地区域、旅游区、节点、区内路径、人口通道和客源地市场六个要素构成的旅游系统空间结构模型，并按照旅游开发的时序关系，阐述了该模型在不同阶段的演变形态和特征。实证分析表明：西安旅游区当时的旅游系统空间结构处于放射模式阶段，通过旅游线路体系的完善和空间结构的重组与优化，西安旅游区可演变为较为理想的扩展模式。随着我国经济、社会、科技的发展，区域旅游系统中的各种因素也在不断地发展变化，其中高铁的发展便是其一。赵磊（2011）从区域旅游系统的内在逻辑结构出发，针对区域旅游系统研究中概念应用模糊的现实，提出了从区域、产业、市场、社会四个维度构建的区域旅游系统关系网络模型，揭示了区域旅游系统的内在网络结构关系。姜雪梅（2013）针对哈大高速铁路对区域旅游系统空间结构的影响进行研究。基于协同理论的视角，哈大高速铁路对其沿线的东北三省旅游系统的空间结构产生了重要的协同影响，使该区域旅游系统在高速铁路的作用下从无序向有序演变，尽管仍有个别强势的旅游城市处于旅游系统整体发展的支配地位以及高速铁路本身发展仍存在票价过高、站点过偏等问题。薛倍珍（2017）在分析陕甘旅游空间结构特征的基础上，运用区域开发中的点-轴系统理论，确定了旅游发展重要节点的等级、发展轴线、重点区，提出陕西以西安为中心辐射，形成关中、陕北、陕南三大旅游区，甘肃以兰州、敦煌、天水为三大旅游核心，以丝绸之路旅游为主轴线连接各节点城市，辐射新疆、宁夏、青海等丝绸之路经济带的相关其他节点城市，带动整个丝绸之路经济带地区旅游资源与空间结构的优化，实现旅游业健康、持续发展。

3. 区域旅游合作研究

旅游产业具有开放、关联程度高的产业特征，区域旅游产业要实现可持续发展，必须重视区域旅游合作。区域旅游合作的实践，已随着客观需要在我国展开，包括环渤海地区、长江三角洲（简称长三角）城市群、珠江三角洲（简称珠三角）地区等，对区域旅游合作的研究也随之展开。现将区域旅游合作的研究方向及重点归纳如下。

1）区域旅游合作概念的认识

对于区域旅游合作，国内学者的定义有所差异。普遍有两种认识，第一种认为，区域旅游合作指的是在一定区域范围内的不同地区之间的旅游合作；第二种认为，区域旅游合作指的是不同区域之间的旅游合作。

第一种认识中，薛莹将区域旅游合作定义为区域范围内不同地区之间的经济主体，依据一定的协议章程或合同，自愿进行的协作性和互利性的旅游经济活动，在更多意义上是一种经济行为，属于区域经济合作的范畴。在之后的相关研究中，许多学者继续探讨区域旅游合作的概念，基本观点与此相似，认为区域旅游合作是在一定的区域范围内，各地区之间进行的旅游合作，具体表述有所不同。这种认识获得了国内许多学者的认同，并在其研究中应用了这一定义。

第二种认识中，学者更多的是跳出了传统的区域概念的限制，从系统学等理论出发，从主体、内容、形式等角度对这一概念进行论述。梁艺桦等（2004）提出，区域旅游合作是由不同行为主体和资源、交通、商品、信息等旅游产业要素及区域性相关关系构成的有机体系。这一定义中，区域旅游合作是一个有机系统，该系统涵盖了各个主体、产业资源，而正是不同的主体、资源之间具有的相互关联才构成了这一系统的有机性。

分析以上两种认识可以看出，二者对于区域旅游合作认识不同的根源在于：对合作空间范畴的界定不同，即认为合作是否必须在一定的地域范围内。例如，在第一种认识下，有长三角区域旅游合作、珠三角区域旅游合作、环渤海区域旅游合作等提法，这些合作的区域是地域上相连的；在第二种认识下，有京港澳区域旅游合作的提法，京港澳不能算严格意义上的区域，但可以看作不相连的区域或分离的区域，也有学者在研究中为避免混淆，将此类合作称为跨地域旅游合作。

2）区域旅游合作主体研究

区域旅游合作中有多重参与者，最主要的就是参与主体，通过研究参与主体及其地位、角色等问题，有助于理顺合作过程，实现多方共赢。对于区域旅游合作主体的认识，经历了一个发展过程。研究早期，也正是我国区域旅游合作实践的早期，学者认为合作主体是政府与企业。随着研究与实践的逐步深化，一些学者认识到非政府组织也是区域旅游合作的重要主体（葛立成等，2007），如一些旅游企业行业协会、区域旅游组织等。有学者进一步研究了多个主体在区域旅游合作中面临各自的利益诉求时，如何解决利益冲突，多方合作主体在合作中如何协调配合，从而推动合作的发展的问题，使一些学者认识到需要认清不同合作主体在合作中的地位、作用、角色等。根据我国的具体国情，一些学者（张新，2007；马晓冬等，2005；薛莹，2001）认为，政府理应成为区域旅游合作中最重要的主体，而旅游企业应处于合作中的第二主体地位。一些学者则从区域经济学角度出发，认为旅游企业是区域旅游合作的主体，但具体认识也有差异。例如，靳诚等（2006）认为，从我国区域经济、区域旅游发展的历史与现状来看，第一主体——企业一直处于缺位状态，实际上是由政府多年来一直充当着最重要的主体。2014 年在北京召开的第三届信息、商业和教育科技国际会议（international conference on information，business and education technology，ICIBET）上，孙国学提出区域旅游合作是区域旅游经济协作系统中各构成要素之间的相互促进、相互制约的关系，政府、旅游企业和非政府旅游组织这三个不同层面上的合作主体是有机的组合，缺一不可。

3）区域旅游合作模式研究

区域旅游合作模式是指在区域旅游合作的实践中表现出来的基本形态与总体特征，是区域旅游合作较多采用的形式、内容、方法、途径的统称（秦学，2004）。由于区域旅游合作的多层次性和多元化的特点，区域旅游合作模式也呈现出多层次和复杂性的特点。一些学者从不同角度探讨了区域旅游合作模式的相关问题。

吴必虎（2001）提出区域旅游的"1231"模式，即以旅游产品开发、管理为中心的区域旅游开发昂普理论，旅游目的地营销规划和管理规划模式，资源-产品转化的三生模型（共生、更生、伴生）以及分级分类旅游资源评价体系，对区域旅游开发实践具有重要的指导意义。陶伟和戴光全（2002）及吴泓和顾朝林（2004）提出了区域旅游发展的竞合模式。王铮等（2003）尝试构建区域旅游空间模型。尹贻梅（2004）在对区域旅游空间竞争合作的相关理论进行研究的基础上，构建利用空间竞争合作的分析模型，对跨行政区域的旅游地旅游竞合模式进行探讨，提出市场主导、政府推动、地区参与的合作模式。这一模式充分发挥了市场、政府、全行业、全社会的集体力量，让各个主体充分参与到区域旅游合作实践中，对加强区域旅游合作、优化区域旅游结构、实现区域旅游一体化具有现实意义。邹晓明等（2004）将区域旅游合作模式归纳为三种：

水平合作、垂直合作、交叉合作。秦学（2004）根据世界旅游业区域合作的现实情况，从旅游业区域合作的时间维度和空间维度两方面归纳出以下四种主要的合作模式：内容单一化合作模式（以旅游业某个领域为内容、特定目的驱动下的单一化旅游业区域合作）、行业综合性合作模式（以旅游行业为主要内容、企业为主体、市场推动下的全行业合作）、多元化全方位合作模式（众多产业参与、主体多元化、综合机制协调下的全方位旅游业区域合作）、关联性区域合作模式（非以旅游业发展为目的，但对旅游业有促进作用的区域合作）。范春（2005）从区域旅游合作内容的角度入手，将区域旅游合作模式分为资源合作、市场合作、交通合作、旅游地秩序共建、旅游线路合作、旅游教育合作等。杨荣斌等（2005）从地理学区域发展的角度，对我国区域旅游合作进行研究和总结，将区域旅游合作结构模式归纳为点-轴发展模式、单核辐射模式、双核联动模式、核心-边缘模式、网络型模式五种类型。还有学者从产业集群的角度来探讨区域旅游合作模式的问题。张广海和刘佳（2007）从环境优势、专业化分工、集群地域性与层次性等方面入手，分析环渤海地区旅游产业集群的形成条件，并提出环渤海地区政策制度、旅游要素、市场网络、区域空间整合与协作的模式，以推动环渤海区域旅游整合与协调发展。朱红兵和冯翔（2014）以长三角区域旅游合作为研究对象，依据合作主体、合作领域、合作途径等要素，将长三角区域旅游合作发展模式归纳为政府主导型的旅游合作模式、政府推动型的旅游合作模式、企业主导型的旅游合作模式、行业引导型的旅游合作模式以及项目驱动型的旅游合作模式五种基本类型，并从合作主体、合作分工、合作领域、合作效果等方面对这五种合作模式进行评价。王新越和司武兴（2016）从社会经济和旅游业发展现状出发探讨中国—东盟旅游业未来的发展与合作模式，分析了21世纪海上丝绸之路中国—东盟段国家旅游合作在交通、社会文化、旅游资源、政府支持力度等方面的优势，以及在经济发展差异、区域旅游发展、局部冲突、旅游人力资源等方面的发展障碍，提出通过初期对旅游资源的整合、中期基础设施的互联互通、大力发展"互联网+旅游"和"旅游+"的合作模式、长期打造21世纪海上丝绸之路旅游联合开发的无障碍发展模式，最终实现海上丝绸之路旅游合作的理想目标。

4）区域旅游合作机制研究

区域旅游合作机制是区域旅游合作中各要素间相互作用的关系和方式，区域旅游合作机制是区域旅游合作中需要解决的一个重要问题，对合作实践与合作研究的发展有重大影响。国内学者对这一问题一直都有较多的关注，由于对机制的认识有所不同，研究的角度也有所差异。葛立成等（2007）分析了区域旅游合作发展的过程，提出区域旅游合作不是单一机制作用的结果，需要行政推动机制、市场调节机制、协商解决机制、法律保障机制、人文融合机制等多种机制的合力。比较常见的是对于区域旅游合作中的动力机制的研究，也就是研究区域旅游合作的动因。涂人猛（1994）通过对区域旅游形成基础的分析，得出结论：区域旅游形成和发展的动力机制是区域旅游系统内部各要素间的共生效应、互补效应和整体效应。成才于1999年研究环渤海旅游圈的运行时，认为区域经济聚集的规模优势与旅游经济发展水平的趋同是该旅游圈运行的动力机制。尹贻梅（2004）将旅游空间竞争合作动力机制总结为：实现全局共赢，获得成本优势，市场互换保证客流，增强抗风险能力，迎合旅游需求发展趋势。靳诚等（2006）认为区域旅游合作演化的动力可归纳为三类：空间生长力、市场驱动力、政府调控力，这是区域旅游合作演化的动力作用机制，也是合作原则的基础。还有一些学者对区域旅游合作的运行机制进行研究。申葆嘉（1993）强调了在合作中建立竞争机制的重要性。马晓冬等（2005）用博弈论的基本原理，研究了区域旅游合作与发展的机制，指出区域旅游合作的过程就是合作主体的博弈过程。

由于合作实践中出现的一些问题，学者越来越重视对区域旅游合作协调保障机制的研究。李爽（2006）分析了国内区域旅游合作中存在的问题，探讨了这些问题出现的原因，并指出要克服这些合作障碍，必须建立起一整套有效的协调保障机制。乌兰（2007）强调了建立协调保障机制的重要性，尤其要重视政府间合作，在规划中协调配合，建立协调保障组织。区域旅游合作中各主体之间的利益冲突、利益分配常常成为制约合作进一步发展的问题，为解决这一问题，学者研究了利益分配机制。吴洪梅（2010）认为存在当地政府的地方保护主义和多目标诉求，旅游资源经营者过度的经济利益诉求，当地居民的生活质量与经济目标的冲突，旅游从业者、当地的公众、媒介、学校、医院和环境保护单位等其他利益相关者的矛盾冲突。为实现区域旅游合作中利益主体的利益均衡，应强化政府责任、协调经营者目标、优化资源配置、注重公众参与、增加当地社区和居民的发展机会、制定旅游跨区域发展的制度约束机制。

5）区域旅游合作中的问题及对策研究

随着区域旅游合作的不断发展，合作中存在的一些问题逐渐显现出来。例如，区域内各地之间的行政区划限制、合作主体追求自身利益最大化而忽略整体利益、合作协调组织形同虚设等，这些问题制约着合作的进一步推进。针对合作中存在的种种问题，研究者也在不断探索相应对策。宋金平和杜红亮（2005）分析了区域旅游合作的旅游资源、产品基础、旅游协作的可能性与可行性以及合作中存在的问题，提出了相应对策与建议。何颖（2006）研究了中国与东盟的区域旅游合作，指出应利用合作制度安排的多样性以及旅游合作中的机遇和平台，展开对接活动。丁敏（2006）分析了长三角区域旅游一体化的现实情况，提出了深化推进一体化发展的相关对策。金序能和陈学光（2007）通过对旅游集散中心进行研究，认为它已成为我国部分地区散客出游的主要方式，并成为区域旅游合作的资源整合平台，有助于区域旅游合作的参与主体形成合力，增强区域旅游竞争优势，形成区域旅游创新网络，使区域旅游创新从线性组合模式发展为网络创新模式。李伟卓（2011）认为京津冀区域旅游合作缺乏统一规划，缺少精品线路，没有形成统一品牌，合作主体缺乏，合作范围有待扩大，旅游信息化程度不高，区域旅游产业链不完善，并提出加强统一规划和行业管理、加大科技创新和市场联合开拓等对策。

6）信息化背景下的区域旅游合作研究

进入 2000 年后，互联网和信息技术在旅游产业中广泛应用，在一定程度上促进和改变着区域旅游合作进程。王学典和朱斌（2016）认为"互联网+"的新思维为区域旅游合作的发展带来了新机遇，为区域旅游合作的发展注入了新理念，还为区域旅游合作的信息整合提供了新支持，更促进了区域旅游合作产业的创新与转型升级，依托"互联网+旅游"模式，为深化区域旅游合作的发展提出了区域旅游信息一体化、区域旅游营销一体化、区域旅游产品一体化、区域旅游交通一体化的发展路径。李茜燕（2016）从大数据背景下分析了区域旅游合作，认为旅游经济信息大数据是大数据时代发展的必然结果，区域旅游合作是旅游业发展到一定阶段的必然产物，因此，旅游信息大数据与区域旅游合作的耦合发展，既适应时代发展的需要，也是促进我国旅游经济可持续发展的必然选择。鉴于此，应加强旅游基础设施尤其是旅游信息大数据相关设施建设；大力推进智慧旅游平台建设；进一步加强区域多层次旅游合作，拓宽合作领域；进一步明确三大主体职责，形成多元合力；大力推进基于旅游信息大数据的跨区域旅游产业集群建设。郑杰雄（2015）从智慧旅游的视角研究了区域旅游合作的可能性，认为智慧旅游是旅游业和信息业融合的产物，其整合技术是深化区域旅游合作的重要手段。智慧旅游为区域旅游合作发展规划提供了新理念，为区域旅游信息整合提供了新路径，促进了区域旅游业转型升级，并以厦门、漳州、泉州三市为例，探讨了应充分发挥智慧旅游的积极作用，在区域内旅游管理、旅游交通、旅游营销、旅游信息方面深化区域旅游合作。

7）区域旅游合作效果评估与影响因素研究

徐虹和李秋云（2016）初步构建了以关键性因素、合作关系、合作机制、绩效结果及合作管理为基本评价维度的府际间区域旅游合作发展性评价逻辑模型及指标体系，这些评价维度较好地反映了府际间区域旅游合作的运行与绩效情况，是区域旅游合作发展性评价的基本内容。徐虹和李秋云（2017）从政府自身评估角度，建立了合作关系、合作主体、环境因素对区域旅游合作效果影响的假设，并采用回归分析法进行验证，探讨了京津冀区域旅游合作效果的影响因素。

1.2 管理创新理论

1.2.1 管理创新及相关理论

管理创新是一个古老而宽泛的概念。随着人类经济活动范围的不断扩大和创新活动的日趋复杂，管理创新理论经过了三个发展阶段而且内涵不断丰富、日趋复杂。

1. 管理创新与技术创新理论的形成——熊彼特的开创性贡献

20世纪初，人们对管理创新的理解以技术发明、技术进步为核心。奥地利经济学家熊彼特，首次提出了创新的概念，并将管理创新视为经济增长的内生因素。按照熊彼特的观点，管理创新就是建立一种新的生产函数，也就是说，把一种从来没有过的关于生产要素和生产条件的新组合引入生产体系。它包括5种情况：①采用一种新产品或一种产品的新特征；②采用一种新的生产方法；③开辟一个新市场；④掠取或控制原材料或半制成品的一种新的供应来源；⑤实现任何一种工业的新的组织。因此"创新"不是一个技术概念，而是一个经济概念。它严格区别于技术发明，是把现成的技术革新引入经济组织，形成新的经济能力。熊彼特还提出了实现管理创新的途径——两种模型：模型一，认为实现管理创新主要靠企业家来推动，该模型高度重视和强调企业家的管理创新作用；模型二，认为垄断企业在管理创新中发挥巨大的作用，指出完全竞争不仅是不可能的，而且是低劣的，它无权被树立为理想效率的模范。事实上，大企业已经成为经济进步的有力的发动机，尤其是已成为总产量长期扩张最有力的发动机。

熊彼特对管理创新研究的主要贡献在于开创了对管理创新问题的研究。熊彼特对管理创新内涵的界定，不仅包括技术创新，还包括实现企业新的组织的制度层面的创新活动。熊彼特把管理创新的主体定位于企业，虽然他提出的管理创新的内涵涵盖了制度创新面的创新活动，但是其研究的核心内容是技术创新。其后追随者的主要研究领域为技术创新和组织创新领域，但主要研究成果则集中在技术创新领域。

2. 制度创新的形成与发展——新制度经济学的贡献

到20世纪中叶，由于新制度经济学的创立，才提出了制度创新问题。新制度主义的代表人物之一诺斯运用熊彼特的创新理论来考察制度变迁现象，首次提出了制度创新的概念，后来又建立了一个包括产权理论、国家理论和意识形态理论的系统的制度创新理论。

诺斯是新制度学派最重要的代表人物，因制度学派的理论创新而获得诺贝尔经济学奖。在《制度变迁与美国经济增长》《西方世界的兴起》《制度、制度变迁与经济绩效》等著作中，他构建了一个完整的理论框架，重点分析经济发展中的制度创新和制度安排。诺斯认为，制度创新是使创新者获得追加利益的现存制度安排的一种变革。制度之所以会被创新，其动力是创新的预期净收益大于预期成本，而这些收益在现存的制度安排下是无法实现的，只有通过人为地、主动地变革现存制度中的阻碍因素，才可能会获得预期的收益。

西方制度创新理论的发展经历了两个阶段。第一阶段主要研究制度创新的动力机制，制度创新被看作局中人对获利机会自发反应的结果，制度创新属于需求诱致型。但是，单单有制度创新的需求还不足以导致制度的创新。随着制度创新研究的深入，制度的供给问题就日益引起人们的重视。以制度的供给为重点的制度创新研究，是制度创新理论发展的第二阶段。制度设计理论是制度供给理论研究的重要内容。

3. 国家创新系统理论的兴起——弗里曼的奠基与理论的发展

到了 20 世纪下半叶，知识创新的重要性引起人们的高度重视，知识经济、信息社会等概念的提出，又进一步使人们认识到各种社会活动之间存在着互动关系，创新是各种社会活动的有机统一整体，这时的创新活动被提高到国家的高度。英国经济学家克里斯托弗·弗里曼 1987 年在考察日本时发现，日本的创新活动无处不在，创新者包括工人、技术人员、管理者、政府等。弗里曼发现，日本在技术落后的情况下，以技术创新为主导，辅以组织创新和制度创新，只用了几十年的时间，使国家的经济出现了强劲的发展势头，成为工业化大国。由此，弗里曼提出了国家创新系统理论。此后，国家创新系统理论从各个层次得到广泛的研究，形成了国家创新系统的宏观学派、微观学派和综合学派。

因为管理创新可以涉及多个领域，根据本书研究的主题，将管理创新限定为行业管理创新内容，后面所涉及的管理创新，均指行业管理创新的领域。

1.2.2　产业管理创新的含义

产业是具有某种同类属性的具有相互作用的经济活动组成的集合或系统。产业经济学研究的是产业内部各企业之间相互作用关系的规律、产业本身的发展规律、产业与产业之间互动联系的规律以及产业在空间区域中的分布规律等。产业经济学是一门新兴的应用经济学，其完整的学科体系的基本确立距离现在的时间尚短，目前仍在发展之中。按照熊彼特的观点，创新就是建立一种新的生产函数，也就是说，把一种从来没有过的关于生产要素和生产条件的新组合引入生产体系。从不同的角度来看，创新的内涵十分丰富，既可以是开发一种新事物的过程，也可以是采用新事物的过程，或者是新事物本身。

从产业管理创新的内容来看，产业经济活动创新需要从产业经济活动的生产力属性和生产关系属性这两大根本属性的变革的角度出发进行研究。科学技术是第一生产力，生产力属性变革的根本动力就是技术创新。生产关系体现的是人与人之间的关系，因此生产关系变革的根本内容就是规范人们的社会经济行为和相互关系的规则的变革，也就是制度创新。

从产业管理创新的对象来看，产业经济活动创新的对象首先是特定产业的经济活动，而最终表现出来的是产业经济的产业组织、产业结构、产业布局等内容的变革。

根据产业管理创新的内容和对象的特点，借鉴国内外学者的相关研究成果，可以将产业管理创新的内涵界定为：产业管理创新指的是产业管理创新系统中的政府、企业等核心要素和高校、研发机构、中介机构、金融机构等环境要素，通过技术创新、制度创新的组合创新，对特定产业、产业链、产业群实施创新活动，实现产业组织、产业结构、产业布局等质的改变和量的提高。

1.2.3　产业管理创新的特征

根据产业和创新的内涵，总结国内外产业创新活动经验和相关研究的成果，可以识别出产业创新具有以下特征。

1. 管理创新要素的多样性

产业的主体是企业，企业是产业管理创新系统的核心要素。国内外的经验表明，产业的发展与产业管理创新系统中的政府、企业、社会组织等多方面的系统要素紧密相关。在产业管理创新活动中，新的生产函数的引入不是单个或某几个企业仅仅依靠自身的力量就能实现的，往往需要政府的支持、社会组织的积极参与，它是由多要素参与的一项大的系统工程。

2. 管理创新成果的质变性

产业管理创新活动的目的是产业发展状况的改变，包括传统产业的提升和新兴产业的兴起。产业经济学揭示的是产业发展的规律，而产业管理创新活动则注重在特定环境条件下,创新者能动地引入新生产函数以大大改进产业发展的进程,使得产业发展实现质的进步。

3. 管理创新对象的复杂性

产业经济的研究对象包括产业组织、产业结构、产业布局、产业政策等内容,它们也是产业管理创新活动的对象。从产业经济的层面看,产业管理创新的内容是十分丰富而复杂的,产业组织管理创新包括产业市场创新、企业竞合创新、企业规模创新等,产业结构创新包括产业技术创新、产业关联创新、发展方式创新等,产业布局创新包括产业布局模式创新、产业集群创新等,产业政策创新包括产业结构政策创新、产业组织政策创新、产业布局政策创新等。

4. 产业范围的区域性

产业管理创新活动的对象是处于特定区域内的产业。产业管理创新活动往往是在特定区域内进行的,可能是一个国家范围内的产业管理创新活动,也可能是一个地区范围内的产业管理创新活动,更可能是处于某一特定地理区域内的产业集群的管理创新活动。因此,产业管理创新活动具有区域性的特征。这里谈到产业管理创新的时候,指的是在某一区域范围内的产业的管理创新活动。

5. 管理创新目标的共赢性

共赢是政府、产业界、其他社会组织共同参与产业管理创新的目标。政府的经济和社会目标、产业界和其他社会组织的经济目标在产业管理创新活动中需要兼顾。为了实现共赢,在产业管理创新的过程中,就必须集成多方资源、挖掘创新潜能,使参与者都能从管理创新的成功中获取期望的收益。

6. 管理创新活动的风险性

产业管理创新定位于创造性的管理创新活动,管理创新的目标往往有较大的风险,创新活动参与者的复杂性、创新资源及其组合的复杂性以及创新者之间目标协同的复杂性,也增加了产业管理创新活动的不确定性,加大了产业管理创新活动的风险性。因此,产业管理创新活动项目的选择、制度安排、组织管理需要进行有效的计划与控制,以降低风险、提高管理创新活动的成功率。

1.2.4　产业管理创新原理

产业系统是人造系统,由人造的企业系统的经济活动构成。但是,产业系统的结构、特点却在很大程度上是由市场竞争决定的。显然,产业系统具有人造系统的特征的同时,其形成和存续的方式与生命系统有着很大的相似性。借鉴生命系统的原理,结合产业系统存续和运行的特点,揭示了产业系统具有合作竞争原理、权变组织原理、寿命周期原理、绿色创新原理四个产业创新原理。

1. 合作竞争原理

产业系统是一个竞争的系统。正如一个生物系统,产业中的企业必须通过竞争获得生存和发展,竞争是排他的。但是,随着环境日趋复杂、竞争日趋激烈,创新活动越来越呈现出高投入、高风险的特征,单个企业往往难以承担。同时,产业创新活动往往不仅决定着某一个或某些企业的兴衰,还与一个国家或地区的经济发展息息相关。因此,产业创新活动通常是多方面的参与者包括竞争对手对大家共同关注的内容合作进行创新活动,并共享创新成果。

2. 权变组织原理

产业创新活动需要组织管理。类似生物系统,产业系统具有自组织的特点,创新活动往往是权力中心确定创新目标、选择合作者,以共同目标和利益为原则构建创新组织。因此,产业创新遵循权变组织原则,即根据创新时刻创新参与者的需要、环境的特点建立创新组织,并根据需要及时进行组织的调整。创新组织的权力中心随着环境的不同而变,既可能是政府,也可能是主导企业。

3. 寿命周期原理

产业具有诞生、成长、成熟、衰老四阶段特征。产业寿命周期现象表明了产业的更替是必然规律,产业创新是产业发展的根本动力。因此,必须注意产业寿命周期不同阶段的创新对象、时机、策略的合理选择和有效实施。

4. 绿色创新原理

人类的产业活动所创造的产品丰富了人们的生活,然而产品废弃物的大量增加和能源的巨大消耗,已成为威胁人类生存的全球性问题,生态序的降低证明了对自然过程机理的抛弃是一个重大错误。政府环境保护力度的加大、市场理性消费的形成等因素决定了现代产业创新活动必须遵循绿色创新原理,使社会和自然形成统一的新的物质自然循环,实现产业与环境的协调,确保人类社会可持续发展。

1.3 旅游目的地可持续发展竞争力模型

1.3.1 旅游目的地可持续发展竞争力及相关概念

竞争力理论的核心概念是竞争力，依据研究的主体和对象，竞争力又可以派生为国家竞争力、区域竞争力、产业竞争力和企业竞争力等概念。因此，研究旅游目的地竞争力首先应对竞争力、旅游目的地、旅游目的地竞争力、旅游目的地可持续竞争力等概念进行界定和分析。

1. 竞争力

20 世纪 90 年代以来，竞争力成为学术研究的一个热点，学者从各个层面和各个角度对竞争力进行了研究。从已有的研究文献来看，多数是针对不同竞争主体的竞争力进行研究。这些研究大致可以分为三个层次：国家竞争力、产业竞争力和企业竞争力。

综合各种对竞争力的分析，可以总结出竞争力所表达的两层核心含义：第一，竞争力是一个比较的产物，没有竞争主体之间的相互较量和竞争，就不存在竞争主体的竞争力问题，它是一个相对的概念，不仅与自身有关，还与参与资源竞争的其他行为主体有关，是某一竞争主体相对于另一竞争主体所具有的优势；第二，竞争力强调的是一种经济能力，这种经济能力包括提升资源收益率、提供高标准化的生活、增加人民的实际收入、创造更多财富以及更强的获利能力等，即竞争力更多的是一个经济意义上的概念。

2. 旅游目的地

从 20 世纪 90 年代开始，对于旅游目的地竞争力的研究逐渐兴起，对于旅游目的地的概念界定也是众说纷纭。纵观诸多概念，从范围界定的角度，旅游目的地概念可小可大，大到一个国家，小到一个城市，甚至一个目的地。英国学者布哈里斯认为旅游目的地在地理学上是一个独立的区域，是有一套完整的政策法则来约束其发展与规划，具备统一管理机构的完整个体。Leiper（1995）把旅游目的地界定为一个具备当地特色吸引物，可以为旅行者提供游览经历并增长见识的地方，从旅游地理学的角度对旅游目的地进行了界定。Cooper 等（1998）从旅游经营的角度认为旅游目的地是能提供旅游设施和服务的集中地，这些设施和服务能满足游客的需求。旅游目的地也可从游客的主观角度界定为一种感官性的概念。崔凤军（2001）认为旅游目的地是具有统一的和整体的形象的旅游吸引物体系的开放系统。

国内外学者从地理学角度、游客角度和旅游目的地经营管理角度等多方面给出了旅游目的地概念的界定。旅游目的地具备其独特的含义，区别于旅游客源地、旅游过境地，必须对游客具备吸引力，能有一定发展规划，能提供旅游服务。将区域性、服务性、游客需求性及旅游营销性结合起来考虑，旅游目的地是一个综合性的概念。它是主体需求与客体价值同时实现的纽带，必须具备吸引力，能引发主体需求，且能保证整个旅游过程的完整实施，并建立自身形象。因此，旅游目的地可定义为一类地理区域，该区域具有各类吸引物，能提供给游客空间、文化、游历、娱乐等差异享受，同时具备各类设施和服务来满足游客在旅游途中的各种需求。

3. 旅游目的地竞争力

旅游目的地竞争力是立足竞争力的相关理论，从旅游学的视角，对旅游目的地的经营效益、发展现状、增长潜力以及未来发展趋势作出一种综合性的评价，并在不同的主体之间形成层次分别和优劣势分析。

国外对旅游目的地竞争力概念的界定来自于一般竞争力，但与一般竞争力概念又有一些不同。皮尔斯从目的地开发角度，把目的地竞争力描述为：目的地在一个规划框架内，在不同目的地之间，对各个目的地特征进行系统的分析和比较的技术与方法。哈桑从市场角度把旅游目的地竞争力定义为一个目的地维持在旅游市场上相对于竞争对手地位的同时，创造资源并将资源整合为具有增值作用的旅游产品能力。由于要使旅游目的地具有竞争力需要多个产业的介入，有必要跳出企业之间的竞争看待这一问题。Crouch 和 Ritchie 认为，最有竞争力的目的地应是那些获得最大成功的目的地，即在可持续基础上为其居民创造更多财富的目的地。d'Hartserre 认为，一个有竞争力的目的地必须是旅游市场份额（用游客人数或旅游收入等指标测量）很高，或增长很快的目的地。因而把目的地竞争力定义为一个目的地能够维持在旅游市场上地位和市场份额并不断地改进它们的能力。Sahli 提出，一个国家在某个旅游部门的外部竞争力可以定义为国家保持或提高其旅游出口市场份额的能力。Dwyer 等认为旅游目的地竞争力是一个由伴随着国际汇率变动而产生的价格差异、旅游产业各构成部门的生产率水平以及影响目的地吸引物或其他要素等一些定性要素形成的综合概念。

从这些定义可以看出，由于竞争力概念的多维性及竞争结果表现的多面性，不同学者对于旅游目的地竞争力概念的界定与表述存在较大的差异，而差异最大的方面体现在对旅游目的地竞争目标的界定上。旅游目的地竞争力的主体是旅游目的地，即满足旅游者需求的服务和设施中心，其最直接的目标是满足旅游者的需求，为其提供满意的旅游经历，从而实现旅游目的地的经济目标。然而，经济目标并非旅游目的地的首要和唯一的目标。正如《马尼拉世界旅游宣言》所指出的，旅游的根本目的是提高生活质量并为所有的人创造更好的生活条件，实现旅游目的地居民生活质量提升才是旅游目的地发展旅游业的根本目标。所以，旅游目的地竞争力不仅是经济意义上的概念，还需要考虑环境保护、资源永续使用等内容，从而保障旅游目的地居民及其他利益相关者的长远利益，也就是说，旅游目的地竞争力包括为旅游者提供满意的旅游经历、提高旅游目的地居民生活质量和旅游目的地其他利益相关者福利的能力。同时，旅游目的地竞争力也是一个比较概念，即拥有共同目标市场的不同旅游目的地之间占有市场、获取利润的能力的比较。它也需要相应的表现指标，通常用市场占有率、旅游收入等经济指标对其竞争能力进行衡量。

通过以上分析，本书认为旅游目的地竞争力是指能够持续地为旅游者提供满意的旅游经历，并且能够不断提高旅游目的地居民生活质量以及其他利益相关者福利的能力。它是一个相对概念，通常用市场占有率、旅游收入等经济指标对其进行衡量。

4. 旅游目的地可持续竞争力

当前，有关竞争力的研究日趋深入，人们不仅关注现实竞争力，而且开始重视现实竞争力的可持续问题。也就是说，除非一个企业能够长期维持它所拥有的优势，否则人们不会视其为具有竞争力的企业。那些从长远观点审视企业绩效的公司和股东都很重视投资、研发、产品创新、员工维持及其职业生涯的计划安排等。相比之下，那些只看重短期内的市场份额、销售增长和利润业绩，而对承诺未来利润持怀疑态度的公司，则往往会热衷于削减成本、精减人员和榨取利润。其结果是，这种短视的做法虽然或许能使本期的利润增加，但很可能会助长某些有损于而不是有利于长期绩效的行为。

国外对竞争力的可持续问题关注较早，Pappas 在 1984 年就提出了可持续竞争优势一词。随后，有关可持续竞争优势理论被不断地完善并在各个领域得到了广泛应用，如食品零售、银行以及旅游等行业。旅游目的地的竞争优势同样具有动态性的特点，其本身存在生命周期，有一个产生、发展、成熟和衰落的过程。现实竞争优势可看成过去的产物，是旅游目的地过去各种生产要素有效协调与配合的结果，也同样会经历再次否定，从而走向新竞争优势的过程。如果一个旅游目的地要保持持续发展，仅获得暂时性的竞争优势是远远不够的，异常强大的竞争压力使得任何目的地获得的暂时性竞争优势可能会很快消失。因此，旅游目的地需要不断培育新的竞争优势来代替已有的竞争优势，事实上目的地也正是在新的竞争优势不断替代旧的竞争优势这种循环动态过程中实现可持续竞争优势的。因此，对于旅游目的地竞争力，不仅要研究目的地利用各种资源参与旅游市场竞争所表现出来的现实竞争能力，更为重要的是要关注这种竞争能力的可持续性，如果一个旅游目的地持短视观点，靠透支未来去实现其竞争力，那么这种竞争力将变得毫无意义，旅游目的地真正的成功与繁荣必须建立在长远性这一基础之上，总的来说，就是要研究旅游目的地的可持续竞争力。

对于可持续竞争力，国内外学者已经有了相关界定，如 Laia 和 Apen（1996）认为，可持续竞争力是经济竞争力与可持续发展两个概念的有机融合。国内学者邱询昊（2002）认为，可持续竞争力是指一个企业长期持续发展与综合竞争优势的创造和保持，是一个企业兴衰或者强弱的根源。奚青梅（2008）界定的城市群可持续竞争力基本内涵为：在竞争和发展过程中所拥有的吸引、争夺、控制、利用各类资源，创造价值、增强系统功能和实现自身可持续发展的能力。

根据国内外学者对可持续竞争力的定义，结合前面对旅游目的地内涵及构成的基本研究，旅游目的地可持续竞争力实质上是在宏观的自然、科技、社会和经济环境下，以目的地的旅游资源、区位等因素为基础，通过产业管理等生产过程获得经济、环境、生态等综合效益能力，最终实现既能满足旅游者旅游体验需要，又能满足当地居民生活质量改善需要。一方面，从竞争空间上看，应该表现为目的地在某一时点占领市场的规模、绩效或击败竞争对手的竞争能力；另一方面，从竞争时序上看，旅游目的地可持续竞争力指该地旅游业长期保持竞争优势的能力，它实质上包含了目的地协调当前发展与未来发展矛盾的能力，简而言之，即使一个旅游目的地能够在可持续发展的基础上实现竞争取胜。

1.3.2　旅游目的地可持续发展竞争力相关模型

1. 钻石模型

1）主要内容

美国哈佛商学院的波特教授在其著作《国家竞争优势》中，在分析国家竞争力的过程中，构建了钻石模型的分析框架。波特认为，财富是由生产率支配的，生产率根植于一国和区域的竞争环境，一国的国内经济环境对企业开发其自身的竞争能力有很大影响，其中影响最大、最直接的因素就是：生产要素、需求因素、相关和支持产业、企业战略和组织结构四种基本要素。机遇对竞争优势的影响不是决定性的，同样的机遇对不同的企业可能造成不同的影响，能否利用机遇以及如何利用机遇还是取决于四种基本要素。政府对国家竞争优势的作用主要在于对四种决定因素的引导和促进上，因此未将政府列入基本决定因素之列。波特的模型在宏观和微观层面之间架起了一座桥梁，在对影响产业竞争力的四个因素进行深入剖析的基础上，得出对产业竞争力的整体评价，从而最终完成了对国家竞争力的最后判断。波特钻石模型四大要素如下。

（1）生产要素：该国生产要素的地位，如熟练的劳工或基础设施建设，是产业必备的竞争要素。

（2）需求因素：本地市场对产品或服务的需求本质。

（3）相关和支持产业：该国是否具备这项产业的支援产业与相关产业，以及这些产业是否具有国际竞争力。

（4）企业战略和组织结构：支配企业如何创建、组织和管理国内的条件，以及该国的国内竞争性质。

上述四种特质分别形成国家优势的钻石体系的一个点，各点作用要看其他点的表现。任何一个点出问题都会限制整个产业的进步与升级。同时，每个点也会自我强化，构筑成一个体系。

此外，当国家竞争优势各种要素改变时，产业竞争的环境也会发生改变。机遇也随之成为一种影响要素。钻石模型的最后一个要素是政府，政府与其他要素的关系既非正面也非负面。具体要看它对钻石体系的影响，它的意义也要根据公共政策的表现观察。因此，政府政策的成败效果，必须参照其他关键要素的状态加以考虑。

2）模型分析

钻石模型在分析竞争力的过程中采用了一种全新的方法，通过将宏观条件和微观结构结合起来的途径，构建了一个动态的竞争力模型。钻石模型中，竞争力的启动取决于模型各要素之间的互动，单一要素所能达成的效果与其他要素的发展状态有关。例如，精致的客户要能带动市场对先进产品的需求，前提条件是该国在生产条件中拥有合格的人力资本要素，能够支持企业创新。在钻石模型中，国家优势的关键要素形成了一个复杂的体系，这是一个动态的体系。国家、地区或者产业要形成或保持竞争优势，依赖于这些关键要素的互动与强化，只有这样才能形成别人难以模仿的产业环境。

在钻石模型竞争力的启动过程中，有两大现象对于钻石体系有着重要的影响。一是市场竞争；二是产业集群。前者的重要性在于它会推动整个钻石体系的升级，后者的重要性在于它活泼了钻石体系内部各要素的互动。

激烈的竞争会带来对专业基础设施、相关科技和人才、市场信息等多方面需求的增加，这就会引发对行业相关设施投资的增加；学校与科研院所会在专业方向的研究和人才培养方面加大力度；政府也会针对产业发展搭建研发平台，开展共性技术研发；各种情报和传媒机构也会更多地关注该产业的信息，加速市场信息的流动。最终，激烈的竞争带来的就是产业内的创新要素不断积累，到了一定程度，产业的创新能力得到提升，创新产品层出不穷，产业向着更高层次发展。波特的钻石模型强调创新是获取持续竞争力的根源，四要素之间互动的效果，简单地说就是能否最大限度地刺激地区间产业内的创新。而市场竞争则极大限度地调动了市场内各个主体的创新积极性，并利用市场的资源配置功能，使创新的效果得到最大限度发挥。

产业集群是波特在《国家竞争优势》一书中提出的另一个重要概念和思想。波特认为，产业集群是钻石模型发展到一定阶段的产物。产业集群以三种主要的形式影响竞争：增加内部企业或产业的生产力；增加创新能力；刺激新企业成型，反援创新扩大集群。产业集群对地区或产业的竞争优势有着塑造和强化的作用，通过集群的视角去观察分析一个地区和产业已经成为许多政府思考经济、评估地区竞争优势和制定公共政策的方式。

3）钻石模型理论发展

波特的产业竞争力理论引起了不同学科的广泛注意。但是，也有不少学者对钻石模型提出了批评和改进意见。例如，斯代芬等认为需要将政府增加为钻石模型的第五个决定因素。邓宁认为需要将跨国商务活动作为与机遇和政府并列的第三个外生变量。波西等呼吁应认真研究民族文化对竞争优势来源的影响。纳瑞拉认为累积技术应增加为钻石模型的外生变量。佳克等认为相关地理实体会在集群间发生变化，他们提出了一些技术性建议。20 世纪 90 年代中期以来，也有学者引入体制竞争力的概念，认为竞争力取决于宏观、中观、微观和元层次上的制度协调。

对钻石模型出现争议的主要原因在于，模型对于解释美国、日本、德国、英国等发达国家时具有很强的说服力，这些国家拥有良好的国内经济环境，具备模型中的各个有利因素，可以为产业竞争力的培养提供资源。但是，对于大多数中小国家特别是发展中国家而言，它们的现实经济条件不具备与钻石模型中相称的国内经济环境，它们缺乏规模的市场空间、资本供给不足、技术发展滞后。钻石模型没有能够很好地为这些国家和地区的发展以及竞争优势的构建提出对策与解决方案。因此专家和学者在钻石模型的基础上提出了许多新的模型与分析框架，如 Rugman 的双重钻石模型，Moon、Rugman 和 Verbeke 的一般化双重钻石模型，Cho 的九要素模型等。

2. C-R 模型

C-R（Crouch-Ritchie）模型最早于 1993 年提出，经过一系列的发展和改进，由 Crouch 和 Ritchie 于 1999 年，在波特的国家竞争力钻石模型的基础上提出了用于评价旅游目的地竞争力的综合模型。该模型包含四个主要因素：核心资源和吸引物、支持性因素和资源、目的地管理、限制性资源。C-R 模型分别给出了四个影响因素的涵盖内容，并指出四个因素共同决定旅游目的地的竞争力，且四个因素分别受到竞争环境（微观）和全球环境（宏观）的影响。根据比较优势理论，竞争微观环境指影响旅游系统和旅游目的地的因素，主要来自旅游业内部在人力资源、自然资源、知识资源、资本资源、上层与旅游设施、历史文化等资源的竞争；根据竞争优势理论，全球宏观环境主要指全球上层建筑中影响旅游业的相关因素，主要来自全球经济形势、社会发展效率等。Crouch 和 Ritchie（2003）在 C-R 模型中加入了目的地政策、规划与开发这一核心要素，其中的子要素包括旅游政策、哲学体系、理想愿景、目的地审计、监控与评估、开发等。这样既完善了 C-R 模型，也使整个模型的功能发挥更加系统。

1）全球环境（宏观）

旅游系统是一个开放的系统。这就意味着它很容易受许多系统外压力和因素的影响，即世界环境或宏观环境的影响。宏观环境指的是全球环境。在当今世界，发生在任何一个地方的事件都会波及位于其他地区的旅游目的地。全球性因素引发的某些事件对旅游影响深远。

Crouch 和 Ritchie 将宏观环境因素划分为六大类：经济、技术、生态、政策和法律变化、社会文化问题、人口统计因素的变化。

当今时代，物质财富的极大丰富已经使世界上许多人有条件参与旅行和旅游活动。在 20 世纪的大部分时间里，北美和欧洲西部（简称西欧）之所以成为最大的客源地，很大程度上是因为这些国家经济基础雄厚。近年来，亚洲及太平洋地区（简称亚太地区）经济的发展不但开辟了新的客源市场，而且为建立新旅游目的地奠定了基础。以澳大利亚为例，2003～2013 年，其海外入境客源市场中，来自东南亚的游客量从 696 700 人次增加到 1 164 500 人次，增长 67%。根据澳大利亚国家旅游局官方统计资料，2014 年底，中国成为澳大利亚仅次于新西兰的第二大客源国，游客接待量超过 80 万人次。

科学技术，尤其是运输技术也发生了天翻地覆的变化。现在民用航空飞机的飞行速度、运力、油耗、安全程度和航空公司的运营效率，已经使成本大幅度下降，尤其是远途目的地从上述发展变化中获益明显。信息系统（如计算机预订系统、全球分销系统和电子商务网络系统）、金融系统（如信用卡、自动取款机、电子转账等）、住宿系统（如计算机入住登记/结账、全包价度假、特许经营）以及餐饮服务业（如品牌打造和特许经营、操作系统）等领域中软件技术的应用，已经导致酒店业和旅游业的经营方式发生了革命性变化。虽然旅游业经常被错误地贴上低薪服务业的标签，但显而易见，今天旅游业内部也包含许多高技能工作。

在生态环境因素方面，轻而易举地便可列举出一系列对旅游业和目的地具有潜在巨大影响的问题。某种程度上全球变暖是一个不争的事实，所有的目的地，从海滨度假目的地到山地滑雪目的地，在长期内都会感受到环境的巨变。

在政治和法律方面，许多事件对旅游业同样会产生重大的影响。

一些社会文化方面的发展动向也会影响旅游的发展，其中一些主要动向是指：①回归自然运动；②对文化霸权的全面强烈反对；③土著文化价值认知的觉醒，人们日益认识到土著文化的重大价值，并且这种意识在不断强化，土著民族中的年轻一代正在形成更强烈的自豪感；④更加尊重其他文化带来的全球社会的多元化特点；⑤全球的联系沟通对第三世界国家居民的影响以及由此带来的示范效应，导致第三世界的社会和经济目标发生改变；⑥旅游有引起社会负面影响的可能，同时旅游的发展同样也有可能成为机会。

最后一类宏观环境是人口统计特征。对于旅游业的长远发展来说，人口状况的变化，既会带来某些重大机会，也会带来某些重大威胁。

2）竞争环境（微观）

一般来说，竞争环境（微观）对旅游业的影响比全球环境（宏观）更为直接、迅速。竞争环境（微观）除了目的地自身情况，还包括构成旅行社业的其他实体，以及有关旅游客源市场、竞争目的地、本目的地公众或利益相关者等因素。旅游系统的这些要素共同构成了目的地的直接环境，因为要在竞争中立足就必须适应环境。

3）核心资源和吸引物

核心资源和吸引物是潜在旅游者选择某一目的地而舍弃其他目的地的根本原因。这些因素主要有七类：地文地貌和气候、历史和文化、市场纽带、目的地的各种活动、独特的节事活动、娱乐活动、旅游服务设施。

值得强调的是，市场纽带是目的地与旅游客源地居民建立和保持的一种联系，它包括几个层面：民族纽带多源于长久以来形成的移民状况，这个纽带是目的地最坚实、可能也是最持久的联系，也是目的地系统的、可预见的旅行流；其次是旅行市场细分中来访的亲朋好友；其他层面的联系包括宗教、体育运动、贸易和文化活动。

4）辅助要素和资源

辅助因素和资源，顾名思义，是指那些可协助或促进旅游业发展的要素和资源。

旅游目的地基础设施的总体状况是最重要的辅助要素之一。某些基础设施因素对旅游目的地的竞争力有非常直接的影响。例如，交通设施和服务状况对旅游者来说就至关重要。实际上，基础设施因素如卫生系统、公共设施、法律系统、通信系统和可靠的饮用水供应，对所有的经济、社会活动都至关重要，也为高效的旅游业奠定了基础。

旅游开发的成功也依赖于大量其他辅助性资源与设施的开发状况，如当地人的素质、知识资源、资本、教育及科研机构、财政机构和各类公共服务设施。

企业的活力、企业家的能力、进取心、开创精神会在多个方面增强目的地的竞争力，并且有利于在目的地建立新的风险企业。这些方式包括竞争、合作、专业化、创新、简易化、投资、增长、收入分配、公平、风险、生产力、弥补差距、产品多元化、季节管理和失调。

　　旅游目的地的可进入性也是一个辅助性要素，各种各样的影响因素会影响目的地的可进入性，其中许多影响因素是受制于经济、社会和政治情况的。

　　旅游业的经营部门的工作旨在为游客提供美妙而令人难忘的体验。现在旅游目的地面临的挑战是如何为游客提供一种宾至如归的体验和感觉，并让游客相信自己是真正的客人。

　　另一个可以增强或削弱旅游目的地竞争力的因素是政府的政治意愿。

　　总之，辅助性因素和资源是进行成功的旅游开发的基础。

　　5）旅游目的地的政策、规划和开发

　　旅游目的地为实现既定目标而制定的经济、社会以及其他社会发展战略或政策体系，对旅游业发展的方向、体系和方式会起到引导作用。

　　为保障区域旅游可持续发展的有序性和科学性，有学者指出，需要在旅游开发层面强化对规划、政策与管理三要素的关注，并力求在开发过程中规避非可持续旅游的影响。

　　6）目的地管理

　　旅游目的地竞争力模型中的目的地管理主要涉及以下内容：执行上述的有关政策和规划框架、提高核心资源和吸引要素的吸引力、提高支持性要素和资源的水平并增强其有效性、最大限度地突破限制性因素和放大性因素的约束，并抓住放大性因素中的机会。以上内容即目的地竞争力管理的所有内容，它涵盖了目的地管理程序、目的地结构体系、体制和运行过程。

　　3. D-K 模型

　　在 C-R 模型的基础上，Dwyer 和 Kim 于 2003 年建立了描述旅游目的地竞争力的 D-K（Dwyer-Kim）模型。D-K 模型将四个影响因素中的支持性因素和资源分为赋存资源与人造资源，即将目的地的自然禀赋条件和人为建造设施区分开来，将限制性核心因素分为环境条件和需求条件，分别从目的地自身角度和游客角度分析影响因素。模型建立了赋存资源、人造资源及支持性因素和资源三者之间的作用关系，将旅游产品与需求市场之间的联系提高到了核心位置，并指出目的地区位条件、目的地管理、需求状况、支持性因素和资源之间存在内部联系。D-K 模型中的六个因素共同决定旅游目的地竞争力和促进目的地的经济繁荣。

　　C-R 模型和 D-K 模型在核心内容上基本相似，主要在各个因素的划分和各因素关联的处理上有一些不同之处，总结如下：① C-R 模型中的核心资源和吸引物既包含了自然资源禀赋，如地理条件、自然风光、文化历史，也包含了人造资源，如人造设施、上层建筑与需求市场的联系等，而 D-K 模型中则分为了资源禀赋和人造资源，将人造资源独立出来，强调了目的地开发管理过程对于竞争力提升的重要性；② C-R 模型将环境对竞争力的影响处理为来自旅游系统的微观影响和来自全球旅游业的宏观影响，这两类因素共同影响竞争力的四个核心要素，进而影响竞争力，而 D-K 模型中则将需求状况和环境因素直接作为核心要素影响竞争力；③ C-R 模型中支持性因素和资源对于核心资源与吸引物具备支撑作用，Crouch 和 Ritchie 认为目的地资源与旅游需求市场之间的联系至关重要，旅游目的地吸引物中的市场联系部分有时候并不在目的地管理的范畴内，但随着时间的推移，依然会影响目的地管理者的决策，而在 D-K 模型中建立了赋存资源、人造资源及支持性因素和资源三者之间的作用关系，实质是将旅游产品与需求市场之间的联系提高到了核心位置。

4. 竞争力核心因素模型

在已有模型的基础上，根据竞争力的核心影响因素，国内外学者又提出了多个目的地竞争力模型，其中一类可合并为竞争力核心因素模型。郭舒和曹宁构建了核心六因素联动模型，该模型如图 1-1 所示。

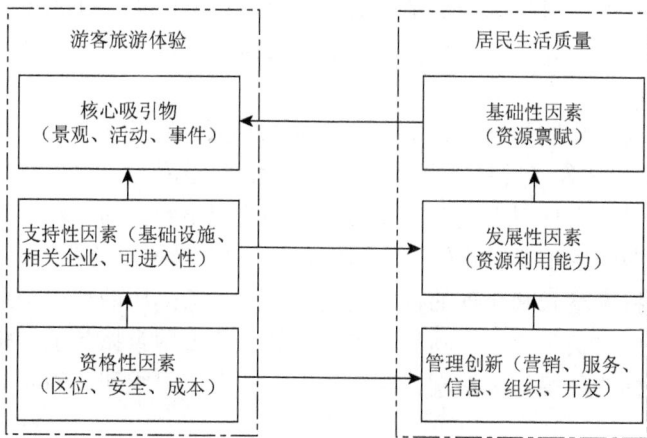

图 1-1　核心六因素联动模型

模型在横向上简化为两个模块，将游客旅游体验（目的地的本质追求）和居民生活质量（目的地旅游最终目标）融入竞争力评价模型。模型的左半部分为游客旅游体验相关影响要素，包括核心吸引物、支持性因素和资格性因素三类。模型指出了三类因素的内在联系，资格性因素是支持性因素的保障条件，支持性因素提高目的地核心吸引物对游客的吸引力，从而共同增强核心吸引物对游客的吸引，提高游客旅游体验的质量。模型的右半部分为居民生活质量相关影响因素，包括基础性因素、发展性因素和管理创新三类。模型指出，营销、服务、信息、组织、开发上的管理创新能提高资源利用能力，增强目的地资源禀赋，在提高当地居民生活质量的同时，提升游客旅游体验。同时模型建立了游客旅游体验和居民生活质量左右两部分的内在联系，指出资格性因素是管理创新的保障，支持性因素的发展可提高资源利用能力，而资源禀赋的吸引力提升实际上就是核心吸引物对游客吸引力的提升。

1.4　区域旅游可持续发展研究"三元论"

1.4.1　可持续发展的背景、内涵及特征

1. 可持续发展的背景

20世纪是人类物质文明最发达的时代，但也是生态环境和自然资源遭到破坏最为严重的时期。不可持续的生产模式和消费模式使人类的生存与发展面临严峻挑战。工业化与经济增长、人口急剧膨胀、资源大量耗用等对于环境形成了重大压力，这就迫使人们对增长等于发展的传统模式产生怀疑，并积极寻求新的发展思路和模式，既能提高经济效益，又能保护资源、改善环境，于是，可持续发展思想应运而生。

1962年，美国生物学家Carson的《寂静的春天》的发表以及十年后美国学者Ward和Dubos的著作《只有一个地球》的问世，在世界范围内引发了人类关于发展观念的争论，从而使得人类对生存与环境的认识不断提高。对于人类深入思考环境与资源问题产生重要影响的是罗马俱乐部1972年推出的名为《增长的极限》的研究报告，持续增长和合理的持久的均衡发展是其提出的重要概念。观念的变革带来的是人们的实际行动。随后世界上尤其是西方国家掀起了一轮又一轮以可持续发展为目标的环境保护浪潮，各国政府、非政府组织和民间团体甚至居民都参与其中。

1987年，世界环境与发展委员会则在其报告《我们共同的未来》中正式提出可持续发展概念，并以可持续发展为主题对人类共同关心的环境与发展问题进行了全面论述，受到世界各国政府、组织和公众的极大重视，随后在1992年联合国环境与发展会议上可持续发展概念得到与会者的普遍认可。

2. 可持续发展的内涵

可持续发展是一个庞大的集合名词，它所涉及的内涵已不可能一言以蔽之。世界环境与发展委员会1987年认为，可持续发展是既满足当代的需求，又不对后代满足其需求能力构成危害的发展。世界自然保护联盟等（1992）认为，应在人类生存与发展不超出生态系统承载能力的条件下，提高人们的生活质量。世界环

发大会宣言在 1992 年指出,人类应享有以与自然相和谐的方式过健康而富有生产成果的生活的权利,并公平地满足今世、后代在发展与环境方面的需求。世界资源研究所(1993)认为,可持续发展就是建立极少产生废弃物和污染物的工艺流程与技术体系。世界银行副行长塞拉杰尔汀认为,可持续发展就是给予子孙后代和我们一样多的甚至更多的人均财富。联合国开发计划署高级顾问穆纳西荷认为,可持续发展是从产出最大化转向公平增长、消除贫困、提高效率三者协同发展的范式。

尽管关于可持续发展的定义不尽相同,但其基本思想是一致的,这就是可持续发展思想的主题在于正确规范两大基本关系:一是人与自然之间的关系准则;二是人与人之间的关系准则。人与自然之间的相互适应和协调进化是人类文明得以发展的必要条件;而人与人之间的互信、互利、互助、互律是人类文明得以延续的充分条件。只有将这种必要条件和充分条件完整地组合起来,才能使人们达成可持续发展的基本共识。

从目前来看,最为大家认同的是 1987 年由挪威前首相布伦特兰提出的:可持续发展是在社会、经济、人口、资源、环境相互协调和共同发展的基础上,既满足当代人需求,又不对后代人满足其需要的能力构成危害的发展。

可持续发展的内涵十分丰富,就其社会发展观而言,主张公平分配,以满足当代人和后代人的基本需求;就其经济观而言,主张建立在保护地球自然系统基础上的持续经济增长;就其生态环境观而言,主张人类与大自然的和谐相处,切实保护好人类赖以生存的自然环境。这些观念是对传统发展模式的挑战,是为谋求新的发展模式而建立的新的发展观,也是研究旅游可持续发展和推进旅游业可持续发展的思想与理论基础。

3. 可持续发展的特征

(1)可持续发展鼓励经济增长,因为它体现国家实力和社会财富。可持续发展不仅重视增长数量,更追求改善质量、提高效益、节约能源,改变传统的生产和消费模式,实施清洁生产和文明消费。

(2)可持续发展要以保护自然为基础,与资源和环境的承载能力相适应。因此,发展的同时必须保护环境,包括控制环境污染、改善环境质量、保护生命支持系统、保护生物多样性、保持地球生态的完整性、保证以持续的方式使用可再生资源,使人类的发展保持在地球承载能力之内。

(3)可持续发展要以改善和提高生活质量为目的,与社会进步相适应。可持续发展的内涵应包括改善人类生活质量,提高人类健康水平,并创造一个保障人们享有平等、自由、教育、人权和免受暴力的社会环境。

因此,可持续发展具有生态持续、经济持续和社会持续等特征,它们之间互相关联而不可侵害。生态持续是基础，经济持续是条件，社会持续是目的。人类共同追求的应该是自然-经济-社会复合系统的持续、稳定、健康发展。

1.4.2　旅游可持续发展的背景及概念

1. 旅游可持续发展的背景

旅游发展依赖于良好的环境质量，旅游业也是个资源型产业，有赖于自然的馈赠和社会遗产（Murphy，1985），如果环境和资源受到了破坏，旅游地会丧失吸引力。随着旅游在世界各地的迅速发展，游客活动越来越多地与旅游目的地之间发生冲突，造成旅游对文化、自然资源与环境的重大损害。

根据联合国环境规划署的调查，旅游对自然资源和生态环境的影响比较大，如森林火灾、地中海地区物种灭绝、森林砍伐、珊瑚礁海岸生态系统被破坏等，成批游客的到达使旅游地的旅游服务设施建设规模加大，造成地方饮用水和河流、湖泊水质变差，动植物栖息地受影响，物种减少或灭绝等（世界自然保护同盟等，1992）。一些研究者也认为旅游活动的负面影响会造成生物物种变化、污染、侵蚀和视觉效果影响，以及自然资源影响，从而破坏了旅游地的景观和生态环境（Mihalič，2000；Wanhill and Buhalis，1999；Cooper et al.，1998）。Page 等对加拿大班夫国家公园的调查研究发现，如果旅游者和相关服务继续发展，会影响生态环境。牛斌武（2010）认为生态旅游存在对生态的破坏，并提到中国人与生物圈国家委员会的一份调查：我国已有 22%的自然保护区因开展生态旅游造成保护对象的破坏，11%出现旅游资源退化。霍孟茹和王晓君（2017）研究了景区开发与环境保护的协调发展问题。

旅游对社会文化的破坏作用也是显著的。20 世纪 50 年代以后，以享受 3S（阳光、沙滩、海滨）为主的地中海、加勒比海和曾为欧洲殖民地的一些非洲国家的海滨、岛屿度假胜地，为满足迅速增加的旅游者的需求，服务设施数量急速增加，使旅游对自然环境的破坏首先表现出来。到 20 世纪 70 年代，旅游发展对社会文化造成的破坏作用也显现出来了，加上住宿建筑普遍过时，无法更新，使这类旅游地普遍处于停滞阶段（Butler，1980）。研究者通过实证研究发现，旅游对社会文化的破坏作用主要表现在：社区旅游从业人员失业率高，原来依靠传统道德维系的稳定的社区关系变得松弛，社区贫困、酗酒、色情、犯罪、道德沦丧等社会问题日益严重。Palmer（1994）以巴哈马为例，研究了旅游发展对该地的新殖民主义经济、文化的破坏。Lankford 和 Howard（1994）研究发现旅游破坏了社区社会文化环境。Huang 和 Stewart（1996）的研究证明了旅游发展通过改变社区人与人之间的关系而改变了整个社区。Dyer 等（2003）研究了旅游对澳大利亚土著社区及社区文化的破坏作用。刘振礼（1992）、刘赵平（1998）也研究了旅游对中国旅游地传统文化和价值观的影响，认为旅游者和旅游地之间存在着文化冲突。伍乐平等（2012）以日本的乡村旅游为研究对象，认为旅游影响乡村的传统文化，提出传统文化的重构。张爱平等（2017）以哈尼梯田为例研究了农业文化遗产地社区居民的旅游影响感知和态度，发现旅游影响传统农业的生计，社区居民感知强烈且生计影响感知对居民的遗产保护态度和旅游发展态度有显著后向影响，提出未来旅游实践需充分重视关联居民生计问题。

由此可见，追求经济利益不应是旅游发展的唯一目标，兼顾旅游经济、目的地自然生态环境和社会文化三方面的利益的可持续发展，才是旅游发展的必由之路。

2. 旅游可持续的概念

1987 年《布伦特兰报告》公布可持续发展的定义后，可持续发展很快被引入旅游发展研究。1990 年加拿大温哥华召开的全球持续发展大会上，旅游组行动策划委员会会议上专家提出《可持续旅游发展行动战略》（*Action Strategy for Sustainable Tourism Development*），明确了旅游可持续发展目标是：①增进人们对旅游所产生的环境影响与经济影响的理解，加强人们的生态意识；②促进旅游的公平发展；③改善旅游接待地区的生活质量；④向旅游者提供高质量的旅游经历；⑤保护未来旅游开发赖以存在的环境质量。这种旅游可持续发展思想是一种强调社区与旅游者利益的发展伦理观（戴凡，1994）。

1993 年，世界旅游组织编写了 *Sustainable Tourism Development*: *Guide for Local Planners*，中文译本《旅游业可持续发展：地方旅游规划指南》，强调从社区旅游规划角度分析旅游业、环境和社区之间的关系，是地方旅游可持续发展规划的技术性指导文件（国家旅游局计划统计司，1997）。1993 年，*Journal of Sustainable Tourism* 学术刊物在英国问世，标志着人们对旅游可持续发展的研究进入一个新的阶段。

世界旅游业理事会（World Travel & Tourism Council，WTTC）、世界旅游组织和地球理事会给可持续旅游下的定义是：可持续旅游是满足现代旅游者和旅游地区的需要的同时，也保护和增加未来人的机会的旅游。要实现可持续旅游，就要对所有资源进行管理，在满足人们的经济、社会和审美需要的同时，维护文化完整性、基本的生态过程、生物多样性以及生命支持系统。WTTC 的这个定义建立在 1980 年的世界保护战略和 1987 年世界环境和发展委员会的报告《我们共同的未来》的基础上。后来的全球可持续发展运动都由此展开，只有将保护与发展结合起来，才能满足现代人的需要而又不损害未来人满足其自身需要的能力。

因此，可持续旅游就是指建立在自然和人力资源基础上的旅游，这样的旅游有助于可持续发展，使集中于自然或文化遗产资源的旅游活动能够无限期地存在下去。要达到这个目的，就需要用综合的方法进行开发，并理解旅游发生地的自然和文化资源、旅游领域和其他活动与过程、价值系统之间的关系。

3. 旅游可持续发展的概念

旅游可持续发展强调的是以系统的、平等的、全球的、协调的方式发展旅游，协调环境、旅游者和当地社区三者间的利益关系是旅游可持续发展的核心。

1993 年，世界旅游组织认为，旅游可持续发展是一种经济发展模式，用来达到如下目的：改善当地社区的生活质量；为游客提供高质量的经历；维护当地社区和游客所依靠的环境的质量。当然也有其他的定义，如联合国认为旅游可持续发展是以这样的方式和规模在一个地区（社区、环境）发展与维持的旅游，即它在长期内仍然保持活力而不会以可能阻止其他活动和过程的成功发展的方式，使人的或物质的环境发生退化或改变。这个概念包括了大量的应该作为行动指南的规则：①谨慎利用地球资源；②减轻贫困、减少性别不平等；③提高生活质量；④保护所有自然栖息地的生物多样性和生命支持系统；⑤尊重不同的传统，保护本土文化和生活方式；⑥鼓励自下而上的参与责任，增强地方决策能力。

1995 年 4 月 24～28 日，在西班牙加那利群岛兰萨罗特岛联合国教科文组织、联合国环境规划署和世界旅游组织共同召开了由 75 个国家和地区 600 余名代表出席的旅游可持续发展世界会议，会议通过了《旅游可持续发展宪章》和《旅游可持续发展行动计划》，确立了可持续发展的思想方法在旅游资源保护、开发和规划中的作用与地位，并明确规定了旅游规划中要执行的行动。此后，国际组织经常举行有关旅游可持续发展的国际会议，为各国旅游可持续发展提供交流的平台，对各国应采取的行动给予指导并在全球范围内开展合作和协调。

从理论的继承性来看，旅游可持续概念的基础是可持续发展思想。无论是国内学者还是国外学者都是在这样的背景下来讨论问题的。可持续发展概念的解释性内涵多少具有伦理学上的意义，而不是一个逻辑严密的理论体系，而且可持续发展在某种程度上还与政治相关。

目前，对旅游可持续发展的概念还没有统一的表述。加拿大学者 Cromn 认为，在旅游业内，可持续发展有独特的含义：这个产业要提高旅游容量和产品质量，同时不对赖以生存的自然和人文环境产生消极作用。Cromn 提出了旅游可持续发展的六条标准。

纳尔逊·格拉本和彭兆荣（2006）认为旅游的可持续发展概念包括三层含义，

即旅游业以相对稳定的状态持续发展壮大、游客数与利润关系适度、生活环境和模式的可持续。

冯灿飞（2004）认为，可持续旅游最核心的一点就是要以长远的眼光来认识旅游的影响，最终实现旅游的代际平衡。徐崇灏（2013）认为，可持续旅游在提高旅游地经济社会发展和游客体验时，旅游活动对资源的影响不损害后代人的利益，其本质是实现旅游活动与人类生存环境、资源、文化的统一，其三层含义是旅游资源环境的可持续、游客和旅游地社区需要的满足、代内和代际的公平性。

1.4.3　可持续旅游及其进展

自 20 世纪 70 年代早期，可持续旅游的思潮已经开始出现，并以 1990 年世界旅游组织行动策划委员会提出的可持续旅游概念为标志。1993 年 *Journal of Sustainable Tourism* 杂志问世，标志着可持续旅游开始成为旅游研究的热点，而且经过之后多次国际会议形成了可持续旅游的基本框架、主要目标、原则和行动计划等。

与此同时，国内学者也开始关注可持续旅游的研究。最初学者从不同视角探讨可持续旅游理论，可持续旅游研究的不断深入、相关领域较为成熟的理论和研究方法的引入，推进了跨学科的交叉研究，逐渐形成了较为系统的研究方法体系。近几年，国内与国外在旅游地可持续研究领域的差距不断缩小。

旅游业可持续发展与旅游地可持续发展的关系密不可分，旅游业可持续发展是基础，旅游目的地可持续发展能够更好地实现可持续旅游，促进区域经济的可持续发展。可持续旅游的相关研究一直是学术界的研究热点，尤其是 2013 年以来，国内学者相继发表了多篇从旅游地可持续发展、旅游目的地治理、社区参与等不同视角研究国内外可持续旅游发展成果的文章。本书主要从可持续发展概念内涵与发展水平、旅游地发展演化过程与规律、旅游生态安全与环境容量、旅游可持续发展模式、居民与游客影响感知、旅游企业的影响、旅游地低碳化发展以及旅游地政策与治理八个方面简述国内外可持续旅游研究领域的热点与关注。

1. 可持续发展概念内涵与发展水平

可持续发展概念内涵与发展水平的研究，一直是国内外学者研究的重点难点问题。2013~2014 年底（简称期间），国内核心期刊［核心期刊与中文社会科学引文检索（Chinese social science citation index，CSSCI）收录，下同］和国外期刊共有 12 篇论文，其中国内 7 篇、国外 5 篇。这些研究从最初的内涵阐述发展到今天的可持续指标体系建立，除此之外，评估方法的选择和改善也成为国内外学者的研究重点。随着可持续旅游概念内涵的不断发展，尽管国外已经提出了可持续旅游的指标和指标体系，但是还需要因地制宜构建可持续旅游指标体系，加强针对性，重视旅游发展与区域整体发展战略的结合。此外学者 Stefan 提出了一种新的测度可持续旅游的水资源管理指标。Albrecht 等研究发现可持续旅游理念的应用已经在目的地层次的私营部门网络中体现，但它在各级公共部门和跨部门治理网络中的发展有限。还有学者从可持续旅游视角提出了新的旅游规划方法：全球可持续旅游目的地标准。

2. 旅游地发展演化过程与规律

旅游地发展演化过程与规律研究对于了解旅游地生态环境，实现旅游地可持续发展具有指导意义。期间，国内核心期刊和外文期刊共有 8 篇论文，其中国内 4 篇、国外 4 篇。以 Butler 旅游地生命周期模型为代表的生命周期理论，能够在一定程度上解决旅游地演进过程中可持续发展的环境关系问题，并且结合恢复力思想、生态足迹理论等其他综合分析方法成为学者关注的热点。李世广等通过对九寨沟湖泊沉积物的分析，研究了人类活动对九寨沟生态环境的影响。

3. 旅游生态安全与环境容量

随着社会、经济和文化的发展，旅游生态安全与环境容量成为旅游可持续发展的重要依据之一，目前该领域研究处于发展阶段，融合多种方法定性和定量研究旅游地生态安全与环境容量是一个亟待解决的问题。国内核心期刊和外文期刊共有 7 篇论文，其中国内 4 篇、国外 3 篇。国内外许多学者为此作出了努力，Eduardo 等以亚马孙流域的茅尖鱼为对象，运用生态足迹理论分析了旅游活动对环境的影响。Heros 等以巴西魔鬼窟为案例，从旅游承载力角度定性分析了该地可持续发展问题。Hrvoje 等提出了一个港口污染风险评估的跨学科三角测量模型。

4. 旅游可持续发展模式

构建旅游可持续发展模式就是为类似的旅游实现可持续发展提供一个范式。期间，国内核心期刊和外文期刊共有 18 篇论文，其中国内 12 篇、国外 6 篇。目前国内学者注重旅游开发模式的应用研究，生态旅游作为目前普遍认可的可持续旅游发展模式之一，张玉钧提出了生态旅游可持续发展的三个条件：自然保护是前提，环境教育是责任，社区参与是保障。陈碧霞等详细分析了日本农业遗产地的绿色乡村旅游发展模式，为偏远地区发展乡村旅游提供了思路。Blanca 等探讨了岛屿类旅游目的地的奢侈品可持续发展模式。Frederick 对墨西哥牧场遗产在旅游发展中的有形无形与公有私有问题进行了研究。总体而言，国内外学者研究各有侧重，国内学者逐渐开始重视理论研究。

5. 居民与游客影响感知

随着利益相关理论的提出，居民与游客作为旅游地重要的利益相关群体，其态度和感知对于旅游目的地可持续发展具有重要意义。期间，国内核心期刊和外文期刊共有 27 篇论文，其中国内 12 篇、国外 15 篇。国外学者侧重于对旅游影响的感知、旅游感知和态度的影响因素、相关理论以及基于居民旅游感知与态度差异的群体聚类等方面。Kaltenborn 等研究发现居民普遍支持以旅游为基础的遗产开发活动，也指出有关遗产活动不应限制当地发展。William 以美国卡罗莱纳州的 WWOOF（world-wide opportunities on organic food）项目为案例，分析了当地农户对志愿旅游的态度。

Bynum 等创造性地提出了旅游地居民的心理、社会和政治权重量表。Jin 等采用标准层次分析法评估现有的基础环境，建立模型评估居民参与态度，实现了社区居民参与和生态旅游的有效整合。David 等以澳大利亚学生周为案例，研究了不同群体对有争议旅游事件的感知，拓展了社会交换理论和社会表征理论的研究范围。Puhakka 等运用定性和定量综合分析法，研究了不同的居民群体对可持续旅游的态度差异。

Trinh 等从游客角度研究了公共交通对目的地旅游的影响。Emil 等从传播心理学角度研究了旅游者认知和行为差异对可持续旅游的影响。Liisa 等从游客感知角度出发，指出在自然资源旅游目的地的开发过程中要注意建筑密集度和建筑风格与环境的协调性。King 等分析了世界文化遗产品牌对游客和目的地管理的影响，发现不适宜的世界遗产品牌抑制了旅游的可持续发展。Xu 等运用结构方程模型探索了人类中心主义与生态中心主义在中国和英国国家公园可持续旅游管理中的作用，发现不同文化背景下的游客具有统一的自然、旅游和可持续发展的态度模型。

国内学者侧重不同类型旅游地居民对旅游影响的感知与态度，分析其形成原因，近几年游客感知研究成为旅游地可持续发展研究的重点。旅游企业、社区居民与可持续旅游的互动关系，以及基于利益相关理论的可持续发展综合分析成为目前旅游可持续发展研究的热点。范钧等综合旅游地意象、地方依恋及环境责任行为理论，构建了旅游地意象、地方依恋与旅游者环境责任行为之间的关系模型。Lee 以台湾七股盐田湿地为案例，运用结构方程模型分析了社区居民对可持续旅游的影响。

6. 旅游企业的影响

旅游企业在推动旅游快速发展的同时，带来的负面环境效应成为可持续旅游研究的难题。期间，国内核心期刊和外文期刊共有 6 篇论文，其中国内 2 篇、国外 4 篇。国外学者 Waligo 等基于英国 8 个公司的 50 多位股东信息，提出了多股东参与管理的可持续旅游框架。Xavier 等分析了欧洲小型旅游企业可持续旅游活动的动因和措施。Wang 等以中国上市旅游公司为研究对象，探讨了政府不同程度的参与对旅游企业实现可持续发展的影响。Huang 等结合智慧旅游理念运用模糊学归集生态旅游活动中的企业记忆，为企业实现可持续服务提供有效的知识管理。综合上述内容，制定识别旅游可持续的利益相关群体的标准，探讨各群体在旅游可持续发展系统的相互关系以及定位，进而研究关系的动态过程，从而深入理解利益相关理论与旅游可持续发展的关系，应成为一个基本的方向。

7. 旅游地低碳化发展

近年来碳排放问题在全球范围内引起热议。期间，国内核心期刊和外文期刊共有 14 篇论文，其中国内 8 篇、国外 6 篇。部分学者开始关注旅游业能耗与碳排放相关的研究，实现各类旅游资源的可持续利用。Tim 认为将减排实践作为中小旅游企业的效果评价指标是错误的。Stefan 等分析了当今碳标签在引导环保旅游消费，实现旅游可持续发展方面的不足，研究了 11 个不同发展程度的旅游国家中飞机旅行的碳排放问题。Horng 等开发和验证了新的低碳认知量表。程乾等提出了中国旅游景点的低碳评估指标体系。

8. 旅游地政策与治理

旅游地政策制定与政府治理，因其能够带来更高的绩效一直是研究的热点。期间，国内核心期刊和外文期刊共有 25 篇论文，其中国内 12 篇、国外 13 篇。国外大体集中在政府的管理行为、财政政策以及旅游发展规划等方面。陈刚华指出，利益相关者和行为者的治理能力及其动态关系将会影响治理效果进而影响旅游目的地可持续发展的方向和成败。Christian 等从利益相关理论角度研究了可持续废水管理理念和实践对于滨海地区旅游发展的意义。

Giuseppe 认为，在决策上鼓励各层次的利益相关者参与有助于实现旅游的可持续发展。Victoria 研究了挪威海上垂钓旅游的管理政策。Nicole 等认为实现旅游可持续发展应该加强旅游合规教育。Adrianna 等认为土地整改过程中应该充分考虑景观的审美和文化价值。Moyle 等分析了可持续旅游的理念在澳大利亚发展规划中的变化。Xi 等研究了中国河北省苟各庄 25 年内的土地使用变化，指出旅游地土地治理要考虑旅游需求、建立适宜土地使用政策和处理好开放与保护关系。Vu 等提出了一种新的旅游目的地游客行为研究方法，为管理者制定可持续旅游治理政策提供了更可靠的信息。董红梅等以洛川国家地质公园为案例，研究其在开发管理中遇到的问题并提出对策建议。

与此同时，部分学者也积极研究旅游目的地治理范式、日本可持续旅游政策治理经验，以期推进我国可持续旅游政策制度与管理实践。Susanne 等提出了系统分析旅游目的地脆弱性的框架，将风险管理纳入旅游目的地治理内容，丰富了可持续旅游的管理内涵。上述八个方面研究文献分布情况见图 1-2。

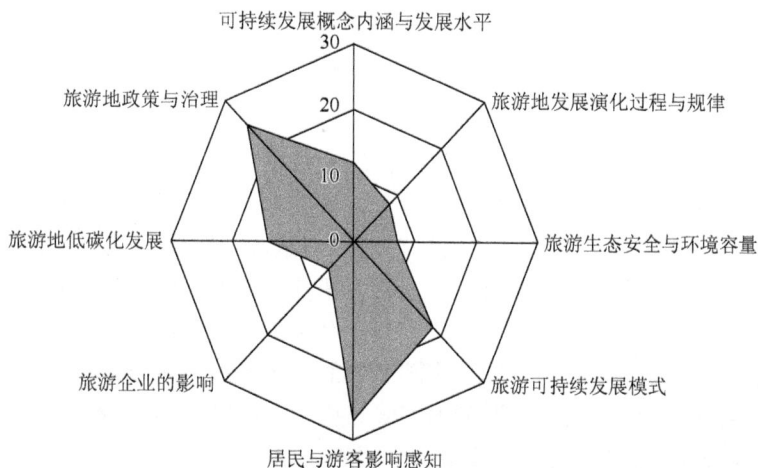

图 1-2 2013～2014 年间国内外可持续旅游研究的研究文献分布情况图

除此之外，另一个值得关注的动向就是国内外学者已经开始探究生态足迹理论（ecological footprints）在区域可持续旅游领域的研究与应用。生态足迹理论是由加拿大生态经济学家 William 和他的学生 Wackernagel 于 20 世纪 90 年代初提出的用于度量可持续发展程度的一种新方法。任何人都要消费资源，均对地球生态系统构成影响，所以生态足迹这一形象化概念反映了人类对地球环境的影响。生态足迹是指现有生活水平下人类占用的能提供资源或消纳废物的、具有生态生产力的地域空间，而与其相对应的生态容量则是指在保持生存、发展条件下能够持续提供资源或消纳废物的、具有生态生产力的地域空间。生态足迹理论从需求面计算生态足迹的大小，从供给面计算生态承载力的大小，通过对二者的比较来评价研究对象的可持续发展状况。

1.4.4 非可持续旅游的表现

傅文伟和顾德道在《旅游业的环境问题和非持续性发展》一文中，有关"导致旅游业非持续性的旅游业环境问题"的论述颇具预见性，指出导致旅游业非持续性的旅游业环境问题，主要表现在两个方面，即旅游业发展导致的环境退化以及旅游开发时对旅游者或东道主居民所要求的环境因素的忽视。

生态旅游是以生物多样性和文化多样性作为资源的，生物多样性常常十分脆弱，文化多样性则具有明显的不可复制性，因此生态旅游在经济、社会、文化方面都表现出潜在的非持续特征。生态旅游必须要在开发利用生物多样性和文化多样性资源的同时，考虑这些资源的保护以做到可持续利用，从而获得最大的社会、经济和环境效益。因此，生态旅游成为可持续旅游研究领域标志性的"晴雨表"。在这一方面，曾宗永（2000）发表了《生态旅游的非持续特征》一文，科学分析了生态旅游的非持续特征及生态旅游对生态环境的影响和冲击，并对生态旅游的可持续与非可持续进行了甄别。

对国外相关文献的分析表明，旅游目的地开发的非可持续性问题常常表现在以下几方面：①旅游目的地的政治环境，如暴乱等安全问题；②旅游目的地的法规建设跟不上旅游地的发展，造成旅游地治理紊乱，严重影响了旅游地形象；③旅游地的治理，尤其是具有政府角色的治理水平，如旅游规划不合理、土地使用政策前瞻性不足、旅游管理决策功利等，严重抑制了旅游地可持续发展；④旅游地基础设施建设过度或不足以及旅游企业的低质量服务也严重损害了旅游发展的可持续性；⑤当地居民对旅游管理的参与程度和游客的素质教育也严重影响旅游的可持续发展，如居民抵制旅游活动、游客的不当行为等。

本书作者 2010 年以来，特别关注了我国部分世界遗产地旅游开发问题，并先后实地考察了云南石林景区（世界自然遗产"中国南方喀斯特"项目的一部分）、重庆武隆天生三桥（世界自然遗产"中国南方喀斯特"项目的一部分）、普达措国家公园（世界自然遗产"三江并流"项目的一部分）、丽江古城、重庆大足石刻、张家界天门山景区（世界自然遗产"武陵源"项目的一部分）、武当山、布达拉宫等，发现其旅游开发存在诸多非可持续性现象。概括起来主要有以下一些情况。

例如，云南石林景区，主要的问题是自然遗产景区的公园化趋势以及容量超载。按照《保护世界文化和自然遗产公约》界定，世界自然遗产要持续保障其原真性和整体性，而要做到这些，必须摒弃园林造景做法，同时通过管理创新科学调控景区容量。

再如，张家界国家森林公园是"武陵源"世界自然遗产的重要组成部分之一，尤以独特的石英砂岩峰林地貌（现已被有关部门注册为"张家界地貌"）闻名遐迩，其中天门山作为"天生桥"地质奇观构成张家界景观的标志性之一。早在 1992 年 9 月，联合国教科文组织和世界自然遗产保护同盟专家在实地考察湖南"武陵源"世界自然遗产地后指出，"武陵源现在是一个旅游设施泛滥的世界遗产景区"，"提请中国政府对景区及其周围地区旅游业发展给予关注，使其建立在可持续发展的基础上"。值得关注的是，近年来，上述情况并未收敛。出于方便景区内旅游交通的目的，张家界景区进行了大规模的旅游基础设施建设，除了景区车道，张家界景区的观光索道、玻璃栈道、穿山扶梯建设规模空前。作者 2015 年 4 月在天门山景区考察，天门洞及其周围几乎成了建筑工地。作者有理由担忧这处世界自然遗产地的前景正受到非持续因素的影响。究其缘由，应该是景区建设与管理方面存在明显的利益驱动性。如果不加以调控，其结果就是世界遗产地作为旅游目的地的个性与核心吸引物变形和消失。

作者认为，可持续旅游的非可持续性可以从两个方面作出解释：一方面是环境的不可持续性，具体表现为旅游目的地环境脆弱、自然灾害频繁、对外来活动敏感等；另一方面是旅游开发管理的不可持续性，主要体现在旅游地政治环境稳定性、旅游地政策法规的健全性、旅游地管理决策的民主性、旅游地基础服务水平以及旅游地居民与游客的和谐性等方面。由此，这里将非可持续旅游的表现概括为三个方面，即环境问题、理念意识和其他相关（图 1-3）。

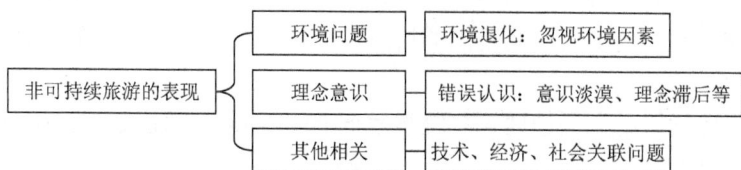

图 1-3　非可持续旅游的表现

1.4.5　区域旅游可持续发展"三元论"

研究表明，区域旅游产业可持续发展受制于地域系统特征、旅游产业空间集聚和区域旅游产业管理创新等多个因素，其发展的学科基础是地理学、经济学和管理学。与此同时，对可持续旅游的非可持续性现象的关注与解决，将成为可持续旅游健康发展的必要条件。另外，旅游发展实践证明，可持续旅游发展在开发上又与旅游规划、政策保障、管理效率密切相关。换句话说，可持续旅游应该是一个复杂的系统问题，需要运用综合的视角，从学科基础和保护开发等方面入手，去面对与解决可持续旅游发展的问题。基于上述内容，本书初步提出了可持续旅游"三元论"研究框架（图 1-4），尝试探究可持续旅游机理及相关问题。

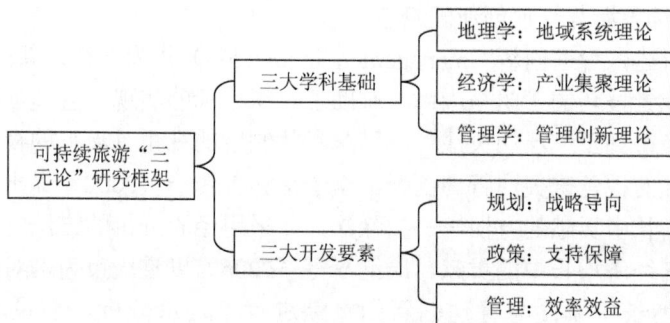

图 1-4　可持续旅游研究框架

1. 区域旅游可持续发展研究的三大学科基础

1）可持续旅游与地域系统理论

研究表明，地域系统理论作为地理学经典理论之一，对可持续旅游的理论与实践有重要的支持和指导作用。地域系统研究是从区域角度研究地域综合体，揭示地域分异规律，探讨地域单元的形成发展、分异组合、划分合并和相互联系的学科，是对过程和类型综合研究的概括与总结，是区域制定和实施社会经济发展战略的基础。旅游地域系统理论强调旅游地开发的系统性、地域性、战略性概念，不仅包括旅游地所在的地理区域系统，也包括与外界联系的廊道系统和市场系统，偏重于旅游地旅游系统开发的地理区域联系和对比分析，即把一个旅游地置于横向与纵向交叉联系的更大空间范围的旅游地中，进行科学分析，界定其开发定位和发展方向。

基于可持续旅游发展的地域系统学术框架的核心是构建旅游地域系统可持续发展的调控机制。

2）可持续旅游与产业集聚理论

产业集聚理论认为，产业空间集聚可以增强产业间的扩散效果以及创新所产生的外部化效果，从而提升创新的成效，增强产业集聚优势。旅游业在内部推力和外部压力的共同作用下，形成了产业融合的持续性发生机制，不仅有效地促进旅游产业与其他相关产业的融合，还提升了社会经济系统的协同程度和自组织能力。从旅游经济综合性角度提高旅游产业结构的合理化和高度化，对旅游产业快速健康发展至关重要。从空间和区域的视角来看，旅游产业往往是集聚发展的，或者集聚于旅游景区，或者集聚于景区所依托的港口集散地或现代化大都市，旅游产业特性、外部经济效应和政府规划因素共同促进了旅游产业的集聚。

从经济学基础上探讨区域旅游可持续发展问题，其重点在于探究旅游产业空间集聚规律及其对国民经济、社会、环境的贡献机理。尤其可借鉴生态足迹理论对区域旅游可持续发展进行科学评价。

3）可持续旅游与管理创新理论

如前面所述，管理创新（management innovation）作为一种最新的管理实践、流程、结构或者技巧的发明与应用，有助于组织目标的实现。管理创新在最广义的层面上已经得到了广泛的关注，不同学者从制度的视角、流行的视角、文化的视角以及理性的视角来关注管理创新。李子奈和鲁传一（2002）提出了测度管理创新在经济增长中贡献的方法——扣除法，并采用经验分析的方法定量测度了管理创新在中国经济增长中的贡献。康继军等（2006）以重庆市为例对改革开放以来国民经济增长中制度与管理创新的贡献进行了定量分析。雷星晖和王则灵（2007）分析了管理创新无效化的主要原因，并在此基础上提出了解决方案——管理创新有效化模型。薛捷（2011）通过分析管理创新的四种研究视角，即制度视角、流行视角、文化视角、理性视角，对管理创新的概念内涵从内容、新颖程度以及创新目的三个方面进行了阐释。Polyxeni（2012）以希腊旅游管理机构为例，探讨了区域旅游管理运作中面临的突出问题，并提出通过管理创新来提高各地区旅游产品的质量和水平。

纵观全世界企业近百年来在管理创新方面所取得的成就，不难发现，更多管理创新表现为将已有的管理实践引进新的组织或领域，属于引进型创新。管理创新的根本目的在于解决组织运行问题以实现更有效地利用资源及持续提升组织效率与绩效，而非仅追求差异化，使得管理创新成为主流。

越来越多的实践表明，区域旅游产业可持续发展受制于区域地域系统、旅游产业空间集聚和区域旅游产业管理创新等多个因素。区域旅游产业可持续发展只有遵循产业空间集聚规律，寻求科学的管理创新模型，才能实现旅游产业发展与区域经济、社会、环境相得益彰。

2. 区域旅游可持续发展的开发三要素

如图 1-5 所示，为了保障区域旅游可持续发展的有序性，除了前面所述学科"三元论"的三大学科支撑，还需要在旅游开发层面强化对规划、政策与管理三要素的关注，并力求在开发过程中规避非可持续旅游的影响。

1）规划：战略导向

规划主要强调从战略导向上调控区域旅游可持续发展方向。Gunn 指出，规划是对未来的预测，处理可预见的事情，是唯一能使旅游业获得好处的方法。由于人们越来越关注经济竞争、可持续发展问题，以及环境影响和社会影响的可接受程度，所以在全球市场的大环境下，人们逐渐意识到制定旅游业整体发展规划的必要性。实践表明，是否制定规划对发展旅游业不再是一个无足轻重的问题，而可能涉及一些更为基本的经济、生态和社会问题。宏观的旅游规划主要是调整目的地旅游业的可控制变量，即基础设施、市场定位、产品开发和促销，从而使政治团体和社会团体参与迅速变化的全球市场竞争。

2）政策：发展保障

政策即建立完备的可持续发展政策保障体系，强调建立与实施一系列旨在保障旅游规划与开发顺利进行，推动旅游业可持续发展的优惠政策所组成的系统。该系统对旅游开发具有扶持、协调和监督的作用。

3）管理：效率效益

管理是区域旅游可持续发展绩效效益保障的关键，是源头工程，必须高度重视。研究认为，旅游地参与全球竞争的能力由以下四个条件决定：设施与服务的组合、质量和价格；旅游地组织经验丰富，技能娴熟；旅游地与主要客源地之间的空间关系，以及旅游地如何利用优势的地理位置或者改进区位劣势；金融投资的性质和来源。就区域旅游可持续发展管理而言，必须把产品、价格、区位、管理技术与市场和游客的期望值相结合，尤其应把社区需求当作核心因素来考虑，这是实现区域旅游可持续发展的关键。

就区域旅游可持续发展来看，上述规划、政策与管理三元素将有机融合，始终贯穿于区域旅游开发活动及其可持续发展的科学调控过程中。

王庆生等（2014；2015）以天津市宁河区七里海湿地为例，跟踪研究了该区域湿地生态旅游开发及其可持续利用问题，并首次将区域旅游可持续发展"三元论"观点在七里海湿地生态旅游开发中进行了运用。

第2章　区域旅游可持续发展与生态环境保护

2.1　建立生态环境保护与区域旅游可持续发展联动机制

旅游是经济、社会、文化等现象的综合反映，这一特性决定了旅游的发展必然给旅游地带来经济、环境、社会等一系列影响。随着全球旅游产业规模的日益增大，过去低估的环境影响正在受到重视。旅游活动的潜在环境影响是多种多样的，旅游业发展不仅会对当地资源产生压力，而且不合理的基础设施和交通设施往往会损坏景观与自然环境。另一个重要的环境影响是旅游活动产生的污染，如污水、固体废弃物、飞机和汽车产生的噪声与空气污染。对当地居民而言，旅游业也是对宁静的生活方式和社会结构干扰的原因之一，它也增加了当地建造和维护污水处理厂、道路等设施的费用。

在发展旅游的道路上普遍存在着这样一种现象：在其初期阶段，人们往往只注重旅游业所带来的经济效益而忽视对综合效益的研究，虽然认识到旅游与生态环境的密切关系，却忽视旅游的发展与开发可能会带来的消极影响。其结果便是人类在发展旅游的同时，破坏着旅游赖以存在和发展的环境，并且影响到人类发展的长远利益。

旅游业作为我国经济发展新增长点，在调整优化经济结构、扩大消费拉动内需、增加就业、改善民生等方面发挥了积极作用。统计数据显示，2015年中国旅游业实现平稳增长，国内旅游40亿人次，比2014年增加10.5%；年旅游总收入约4.13万亿元，增长11%。根据《国家发展改革委、国家旅游局关于实施旅游休闲重大工程的通知》（发改社会〔2016〕2550号）精神，国家发展和改革委员会（简称国家发改委）、国家旅游局决定实施旅游休闲重大工程，积极引导社会资本投资旅游业，不断完善旅游基础设施和公共服务体系，丰富旅游产品与服务，迎接正在兴起的大众休闲旅游时代。

2.1.1　可持续发展的根本目的是构建人与自然和谐社会

世界环境与发展委员会所发表的《我们共同的未来》报告中提出：可持续发展就是既满足当代人需要，又不对后代人满足其需要的能力构成危害的发展。

人与自然和谐是可持续发展的主要标志。

首先，自然资源与环境的可持续性是城市可持续发展的基础。我国城市建设初期比较重视人工生态系统的建设，对自然资源与环境的保护比较薄弱，因此，自然资源与环境保护是城市可持续发展的一项重要内容。环境与自然资源的可持续性应表现为城市环境得到最大限度的保护，城市各项开发建设应保持在环境与资源的承载力之内，保护与维护自然系统和谐顺畅。

其次，经济可持续增长是城市可持续发展的重要方式。经济可持续性应表现城市经济增长方式的根本转变，采用清洁生产，文明消费，不仅重视经济增长的数量，而且重视增长的质量。城市经济的可持续增长离不开区域生态环境背景，离不开区域内城市与城市之间资源和产业配置分工协调及城市内部合理的产业结构。

最后，社会可持续性是城市可持续发展的最终目标。人是城市的主体，不断提高人类生活水平，是可持续发展追寻的最终目标。它包括关注城市人们的基本权利、人居条件的改善、社会资源的公平分配、社会保障体系健全、社会心理稳定等一系列目标的实现。

经济、社会和环境相互之间不是孤立的，它们之间通过广泛的、多层次的相互联系、相互制约和相互作用，构成一个系统。对于人类，生态系统既有巨大的经济价值，更有不可或缺的环境资源价值。然而，这些经济和环境资源价值的实现取决于人类对生态系统的认识与保护。人类的经济和社会发展应注重环境价值的保护，实行社会、经济与环境的协调发展。

世界旅游组织认为，旅游可持续发展是"在维持文化完整、保持生态环境的同时，满足人们对经济社会和审美的要求。它能为今天的主人和客人提供生机，又能保护和增进后代人的利益并为其提供同样的机会"。1990年全球可持续发展大会将旅游可持续发展定义为，"旅游资源的管理应当既满足经济、社会和美学的需要，又维持文化完整性、基本的生态过程、生物多样性和生命支持系统"。

区域旅游可持续发展，在于以持续性、平等性、全球性、系统性的协调方式发展旅游。要实现旅游产业的长远发展，要实现区域旅游产业的代际公平，要实现人与人之间、人与自然之间的和谐，要实现社会、经济、资源和环境多因素的协调发展，保证区域旅游产业的现实发展与未来发展和谐统一。不断保持环境资源和文化完整性，并能给旅游区的居民公平地分配旅游业的社会经济效益，是旅游可持续发展的本质。

2.1.2 生态旅游是区域旅游与环境保护协调发展的良好途径

1. 生态旅游与可持续旅游、自然旅游的关系

饱受工业化进程带来的负效应——全球生存环境日益恶化的影响，越来越多的

政府、民间组织及个人开始意识到保护生存环境的重要意义。生态旅游（ecotourism）一词的提出，正是旅游业针对自身经济运转带来的负面影响，作出的最好的回应。作为绿色消费在旅游业刮起了回归自然的旋风，世界各国根据各自的国情，开展各具特色的生态旅游。

对于传统旅游，利润最大化是开发商追求的目标，价格是调节供需的杠杆和游客与旅游点建立联系的纽带。其最大的受益者是开发商和游客，这种旅游不可能持续发展。而生态旅游旨在实现经济、社会和美学价值的同时，寻求适宜的利润与环境资源价值的维护。生态旅游者的目的是享受自然赐予的景观和文化。通过约束旅游者和开发商的行为，使之共同分担维护景观资源价值的成本，从而使当地居民也成为生态旅游的直接受益者。生态旅游的发展需要在详细分析旅游区环境资源与文化特色以及地区发展目标的前提下，制定详尽的可持续发展规划。通过减轻环境压力来平衡经济利益，通过保持旅游区景观资源和文化的完整性实现代间的利益共享与公平性，是实现旅游景观资源可持续利用的良好途径。

作者同意张海霞（2012）对生态旅游的界定：生态旅游是指以自然生态环境良好的地区为旅游目的地，以体验自然、了解自然、提升自我环境意识为主要出行目的，对环境负责任、有利于目的地可持续发展的旅游活动。

可持续旅游是指"在满足现有旅游者与地方社区居民需求的同时，保持与增强未来发展机会的旅游"（世界旅游理事会等，1997）。而自然旅游（nature-based tourism 或 nature tourism）是指以未被破坏的自然景象为直接旅游吸引物的旅游（Valentine，1992）。一般来讲，生态旅游与可持续旅游、自然旅游三个概念强调的重点不同，生态旅游强调严格的规制与章程（张海霞，2010a），可持续旅游则重在强调可持续性的基本原则，而自然旅游更强调旅游者对自然的偏好。上述三者之间也有交织，生态旅游是可持续旅游的子集（李天元，2005；金波等，2001），但并非自然旅游的子集（张海霞，2012）。

2. 生态旅游发展政策

1）经济政策

为了维护美丽的景观和田园特色，实现生态旅游的持续发展，对于一些对环境资源有破坏作用的产业部门，即使经济效益再高，也不应引进。而对于农业生态系统的初级生产部门和野生动植物园的开发部门，虽然其短期经济效益不高，但其发展有利于提高景观生态的多样性，增强地方田园特色。从长远看，它可吸引更多的生态旅游者。这些产业部门应是当地政府支持发展的重点。

2）技术政策

生态旅游者到达旅游点的目的是欣赏纯净的自然，在高技术与产品随处可见的当今时代，越是具有地方特色的适用技术对他们越具有吸引力。根据自然规律衍化而来的具有浓烈的田园特色的生产技术使来自现代化城市的游客流连忘返。因此，一些民间技术和生产部门，虽然其技术含量不高，但也值得保存下来。一个融合古老技术和现代技术的技术体系，如果保存完好，将是一个诱人的景观，但这些技术必须对环境无害。

3）环境政策

生态旅游是以环境良好的方式发展旅游，旨在促进区域发展的同时不对环境构成危害。为了预防由于旅游活动引起的环境污染和退化问题，在制定生态旅游的发展规划时，必须弄清其潜在的环境影响。主要的环境影响包括：①污水对当地淡水或海洋水体的污染；②不适宜的土地利用方式引起的土壤侵蚀；③交通、空调和采暖系统气体排放引起的酸雨与全球变暖问题；④城市化和道路建设引起的人工环境的美学价值与野生生物环境的丧失；⑤过度开发或污染，致使生物多样性减少或破坏。因此，对于在生态旅游区域拟建的每个项目，都要进行环境影响评价，不符合环境标准的项目，坚决予以取缔。对于正在建设或运营的项目，应根据国家或地方的有关环境法规，征收环境税或颁发无污染奖金，将环境影响降到最低限度。

4）社会政策

生态旅游不仅要使当代的旅游者和当地居民受益，而且要使未来的旅游者和居民能继续分享旅游带来的效益，即代间公平分享旅游景观资源的价值。生态旅游的目标受益者不是特定的旅游者、居民个人或群体，而是与旅游景观资源有着各种联系的所有个人或群体。利益的获得不得以牺牲他人的利益为代价，即代内的公平性。旅游者和居民的社会活动必须与旅游景观的结构、功能及其价值相协调，同时，旅游活动的开展必须以不损害当地居民的社会文化价值和生活习惯为前提。

3. 国外生态旅游区建设情况

自 1872 年美国建立起世界第一个国家公园——黄石国家公园以后，很多国家都纷纷效仿，如澳大利亚于 1879 年、墨西哥于 1898 年、阿根廷于 1903 年、瑞典于 1909 年都建立了国家公园体系。从 20 世纪 60 年代后期开始，保护组织和环境学家发现，保护主义方法（将人和公园分离，通常是强迫性地分离）是行不通的，只有使当地人从公园和旅游中获得经济收益，受保护的物种、区域和生态系统才能够存在下去。Western（1994 年到 1998 年期间曾任肯尼亚野生动物组织和生态学会首任主席）写道：“人们不仅要考虑对自然尽责任，同时也要考虑当地人。当地人能够也应该从旅游中获益，他们将在此过程中保护自然。”于是肯尼亚首先采用了利益相关者理论。在 20 世纪 70 年代早期，政府同意将数个保护区的管理权交给当地县、郡委员会，令其从公园门票、饭店和其他旅游设施中获得收入。20 世纪 80 年代末，当生态旅游的概念开始在东部和南部非洲（简称东南非）出现的时候，利益相关者理论已经扩展到教育旅游者和当地人提高对环境与文化的敏感度，以及降低旅游对自然环境与社会的影响等方面。

与此同时，在南美洲，人们越来越意识到对于保护热带雨林来说，生态旅游是替代非法伐木、采油、采矿等资源掠夺性活动，提高公众的环境意识，为保护提供资金的一种有效工具。

值得一提的是，哥斯达黎加保护主义者 Budowski 在 1976 年发表于《环境保护》第三期上名为《旅游与环境保护：冲突、共存、一体化》的论文中最早对旅游和自然保护之间的三种关系进行了分析并列举了旅游支持保护的方式，更广泛也更明确地说明了旅游与环境保护之间的关系。

澳大利亚联邦旅游部 1994 年在制定其《国家生态旅游战略》时，将生态旅游定义为"以大自然为基础，涉及自然环境的教育、解释与管理，使之在生态上可持续的旅游"。

世界自然保护联盟（International Union for Conservation of Nature，IUCN）是世界上规模最大、历史最悠久的全球性环保组织，也是自然环境保护与可持续发展领域唯一作为联合国大会永久观察员的国际组织。IUCN 在自然保护的传统领域处于领先地位，如：①拯救濒危动植物种；②建立国家公园和保护区；③评估物种及生态系统的保护并帮助其恢复。不过 IUCN 在传统领域之外也有所发展。在地球上的许多地方，IUCN 认为自然资源的可持续利用是保护自然的良好方式，这种方式使得为满足其基本需求而利用自然资源的那些人成为保护自然资源的卫士。IUCN 所保护的环境包括陆地环境与海洋环境。IUCN 集中精力为森林、湿地、海岸及海洋资源的保护与管理制定出各种策略及方案。联盟在促进生物多样性概念的完善方面所起的先锋作用已使其在推动生物多样性公约在各国乃至全球的实施中成为重要角色。

4. 我国生态旅游区建设及其进展

我国的生态旅游区主要依托于自然保护区、森林公园、风景名胜区、地质公园、世界自然遗产等而发展起来。1982 年，我国第一个国家级森林公园——张家界国家森林公园建立，将旅游开发与生态环境保护有机结合起来。此后，森林公园建设以及森林生态旅游突飞猛进地发展，虽然这时期开发的森林旅游不是严格意义上的生态旅游，但是却为生态旅游的健康发展提供了良好的基础。

资料显示，截至 2017 年 3 月，我国共有 244 个国家级风景名胜区、826 个国家森林公园、85 个国家地质公园和 31 个世界地质公园（表 2-1～表 2-4）。

表 2-1 中国国家级风景名胜区数量分布情况一览表

批次	数量/个	发布时间
1	44	1982 年 11 月 08 日
2	40	1988 年 08 月 01 日
3	35	1994 年 01 月 10 日
4	32	2002 年 05 月 17 日
5	26	2004 年 01 月 13 日
6	10	2005 年 12 月 31 日
7	21	2009 年 12 月 28 日
8	17	2012 年 10 月 31 日
9	19	2017 年 03 月 29 日
合计	244	

注：（1）中国国家级风景名胜区，原称国家重点风景名胜区，由中华人民共和国国务院（简称国务院）批准公布。根据国务院于 2006 年 9 月 19 日公布并自 2006 年 12 月 1 日起施行的《风景名胜区条例》，风景名胜区是指具有观赏、文化或者科学价值，自然景观、人文景观比较集中，环境优美，可供人们游览或者进行科学、文化活动的区域。

（2）其中，第 1 批至第 6 批原称国家重点风景名胜区，2007 年起改称中国国家级风景名胜区。

（3）表 2-1 由作者根据相关可靠统计数据来源综合而来。

表 2-2 中国国家森林公园分布情况一览表（截至 2015 年底）

地区	数量/个	地区	数量/个	地区	数量/个
北京	15	青海	7	新疆	21
山西	19	天津	1	河北	26
辽宁	29	内蒙古	33	大兴安岭	2
黑龙江	58	吉林	34	浙江	39
上海	4	江苏	20	江西	46
安徽	31	福建	29	湖北	37
山东	48	河南	31	广西	20
湖南	58	广东	24	四川	37
海南	9	重庆	26	西藏	9
贵州	25	云南	27	宁夏	4
陕西	35	甘肃	22		

注：（1）国家森林公园是指森林景观特别优美，人文物比较集中，观赏、科学、文化价值高，地理位置特殊，具有一定的区域代表性，旅游服务设施齐全，有较高的知名度，可供人们游览、休息或进行科学、文化、教育活动的场所，由国家林业局作出准予设立的行政许可决定。国家森林公园的主体功能是保护森林风景资源和生物多样性、普及生态文化知识、开展森林生态旅游。

（2）表 2-2 由作者根据中国林业网官网等相关可靠统计数据来源综合而来。截至 2015 年底，我国共有国家森林公园 826 个。

表 2-3　中国国家地质公园分布情况一览表

批次及数量/个	名称
第一批，11	云南石林，云南澄江，湖南张家界，河南嵩山，江西庐山，江西龙虎山，黑龙江五大连池，四川自贡恐龙，四川龙门山，陕西翠华山，福建漳州
第二批，33	安徽黄山，安徽齐云山，安徽淮南八公山，安徽浮山，甘肃敦煌雅丹，甘肃刘家峡恐龙，内蒙古克什克腾，云南腾冲，广东丹霞山，四川海螺沟，四川大渡河峡谷，四川安县，福建大金湖，河南焦作云台山，河南内乡宝天曼，黑龙江嘉荫恐龙，北京石花洞，北京延庆硅化木，浙江常山，浙江临海，河北涞源白石山，河北秦皇岛柳江，河北阜平天生桥，黄河壶口瀑布，山东枣庄熊耳山，山东山旺，陕西洛川黄土，西藏易贡，湖南郴州飞天山，湖南莨山，广西资源，天津蓟县，广东湛江湖光岩
第三批，41	河南王屋山，四川九寨沟，浙江雁荡山，四川黄龙，辽宁朝阳鸟化石，广西百色乐业大石围天坑群，河南西峡伏牛山，贵州关岭化石群，广西北海涠洲岛火山，河南嵖岈山，浙江新昌硅化木，云南禄丰恐龙，新疆布尔津喀纳斯湖，福建晋江深沪湾，云南玉龙黎明—老君山，安徽祁门牯牛降，甘肃景泰黄河石林，北京十渡，贵州兴义，四川兴文石海，重庆武隆岩溶，内蒙古阿尔山，福建福鼎太姥山，青海尖扎坎布拉，河北赞皇嶂石岩，河北涞水野三坡，甘肃平凉崆峒山，新疆奇台硅化木—恐龙、长江三峡（湖北、重庆），海南海口石山火山群，江苏苏州太湖西山，宁夏西吉火石寨，吉林靖宇火山矿泉群，福建宁化天鹅洞群，山东东营黄河三角洲，贵州织金洞，广东佛山西樵山，贵州绥阳双河洞，黑龙江伊春花岗岩石林，重庆黔江小南海、广东阳春凌宵岩

注：（1）中国国家地质公园是以具有国家级特殊地质科学意义，较高的美学观赏价值的地质遗迹为主体，并融合其他自然景观与人文景观而构成的一种独特的自然区域，由国家行政管理部门组织专家审定，由中华人民共和国国土资源部正式批准授牌的地质公园。到目前为止，中国已批准建立国家地质公园 85 个。

（2）表 2-3 由作者根据中国国家地质公园官网等相关可靠统计数据来源综合而来。

表 2-4　中国世界地质公园分布情况一览表

序号	名称	批次	所在地区
1	黄山世界地质公园	1	安徽
2	庐山世界地质公园	1	江西
3	石林世界地质公园	1	云南
4	丹霞山世界地质公园	1	广东
5	张家界世界地质公园	1	湖南
6	五大连池世界地质公园	1	黑龙江
7	嵩山世界地质公园	1	河南
8	云台山世界地质公园	1	河南
9	雁荡山世界地质公园	2	浙江
10	泰宁世界地质公园	2	福建
11	克什克腾世界地质公园	2	内蒙古
12	兴文世界地质公园	2	四川
13	镜泊湖世界地质公园	3	黑龙江

续表

序号	名称	批次	所在地区
14	泰山世界地质公园	3	山东
15	王屋山-黛眉山世界地质公园	3	河南
16	伏牛山世界地质公园	3	河南
17	房山世界地质公园	3	北京、河北
18	雷琼世界地质公园	3	广东、海南
19	龙虎山世界地质公园	4	江西
20	自贡世界地质公园	4	四川
21	阿拉善世界地质公园	5	内蒙古
22	秦岭终南山世界地质公园	5	陕西
23	乐业-凤山世界地质公园	6	广西
24	宁德世界地质公园	6	福建
25	天柱山世界地质公园	7	安徽
26	中国香港世界地质公园	7	香港特别行政区
27	三清山世界地质公园	8	江西
28	神农架世界地质公园	9	湖北
29	延庆世界地质公园	9	北京
30	昆仑山世界地质公园	10	青海
31	大理苍山世界地质公园	10	云南

注：（1）世界地质公园，是由联合国教科文组织组织专家实地考察，并经专家组评审通过，经联合国教科文组织批准的地质公园，称世界地质公园，截止到2013年联合国教科文组织支持的世界地质公园网络（global geoparks network，GGN）共有90个成员，分布在全球27个国家。

（2）截止到2014年，中国已有31处地质公园进入联合国教科文组织世界地质公园网络名录。

（3）表2-4由作者根据相关可靠统计数据来源综合而来。

近年来，国家在推动生态旅游建设方面取得了重要进展。

首先，实施了国家生态旅游示范区建设工程。国家生态旅游示范区，是指管理规范、具有示范效应的典型，经过相关标准确定的评定程序后，具有明确地域界线的生态旅游区。同时是全国生态示范区的类型或组成部分之一。2012年9月，由中华人民共和国国家旅游局（简称国家旅游局）和中华人民共和国环境保护部（简称环境保护部）联合制定了《国家生态旅游示范区管理规程》和《国家生态旅游示范区建设与运营规范（GB/T 26362—2010）评分实施细则》，并颁布实施。2013年12月，国家旅游局、环境保护部公布了2013年国家生态旅游示范区名单，共39家。

其次，根据国家旅游局与国家发改委联合编制出台的《全国生态旅游发展规划（2016—2025年）》（以下简称《规划》），全国生态旅游发展分为八个片区，分别是东北平原漫岗生态旅游片区、黄河中下游生态旅游片区、北方荒漠与草原生态旅游片区、青藏高原生态旅游片区、长江上中游生态旅游片区、东部平原丘陵生态旅游片区、珠江流域生态旅游片区、海洋海岛生态旅游片区。

在重点任务方面,《规划》提出,依据生态旅游资源、交通干线和节点城市分布,在八大生态旅游片区基础上,以重要生态功能区为单元,培育 20 个生态旅游协作区,遴选一批有代表性的生态旅游目的地,通过提升基础设施和公共服务水平,建设 200 个重点生态旅游目的地,按照生态要素的线性分布和旅游线路组织的基本原则,形成 50 条跨省和省域精品生态旅游线路,适应日益兴起的自驾车和房车旅游,结合国家整体路网布局,打造 25 条国家生态风景道,形成点线面相结合、适应多样化需求的生态旅游发展格局。

对于未来发展目标,《规划》提出,到 2025 年,以生态旅游协作区、目的地、线路和风景道为主体的总体布局基本确立,区域合作机制更加健全、合作模式日益成熟,生态旅游资源保护、产品开发、公共服务、环境教育、社区参与、营销推广、科技创新体系逐步健全,生态旅游在推动生态文明建设中作用全面发挥,国际竞争力显著提升,成为世界生态旅游强国。

最后,为提升生态型旅游区的旅游公共服务水平,推动旅游区转型升级,打造一批产业要素齐全、产业链条完备、旅游环境舒适、在国内外具有影响力的综合性生态旅游目的地,2016 年 1 月,国家旅游局颁布了《国家绿色旅游示范基地》标准,经国家旅游示范工作评定委员会认定,推出了吉林长白山、安徽黄山、福建白水洋鸳鸯溪、江西三清山、湖北神农架、湖南张家界、广西漓江、重庆武隆、四川九寨沟、新疆喀纳斯首批 10 个中国绿色旅游示范基地。

5. 我国生态旅游区建设的主要模式

1）资源依托型生态旅游区建设模式

资源依托型生态旅游区建设模式是指以景观资源为主要游览项目进行开发与保护的生态旅游区建设模式。我国著名的风景区九寨沟、黄山、西湖等均属于资源依托型的旅游区建设模式。这是各类生态旅游区建设的主要模式。它的主要特点如下。

（1）以独立完整的景观资源为依托,资源是整个生态旅游活动的主导产品。

（2）景观自然资源基础较好,类型齐全,游览范围比较广阔。

（3）以多个大中城市为目标市场,区位距大中城市 20 千米以外,但交通便利。

（4）其管理模式以自然环保为主,注重基础设施对资源的维护,分散管理,接近原生自然。

2）城市依托型生态旅游区建设模式

城市依托型生态旅游区建设模式是指生态旅游区的建设与所在大中城市的历史文化、政治经济背景相结合的一种生态旅游区建设模式。具有代表性的景区,如美国的夏威夷群岛、意大利的古罗马斗兽场、我国昆明的世界园艺博览会等。城市依托型生态旅游区建设模式的特点如下。

（1）借助一定的自然及人文景观，以某一大中城市为依托，名扬四方。景点多凝聚城市的历史、文化及政治色彩。

（2）游览范围较小。

（3）有独立封闭的行政组织集中管理。

3）项目依托型生态旅游区建设模式

项目依托型生态旅游区建设模式是指对生态旅游的一个具有参与性的特色专题旅游项目进行开发保护的生态旅游区建设模式，如农业观光生态旅游，以及漂流、徒步探险等旅游区建设模式，其特点如下。

（1）以整体旅游产品中的专题项目为生态旅游的对象，所游览及娱乐的产品单一而富有特色。

（2）服务及其服务设施完善，游客动手参与性强。

（3）游览地域有明显的界限。

（4）属于小范围内的经营管理，服务在整个旅游区建设中占很重要的比例。

4）文化意识依托型生态旅游区建设模式

文化意识依托型生态旅游区建设模式是指主要依赖于当地居民的文化意识和本民族的历史风俗习惯来开发管理生态旅游区及保护生态旅游区的生态旅游资源的一种建设模式，例如，香格里拉生态旅游区藏族社区的旅游与生态保护模式，这个模式的特点如下。

（1）以生态保护为宗旨的旅游，十分注重旅游对生态环境的影响，当地社区人们的环境保护意识很强，旅游区建设与文化环保联系密切。

（2）当地居民与自然环境的联系有着悠远的历史，文化里囊括了对自然的崇拜和依恋。

（3）所居住区域比较闭塞，交通条件不利或人口稀少。

（4）对于前来旅游的游客，当地文化起到了积极的保护作用，管理在文化理念的督促下完成，游客和当地居民都有一定的自觉性。

6. 国内外生态旅游区建设比较研究

1）国外成功的资源依托型生态旅游区建设模式举例

资源依托型生态旅游区的建设模式以生态资源为核心而设置，具有代表性的成功建设模式是美国国家公园，该模式把美国国家公园划分如下。

（1）生态保护区：研究生态的自然区，只对工作人员开放，不对游客开放。

（2）特殊景观区：指观赏价值较高，专供旅游者游览观赏的自然区，除必要的安全、卫生和道路，不得新建任何建筑物，严格限制开发。

（3）历史文化区：是保护历史文物及其环境的地区，在不影响历史原貌的前提下，其附近可以适当地营建卫生、保护设施和绿化。

（4）游憩区：是旅游区内设施较集中的区域，也可以是旅游区内的服务区，可以建设各种旅游服务设施，如游客中心、旅馆、商店、车站、停车场、电信、管理等设施，这些建筑要求建筑尺寸小、采用地方材料、地方风格、保持与环境协调一致。其游览的内容和项目配置要符合当地环境承载力、经济发展状况和社会道德规范，并能促进景区的自我生存和有序发展。

（5）一般控制区：除上述四种区域都是一般控制区，有的控制区还包括旅游区界外的相邻区域。

2）我国资源依托型生态旅游区建设问题与建议

（1）问题。中国的生态旅游区基本布局模式有两种：游住相依的模式和游住分离的模式。前者适用于规模较小，处于开发初期的区域；后者适用于规模较大，发展稳定的区域。相对国外建设模式而言，国内的建设模式显得比较笼统。以我国常见的野生动物保护区为例，野生动物园区的生态建设上，我国更注重游住相依这种模式，致使生态旅游区建设的人造成分多于自然成分，笼子圈养式的动物园建设方案显然已经不符合野生动物园在我国存在时间久远的现实。同时，在旅游景点摆摊设点，旅游区与住宿休憩区不相分离已经成为这类建设模式的弊端。

（2）建议。资源依托型的旅游区建设，应减少不必要的人造成分，以保护自然为主，采取分区保护旅游资源的措施。依据国外同类旅游区建设的成功经验，注重保护资源的基础设施建设，做好生态旅游区的功能分区，不乱摆设摊点，适时变更生态旅游景区建设的方案，树立特色生态旅游理念，杜绝"一哄而上"的建设。

3）城市依托型生态旅游区建设模式优劣分析与建议

（1）优点。旅游所依附的大中城市多为全国乃至国际的经济、政治、文化交流中心，借助城市优越的地理条件和知名度吸引了大量国际游客前来观光。此类城市依托型旅游区的旅游资源也必然带有一定的特色和历史文化渊源，能够代表城市的面貌和地位，同时也起到了提高城市的知名度，促进国际、国内的政治经济文化交流的作用。

（2）弊端。这种城市依托型建设模式，往往由于旅游的客流量比较大，超出了旅游区的容纳和承载能力而造成了地面踩实、植被退化、废物垃圾成堆、影响野生生物生存与繁衍等一系列问题。

（3）建议。我国在城市依托型生态旅游建设方面有一些成功的例子，如昆明的世界园艺博览会。应该在国内开辟一些大中型城市如大连（新兴现代城市，特色景观渤海）、西安（历史文化故都）等地理位置优越，交通条件良好，经济比较发达的地区。同时，需注意城市与生态旅游景观的融合程度，不能使景观特点背离城市历史文化特征。

4）项目依托型生态旅游区建设模式举例比较与建议

（1）优势。作为众多旅游项目的一种专门性生态旅游活动，项目依托型旅游对游客的吸引力远远超出其他类型的旅游。其游客主动参与的旅游形式和贴近自然的身心体会，使游客在身体力行的过程中体味到生态旅游的快乐。

以观光农业旅游为例。我国观光农业旅游与国外观光农业旅游的差别在于，国外观光农业旅游更注重农业生产加工的整体化和细节建设，并强调以游客为本，将食、住、行、游、购、娱充分地融合进观光农业旅游中，而我国的观光农业旅游往往将农业的项目特色独立起来，建设不够全面。

（2）建议。我国是农业大国，开展观光农业旅游必然会带来良好的经济效益，在农业旅游区建设方面要学习国外的建设模式，开展多元化的观光农业旅游，依据不同地区的特点将旅游各要素充分融入旅游之中，发展综合性的农业旅游。

5）文化意识依托型生态旅游区建设模式的分析与建议

（1）分析。这种建设模式主要应用于生态旅游的经营与管理，以及旅游区生态环境的保护，它有四个方面的优点：第一，从经济方面看，生态旅游的开展可使当地的居民从旅游业中直接受益，在一些贫困地区可以旅游扶贫；第二，从旅游方面看，社区居民参与到旅游服务中，渲染了原汁原味的文化氛围，增加了吸引力；第三，从社会发展方面看，生态旅游的发展促进了当地社会发展；第四，从环境保护方面看，原著居民的参与为保护提供了强大的动力。

（2）建议。这种类型的生态旅游及旅游区建设可以采取以下措施：首先，让当地居民参与生态旅游的开发和规划，在生态旅游规划和管理过程中充分考虑当地居民利益，以谋求旅游可持续发展；其次，让居民参与生态旅游区的经营与管理，避免居民对旅游者产生反感和厌恶情绪，防止外地企业垄断，力求双赢，促进旅游业的可持续发展；最后，让居民成为环境保护的主体，让居民在得到旅游带来的实惠的同时，成为保护区的"眼睛"。

7. 生态旅游的发展规划

1）生态旅游规划应坚持的主要原则

生态旅游规划是涉及旅游者的旅游活动与其环境间相互关系的规划，它应用生态学的原理和方法将旅游者的旅游活动与环境特性有机地结合起来，进行旅游活动在空间环境上的合理布局。生态旅游规划必须考虑的主要因素包括：①旅游资源的状况、特性及其空间分布；②旅游者的类别、兴趣及其需求；③旅游地居民的经济、文化背景及其对旅游活动的容纳能力；④旅游者的旅游活动以及当地居民的生产和生活活动与旅游环境相融合。

　　在制定生态旅游规划时，必须分析生态旅游地的重要性，合理划分功能区，拟定适合动物栖息、植物生长、旅游者观光游览和居民居住的各种规划方案。充分利用河、湖、山、绿地和气候条件，为游客创造优美的景观，为当地居民创造卫生、舒服和安谧的居住环境。生态旅游规划应与当地的社会经济持续发展目标相一致。科学的规划不仅应该提出当前旅游活动的场地安排，而且应为未来的旅游发展指出方向，留出空间。

　　2）充分利用旅游景观资源

　　旅游景观资源是指对旅游者具有吸引力的自然存在、历史遗迹和文化环境，以及直接用于旅游娱乐目的的人工景观。旅游景观资源按属性可分为自然旅游资源和人文旅游资源。旅游景观资源还可以根据旅游活动的性质分为观赏型旅游资源、运动型旅游资源和特殊型旅游资源。

　　一个地方旅游资源的基本构成决定了旅游地的性质。在进行生态旅游规划时，首先必须弄清当地旅游资源的基本构成，考察它可能适合开展哪些旅游活动，是否具备发展生态旅游的条件。自然生物多样性是衡量当地能否开展生态旅游的重要标准。生物多样性程度高的地方，生态旅游的价值就大。

　　在规划、建设各种生态旅游点时，要充分体现生物（包括旅游者和居民）与环境的相融性，利用当地的生物资源，保护与发展其生物多样性。生产型生态景观应充分利用农牧基地和各种庭院，建成果、药、木、花、草等有较高经济价值和观光欣赏价值的生态系统。观赏型生态景观应充分利用我国丰富的观赏植物、观赏动物资源。文化型园林景观在创建不同的文化环境生物群落时，要加强对各种文化环境生物群落，如风景名胜地、寺庙等的古树名木的保护与复壮。

　　3）具有地方特色的生态旅游产业结构

　　生态旅游项目应主要围绕农林生态系统的第一生产力、动植物园和以自然生态系统为基础的人工生态景观发展。根据地方的资源基础，将丰富的植物、动物配置在一起，创建花卉园、竹园、经济作物品种园、果树品种园、乡土植物园、中草药园、抗逆植物园、热带鱼类园、鸟园、动物园等适合各种生物生活习性的环境。也可以自然生态系统的景观为背景，创建不同类型的人工景观生态园，如岩石园、热带风光园、沼泽园、水景园等，利用其特定的小气候、小地形、小生境，丰富旅游地的生物种类组成。

　　旅游者在开展旅游活动时，需要旅游地提供方便舒适的衣、食、住、行服务。对于生态旅游点，应设法使其服务产业生态化。

　　（1）生态服装。生态服装是为了避免一些服装面料对人体和大自然的危害，在服装设计方面加强生态意识。衣服的图案取材于大自然，还要选用植物作染料和没有经过化学加工的布料。在制衣过程中，减少使用有毒的化学物质，衣服还能进行生物分解。

（2）生态饭店。生态饭店供应旅游地植物园自己生产、加工的植物类食品。植物园内的菜园，除了种植各种食用的植物，还种植调味用的芳香类植物和食用菌。饭店提供的植物食品能满足人体所需的各种营养，对人体健康十分有利。饭店的废弃物可直接作为动物园的饲料或植物园的肥料。

（3）生态旅馆。旅馆的建筑材料可部分地利用再生原料。旅馆提供的用品尽量不含有害化学物质，如不含酸的信纸，床单、毛巾等是用在种植过程中未曾使用过化肥和化学杀虫剂的棉花或亚麻制成；肥皂可用植物油炼制；电子过滤系统清除自来水中的氯化物和有毒微生物。客房内装配香味发生器，根据客人的要求，随时向房间释放出果香味或花香。旅馆的废水可直接用于浇灌植物园，粪便可集中收集制作沼气，沼气再用于照明，沼气渣用作植物园的肥料。

（4）生态商店。生态商店专营各种天然食品、饮料、化妆品、纯棉服装、手工艺品及有关生态环境保护的书籍和小型技术设备。店里的所有商品都由天然原料制成，不含任何有害化学成分。

（5）生态交通。在旅游地及其附近要求使用太阳能驱动或电能驱动的小车和自行车作为交通工具，或者要求旅行者以步代车。禁止使用有害环境和干扰生物栖息的其他交通工具。

上述生态旅游产业结构是发展生态旅游应考虑的方方面面。针对具体的生态旅游点，应该根据自身的特点选择相应的生态旅游产业。

4）生态旅游产业的适宜性分布

生态旅游产业的适宜性分布是在分析旅游资源潜力和环境敏感性的空间特点的基础上，将各个产业部门在空间进行合理的布局。

环境敏感性分析的目的在于根据生态旅游产业发展的要求，对旅游地各环境单元和生态系统进行分析与评价，明确各种敏感区域，为生态旅游项目的合理布局奠定基础。环境敏感性分析的主要内容包括特殊用地敏感区、农田保护区、水土保持及水源涵养区、自然灾害敏感区。

特殊用地敏感区：是生态旅游点内的特别保护区，目的在于保护、恢复或重建特定类型的生态系统。特别保护区内不允许铺设道路和设施。

农田保护区：为了保护农田与耕地，对于可耕田地，不可用作其他用途。

水土保持及水源涵养区：由于受地形、土壤等因素的影响，不同地理环境单元的水土流失敏感性差异极大。水土保持是生态旅游不可或缺的重要内容。所以，应对水土流失模数大的重要河流、水体的集水区加以保护。不允许开展水土流失敏感性大的旅游项目。

自然灾害敏感区：对于自然灾害易发地带，不宜开展生态旅游项目。

生态旅游产业的适宜性分布是一种空间性配置计划，着重区位的表现，在明确了各种活动类型的潜力分布和敏感区位之后，运用叠图分析的方法，则可找出各种活动项目的适宜区位。通过旅游活动用地的生态潜力与生态限制条件（敏感区位）分析，产生生态潜力与生态限制分类图，显示同质区域的分布状况。然后，采用等级合并规则（用地适宜性评价准则，依活动项目拟定）将生态潜力与生态限制条件的单要素图件叠合，得到各种旅游活动项目的适宜性等级图。再将所有旅游项目的适宜性等级图叠合，进行综合分析，最终确定生态旅游项目的适宜性分布图。

2.1.3　环境影响评价制度是实现区域旅游可持续发展的有效手段

区域旅游快速发展的进程中，在有效地促进经济发展和社会进步的同时，与土地、水等环境资源产生矛盾冲突，日益紧缺的资源条件及城市发展中的环境问题将成为制约城市发展的因素。因此，克服城市发展的环境约束，实现城市化进程中的经济、社会与环境的协调发展已成为当务之急。

污染预防是符合环境保护规律的政策，我国已将之作为环境保护的一项基本政策。建设项目或相关规划对环境会产生一定的影响，如果能充分考虑与环境有关的各种问题，并实现相关的选择和调整，进行环境影响评价，就有可能从规划的源头上采取防治措施，在发展的早期就从根本上最大限度地预防和控制生态破坏与环境污染问题的出现，从而真正落实环境保护，重在预防的思想。

环境影响评价作为一种手段和工具，能够实现环境问题的源头控制，在贯彻以预防为主的环保政策中发挥了巨大的作用，并列入《中华人民共和国环境保护法》中。通过识别、分析、预测城市社会和经济的发展所带来的环境影响，提出优化方案与污染治理措施，避免城市发展的盲目性。

旅游环境影响评价，是指对旅游开发规划和旅游区及其附近的建设项目实施后，可能造成的旅游景观影响进行分析、预测和评估，提出避免或减缓景观影响的规划以及加强景观资源保护的对策和旅游管理的措施。既要对旅游开发规划进行影响评价，也要对旅游区的建设项目进行景观影响评价。此外，还要考虑环境敏感区（如风景名胜区、森林公园、地质公园、历史文化保护地等）附近的一些建设项目（如公路、高架输电工程、开采活动、城市改造与建设等）对旅游景观的影响。

区域旅游发展中的环境问题，一方面体现在对植被与生物资源、自然景观等自然资源的开发利用，另一方面体现在旅游活动本身及其配套的旅游设施、旅游所带动的其他产业发展对环境的直接影响。环境评估重点应是旅游对于生态环境的影响，评价要点在于：旅游环境的突出问题分析，旅游规划的环境影响识别（旅游资源的保护、旅游设施建设与运营期的环境影响、水环境、生活垃圾、自然生态与特殊生境保护、水源保护区的旅游资源开发），旅游区划及其环境承载力分析等。

按照影响的来源，旅游发展的环境影响主要体现在两个方面：①产生直接的环境影响；②产生次生的和累积的环境影响。将这两方面细化到环境对象，其影响主要表现在对以下几个方面的环境影响：①空气质量，包括汽车尾气等；②地表水与地下水；③土壤；④噪声、振动；⑤固体废弃物；⑥生物多样性；⑦土地分类与土地利用，尤其是环境敏感区（如自然保护区）；⑧人居环境、历史文化遗产；⑨气候（包括区域灾害等）。

在区域环境现状调查、规划方案分析的基础上，识别规划或项目实施的主要环境和资源影响因素，预测实施后可能对区域大气、地表水、土地资源、生态环境及社会经济等方面的影响。分析与相关区域规划的一致性和协调性，进行规划或项目规模、布局的合理性及资源环境承载能力分析。采用调查问卷的方式开展了公众参与，并制订环境监测与跟踪评价计划。由于环境影响产生的复杂性和不确定性，要想实现区域旅游的可持续利用必须要从整体的生态环境保护角度出发，协调发展。

2.1.4 环境承载力（环境容量）是区域旅游可持续发展的基点

生态环境是旅游业持续发展的基础，其优劣直接影响旅游业的发展。近年来，一些地区旅游业的迅猛发展对旅游地环境产生了较大影响，纷至沓来的旅游者给旅游目的地带来效益的同时，也会带来负面影响，过度的开发、旅游地的游览人数长期连续地或周期性地超越合理的容量，会使旅游地的环境恶化，旅游环境质量有待提高。生态系统退化，可能导致当初吸引旅游者的景观，不能满足日益增长的旅游者的需求。残破的旅游景观失去对游人的吸引力之后，还会影响到旅游地的未来发展。

因此旅游对自然生态环境的影响、旅游景区容量、旅游环境的合理布局与调配等方面，以及如何对旅游环境进行全面而有效的评价，是当前旅游业持续健康发展的需要，是亟待研究解决的问题。为了有效避免或解决旅游环境问题，近年来，旅游规划工作者在旅游地规划和管理过程中，运用旅游环境承载力（环境容量）等测算工具于相关的规划和开发中，这为旅游地的开发规划优化设计提供了有益的启示和实践经验。

1. 自然环境是城市发展的资源条件和环境背景

土地资源、淡水资源和能源是城市得以维持运转、城市中的人群得以生存的前提条件，包括城市居民赖以生存的基本物质环境，如日光、空气、淡水、气候、土壤、动物、植物、微生物、矿藏及自然景观等。它以生物与环境的协同共生及环境对城市活动的支持、容纳、缓冲及净化为特征。只有确定人们对能源、资源、土地等开发利用的限度，使环境自身净化能力和自生能力得到适度的控制使用，才能维护城市生态系统的动态平衡。

环境保护是实现经济和社会可持续发展的基础。既要遵循经济规律，又要预防因产业结构或规划布局不合理造成的环境问题。在制定区域开发和资源开发、城市发展、行业发展等宏观规划，调整产业结构、制定产业政策、进行生产力布局和资源优化配置等经济建设和社会发展项目时，应当考虑环境和资源的承载能力，合理利用环境承载力（环境容量）。

2. 旅游环境容量的测定方法

早期的承载力研究与生态学的发展密切相关。1921 年，帕克和伯吉斯就在有关的人类生态学杂志中，提出了承载力的概念，即某一特定环境条件下（主要指生存空间、营养物质、阳光等生态因子的组合），某种个体存在数量的最高极限。后来这一术语应用于环境科学中，便形成了环境承载力的概念。

环境容量是指，在人类生存和自然不致受害的前提下，某一环境所能容纳的污染物的最大负荷量。环境容量反映环境消纳污染物的功能，环境承载力侧重于表述环境系统对人类活动的支持功能。

旅游环境容量测算的极限值和最适值是旅游资源开发进程中不可超越的环境保护阈值，是维护旅游地生态平衡的重要科学依据，也是确定旅游开发目标、开发规模，规划设施面积等必不可少的重要依据。

对环境容量的测度需要从两个方面考虑，一是人们在旅游地的活动对环境所产生的负面影响，是否在旅游地的生态系统所能承受的范围内，即生态系统的自动校正平衡能力能否在短期限内消除其不利的影响，使系统趋向相互协调的稳定态势，例如，游道附近植物被游人践踏，可以通过植物的生长，恢复植物正常的群落结构，达到新的平衡；二是自然环境对于旅游者在游览过程中产生的污染物能否吸收和净化，如产生的生活污水的量在旅游地水体的自净范围之内，通过水体的流动，将污染物分散到大的水体之中，污染物的浓度降低达到相应水质所要求的指标。由于自然界对污染物的吸收与净化的速度较慢，绝大多数旅游地所产生的污染物远大于自然生态系统的吸收与净化能力，所以旅游目的地都会建立污染物处理场来进行人工处理，以解决对环境容量的制约。

从实际旅游境况分析可知，各种旅游地都有其最大的环境承载力，即该旅游区所能容纳的最大游客量（A）。其数量的主要影响因素有旅游区的水资源（A_1）、大气环境（A_2）、自然生物（A_3）、空间大小（A_4）、社会经济水平（A_5）、基础设施（A_6）等方面，用公式表示为 $A=M(A_1, A_2, A_3, A_4, A_5, A_6)$。如果游客超越这一最大承载力，则旅游区的环境衰退和破坏现象随之发生与加剧。常见的旅游环境容量测定方法有以下几种。

1）峰期需求测定

旅游业的季节性经营要求分别计算出高峰使用期和平、淡季的需求，然后确定能在多大程度上允许旅游业在较短的高峰期内超容量运行，因此高峰使用期在旅游容量确定上起关键作用。与高峰期需求有关的测定方法有：用一定时期抵达人数/更长时期内抵达人数评估拥挤程度的确定；规定任何时期内均可接待的最大游人数，世界旅游组织建议以所登记的具有最大游人数的那个时期的游人数的 2/3 作为其他时期均可接待的最大游人数，如某地 1991 年 6 月份所登记的游人数为 12 万，位于其他月份之首，那么该年内任何月份均能接待的最大游人数为 8 万。

2）用空间面积来度量拥挤程度

从物质容量来看，目前主要按照人均占地面积来确定，陆地面积平均占地 $2m^2$/人，水面平均 $8m^2$/人，山地（指可涉足面积）平均 $4m^2$/人。这种以每公顷面积的理想人数不能超过某个既定值（如每公顷海滩不得超过 1000 人）来度量拥挤程度的做法显然没有将对拥挤的心理感受因素考虑进去，一个颇受青睐的海滨度假地中，其海滨气氛的形成动力或许正是它的拥挤，游人的目的是能在滔滔人海中寻求开心和寻找感觉。但在另一种情形下，如果游人的首选利益或第一利益是安宁和静谧，一个海滨接待 10 个游人就会听到有关拥挤的满腹牢骚。

3）旅游极限有时也与所期望的游人数相关

这种情况多见于所期望的停车场地、旅馆、商店数目的计算之中，如每 2000人一个旅馆，每人需要 $0.2m^2$ 商场面积，每个床位需 1.2 辆小车的停车空间，每公顷停车场停车 25 辆等。

4）限度评估法

如果某个环节如供水有限，那么能接待的游人数估值就是可资利用的水供给÷每人每天耗水量；如果停车场地有限，能接待的游人数则为（某一时刻可停留车辆总数/每一时期每个游人平均逗留时间）×每辆车平均载人数，例如，某一停车场可同时停车 100 辆，每位游人停留大约 30min 且人均一辆小车，那么 10 小时内可接待 2000 名游人，如果每辆车载 3 人，接待量则为 6000 人；如果预支一定成本开发某个景区，要求至少能收回成本（即保本经营）的游人数为开发总成本/预期人均花费。

5）摄像与问卷结合法

心理容量的准确数字很难测定，目前使用频率较高的做法之一是摄像与问卷结合法。例如，在爱尔兰海滩，人们选择特定的时间，从空中拍摄照片，观察实际的稠密度和分布情况，同时以问卷形式征求游人意见，通过比较分析，得出 $10m^2$/人的容量。对于当地居民心理容量、社会容量的衡量，也只能在综合各种因素的基础上进行主观的推测。

确定旅游容量一般采用单一方法（倾向于其中某一方面的容量）而非全面方法。全面的方法并不总是最恰当的，尽管它能将其触角伸及各个领域。有些情况下，单独采取某一方面的容量标准更科学、更实用，管理决策不应该是综合各方面容量标准采取折中办法。因为在利弊权衡之下，将会发现某一方面的容量约束程度超过其他各方面，从而排除了对它们的进一步考虑。例如，某湖易损生态系统的极限容量，低于从管理和心理感受角度所确定的更高的理想使用密度，在这种情况下，该湖环境中的生物易损性排除了对其他极限容量（包括物质容量和心理容量等）的进一步考虑，而以生物为出发点确定其旅游容量。

2.1.5　生态环境敏感性分析为区域旅游可持续发展提供重要依据

1. 生态保护红线

旅游资源开发和旅游发展与生态、自然环境之间的关系是相互的，一方面表现为旅游开发与发展对生态、自然环境的影响作用，另一方面也表现为生态、自然环境对旅游开发和发展的制约性。而在自然保护区、风景名胜区等涉及重要生态敏感区内进行旅游开发活动时，上述影响则更为突出。缺乏系统科学的评价和管理机制，尤其是不合理的旅游规划布局与项目选址，都对生态敏感区内生态系统的完整性造成很大破坏。

为贯彻落实《中华人民共和国环境保护法》、《中共中央关于全面深化改革若干重大问题的决定》和《国务院关于加强环境保护重点工作的意见》的要求，推进全国生态保护红线划定工作，环境保护部在《国家生态保护红线——生态功能红线划定技术指南（试行）》（环发〔2014〕10 号）基础上，经过一年的试点试用、地方和专家反馈、技术论证，形成《生态保护红线划定技术指南》（环发〔2015〕56 号，以下简称《指南》），这是中国首个生态保护红线划定的纲领性技术指导文件[①]。《指南》规定，生态保护红线是指在自然生态服务功能、环境质量安全、自然资源利用等方面，需要实行严格保护的空间边界与管理限值，以维护国家和区域生态安全及经济社会可持续发展，保障人民群众健康。生态红线主要分为重要生态功能区、生态脆弱区或敏感区、生物多样性保育区三大区域。

第一条是重要生态功能区保护红线，指的是水源涵养区，保持水土、防风固沙、调蓄洪水等。城市发展需要安全健康的水源，这是一条经济社会的生态保护安全线，是国家生态安全的底线，能够从根本上解决经济发展过程中资源开发与生态保护之间的矛盾。

---

① 中华人民共和国环境保护部. 关于印发《生态保护红线划定技术指南》的通知. 2015-05-08.

第二条是生态脆弱区或敏感区保护红线，即重大生态屏障红线，可以为城市、城市群提供生态屏障。建立这条红线，可以减轻外界对城市生态的影响和风险。

第三条是生物多样性保育区红线，这是我国生物多样性保护的红线，为保护的物种提供最小生存面积。

中共中央办公厅、国务院办公厅印发《关于划定并严守生态保护红线的若干意见》（以下简称《若干意见》）[①]，就国家生态保护红线划定与实施的总体要求、划定生态保护红线、严守生态保护红线和强化组织保障进行了明确规定。根据《若干意见》，生态空间是指具有自然属性、以提供生态服务或生态产品为主体功能的国土空间，包括森林、草原、湿地、河流、湖泊、滩涂、岸线、海洋、荒地、荒漠、戈壁、冰川、高山冻原、无居民海岛等。生态保护红线是指在生态空间范围内具有特殊重要生态功能、必须强制性严格保护的区域，是保障和维护国家生态安全的底线与生命线，通常包括具有重要水源涵养、生物多样性维护、水土保持、防风固沙、海岸生态稳定等功能的生态功能重要区域，以及水土流失、土地沙化、石漠化、盐渍化等生态环境敏感脆弱区域。《若干意见》指出，2017 年底之前，京津冀区域、长江经济带沿线各省（直辖市）划定生态保护红线；2018 年底之前，其他省（自治区、直辖市）划定生态保护红线；2020 年底之前，全面完成全国生态保护红线划定，勘界定标，基本建立生态保护红线制度，国土生态空间得到优化和有效保护，生态功能保持稳定，国家生态安全格局更加完善；到 2030 年，生态保护红线布局进一步优化，生态保护红线制度有效实施，生态功能显著提升，国家生态安全得到全面保障。

2. 生态环境敏感性分析

1）生态环境敏感性的概念

生态环境敏感性主要是指生态系统对人类活动干扰的敏感程度，用来反映产生生态失衡与生态环境问题的可能性大小。可以以此确定生态环境影响最敏感的地区和最具有保护价值的地区，为生态功能区划提供依据。区域生态敏感性分析，就是分析和评价区域内各生态系统或景观生态版块对人类干扰的反应性，包括可逆与不可逆反应、恢复功能强弱等，借以明确区域内生态系统的脆弱性程度，明确区域内敏感的或主要的生态环境保护目标，以便采取有针对性的保护与建设措施。生态敏感性分析主要从自然生态资源的角度来分析区域内各系统对人类活动的反应。它是区域旅游生态环境保护的基础，并对旅游地性质功能定位、空间形态具有指导作用。

---

① 中共中央办公厅、国务院办公厅印发《关于划定并严守生态保护红线的若干意见》. 光明日报，2017-02-08，第一版，第七版.

2）生态敏感性分析的内容

生态敏感性分析对象通常包括：敏感的水源或集水区；易发生水土流失或沙漠化威胁的地区；具有特殊价值的生态系统或野生动植物栖息地；具有重要意义的自然景观和人文景观；严重自然灾害风险地带；对改善区域生态环境或景观价值有重要意义的地区，如湖泊河流、山岳或海滨等。特别是那些能形成一定规模产业的资源和对社会发展有重要意义的生态系统与景观，这些地区对人类具有特殊价值或具有潜在天然灾害，极易因人类的不当开发活动而导致负面环境效应，应作为重要分析对象，分析其对环境保护的依赖程度和保护要求。具体来说，环境敏感地分类如表 2-5 所示。

表 2-5　环境敏感地分类

类别	分项
生态敏感地	野生动植物栖息地，自然生态地区，科学研究地区
文化景观敏感地	特殊景观地区，自然风景地区，历史文化地区
资源生产敏感地	林业生产地，渔业生产地，优良农田，水源保护区，矿产区，能源生产地
天然灾害敏感地	洪患地区，地质灾害地区

3）生态环境敏感性评价的评价要求

（1）敏感性评价应明确区域可能发生的主要生态环境问题类型与可能性大小。

（2）敏感性评价应根据主要生态环境问题的形成机制，分析生态环境敏感性的区域分异规律，明确特定生态环境问题可能发生的地区范围与可能程度。

（3）敏感性评价首先针对特定生态环境问题进行评价，然后对多种生态环境问题的敏感性进行综合分析，明确区域生态环境敏感性的分布特征。

国内外关于旅游地生态敏感性评价的研究尚属于较新的领域，较少见于报道。目前采用的分析方法主要有两种：一种是使用德尔菲法通过生态因子评分法和地理信息系统（geographic information system，GIS）技术对生态敏感性进行分析和评价，将研究区敏感性划分为五级，分别为极敏感、高度敏感、中度敏感、轻度敏感、不敏感，如有必要，可适当增加敏感性级数，生态环境敏感性评价可以应用定性与定量相结合的方法进行，应运用地理信息系统技术绘制区域生态环境敏感性空间分布图；另一种是以 ArcInfo 系统为平台进行生态敏感性分析，通过制定各单因子生态敏感性标准及其权重，对各用地单项生态因素敏感性等级及其权重进行评估，然后进行单因素图的叠加，按各土地利用单因子敏感性分级在计算机上形成各单因素图层，然后用加权多因素分析公式进行分析，得到综合生态敏感性分层，并把现状的道路、水域和构筑物叠加到图上，在各种生态环境问题敏感性分布的基础上，进行区域生态环境敏感性综合分区，即得到生态敏感性模型，然后根据不同区域的生态敏感性等级采取相应的保护及开发措施，为其旅游建设项目的开发建设提出限制性条件，保障资源有序利用，避免破坏生态环境的现象发生。

2.2　天津市生态敏感脆弱区的旅游资源开发评价研究

2.2.1　EIA、SEA 概述

1. 概念

环境影响评价（environmental impact assessment，EIA），是指对规划和建设项目实施后可能造成的环境影响进行分析、预测与评估，提出预防或者减轻不良环境影响的对策和措施，进行跟踪监测的方法与制度。战略环境评价（strategic environmental assessment，SEA）的概念是 Thérivel、Wilson 等针对项目 EIA 的缺陷于 1992 年提出来的。作为实施可持续发展战略的有效手段，SEA 的提出受到了学术界、政府及相关国际组织的高度重视，在美国、加拿大和欧洲联盟（简称欧盟）成员国得到了迅速发展，中国内地和中国香港的许多学者也对 SEA 的理论、方法及框架结构进行了研究。

《中华人民共和国环境影响评价法》中明确指出，目前所讲的 EIA 包括三个主要方面：项目 EIA、区域开发 EIA 和战略 EIA。战略 EIA 是 20 世纪 80 年代国际上兴起的 EIA 形式，是建设项目 EIA 在战略层面上的应用，是实现可持续发展、避免宏观决策失误的重要手段和途径。

2003 年 9 月 1 日，《中华人民共和国环境影响评价法》正式实施。其中第二章第八条规定："国务院有关部门、设区的市级以上地方人民政府及其有关部门，对其组织编制的工业、农业、畜牧业、林业、能源、水利、交通、城市建设、旅游、自然资源开发的有关专项规划（以下简称专项规划），应当在该专项规划草案上报审批前，组织进行环境影响评价。"可见，该法体现了预防为主的环境政策，不仅将建设项目 EIA 制度的法律依据从行政法规上升为国家法律，而且规定与经济发展相关的主要规划都要作 EIA。

2. 开展旅游资源开发战略环境评价的意义

旅游业对其赖以存在的环境基础具有较大影响。众所周知，旅游的发展一方面依赖于环境，而另一方面，由于旅游环境的脆弱性，旅游发展又给旅游环境带

来破坏和影响。因此，对旅游环境进行妥善管理和系统保护，事关旅游发展的可持续性，可以从战略源头上控制生态环境问题的产生，有效避免或减少因战略失误而造成的旅游资源开发过程中的资源破坏和环境污染。这不仅包括我国目前一些旅游区内，盲目开发、粗放经营，造成水体、大气、噪声、固废污染、土壤结构退化和水土流失、动植物资源减少，也包括旅游设施破坏当地的景观相容性，使当地特有文化、风俗民情减弱消失。

3. 旅游资源开发 SEA 评价重点

1）旅游资源开发 SEA 评价内容

（1）开发战略的可行性分析：包括运用旅游资源开发战略实施的地域、时段、经济、文化和社会环境背景来综合分析战略实施的可行性。

（2）潜在的生态环境影响预测：主要是旅游资源开发战略对环境的负面影响，以及潜在的、长期的和累积的影响预测与科学论证。

（3）战略替代方案研究：包括多方案比较、有和无方案比较，通过一个综合效益分析来推荐最优方案。

（4）实施战略风险研究：通过数学模型预测实施旅游资源开发战略可能产生的风险事故的类型、风险发生的概率，给出预防风险事故产生的对策。

（5）战略实施的对策研究。

2）旅游资源开发 SEA 指标体系的选择

通常，评价指标的建立是 SEA 的有效方法，主要包括以下几方面。

（1）社会经济指标：旅游资源开发战略制定的最初动机可能来源于可以获得相当的社会、经济利益，因此社会经济指标是旅游资源开发 SEA 的主要指标之一，包括区域经济发展指标、社会安定指标、投入产出比指标等。

（2）生态环境指标：判定生态环境影响是旅游资源开发 SEA 的核心内容之一，包括动植物种群相关指标、当地生态系统稳定性指标、景观协调性指标等。

（3）自然环境指标：包括水体质量、大气质量、噪声水平等。

（4）可持续性指标：主要以区域环境承载力指标等来考虑当地旅游资源开发战略的可持续性。

3）常用技术方法

本书将规划环境评估的技术方法分为定性方法、定量方法、模拟模型方法和可视化方法四类。

（1）定性方法，如核查表法、矩阵法、专家咨询法、对比-类比分析、幕景分析法、层次分析法、网络法、系统流图法。

（2）定量方法，如费用效益法、风险评价法、可持续发展评价、环境承载力分析。

（3）模拟模型方法，如系统动力学、投入产出分析、多目标规划、环境数学模型、人工神经网路、模糊综合评判。

（4）可视化方法，如叠图法、GIS 方法、3S 方法。

2.2.2 天津生态敏感脆弱区的旅游资源

1. 旅游资源

天津旅游资源丰富，素以近代百年看天津著称。天津自然风景与文物古迹交相辉映，不仅有中外闻名的蓟县中上元古界标准地质剖面、八仙山天然次生林自然保护区、全新世古海岸线遗迹-贝壳堤等自然名胜，还有数量众多的保存在地上地下的遗址、遗迹、文物。天津形成了以海河为风景轴线，以津湾广场、意式风情区、古文化街（津门故里）、五大道、天津之眼摩天轮等为标志的市中心旅游区；也有以天津东疆邮轮母港、中心渔港、东疆湾等为滨海元素，以航母主题公园、极地海洋馆、天山海世界·米立方水上乐园、欢乐谷、天津方特欢乐世界等为特色的滨海主题公园群；还有以黄崖关长城、独乐寺、盘山景区、天下盘山实景演出等为看点的蓟州山野风光旅游区。另外，杨柳青年画、石家大院、运河文化，都使得天津市更加成为备受国内外游客青睐的国际旅游目的地。

2. 生态敏感脆弱区

天津市的生态敏感脆弱区包括生态功能敏感区和生态质量敏感区。生态功能敏感区，重点是指其发生变化对区域和城市生态环境系统有重要影响的区域，如区域物种源区、水源地、特殊生境、文物古迹、风景名胜等；而生态质量敏感区，也称生态脆弱区，是指区域对人类活动或环境演变反应敏感和强烈、不稳定，容易发生变化，特别是质的变化，并且受到扰动后不容易恢复的区域生态系统，包括山丘坡角区、封闭半封闭滨海湿地、滨河滨海临湖岸线、近岸海域等。在一定空间范围内两类区域又容易在空间上重叠。

1）生态功能敏感区

生态功能敏感区一般包括城市饮用水源地、区域特殊生态系统、风景名胜和文物古迹等，一般作为区域生态环境的重点保护对象。

（1）饮用水源地。天津的饮用水源地有四类，引滦入津的重要储水源地，如于桥水库；引黄济津工程的重要储水源地，如北大港水库；南水北调工程的重要储水源地；本地水源地，如蓟县西龙虎峪地下水源地。四类水源地以前三类为保护重点，而存在的压力又不同，如于桥水库主要面临水体富营养化的威胁，北大港水库的主要问题是盐类和有机毒物。

（2）特殊生境。天津市生态类型多样，有广袤平原、平原水网、滨海湿地（古潟湖湿地、河口湿地、滩涂沼泽湿地、海滩涂湿地）、蓟北山地、丘陵等，多样的生态系统构建了多样的景观，特别是景观基质中的缀块，边缘效应明显的生态交错带，水陆交错的湿地，滨海湿地内的湖库，连绵的山地、丘陵等，全部作为区内的特殊生境予以保护。

（3）风景名胜地。风景名胜区系指风景名胜资源集中、自然环境优美、具有一定规模和游览条件，经县级以上人民政府审定命名、划定范围，供人游览、观赏、休息和进行科学文化活动的地域。包括具有观赏、文化和科学价值的山河、湖海、地貌、森林、动植物、化石、特殊地质、天文气象等自然景物和文物古迹、革命纪念地、历史遗址、园林、建筑、工程设施等人文景物与它们所处环境以及风土人情等。

2）生态质量敏感区

（1）滨海湿地。湿地是天津滨海地区自然生态环境特色之一，天津地处渤海之滨，九河下梢，坑塘星罗，洼淀棋布，河流纵横，库泊遍及。天津湿地大体可分为六种类型。

近海与海岸滩涂湿地：分布于渤海湾海岸地域与近海水域，南至岐口北至涧河口，跨越大港、塘沽、汉沽三个行政区域，全长 153 千米，湿地面积 58 090 公顷，占全市湿地面积的 19.18%，其中浅海水域面积 21 070 公顷，占全市湿地总面积的 6.95%；潮涧淤泥海滩（位于高低潮线之间的海滩地）面积 37 020 公顷，占全市湿地面积的 23.6%。

河流湿地：天津河流纵横，沟渠成网，其中一、二级河道 98 条，总长 2458.5 千米，河流、河渠总面积 55 130 公顷，占全市湿地面积的 22.5%。

湖泊库区湿地：主要是指 100 座水库和一些永久性淡水湖，容水 10 亿余立方米，其中包括两座库容 1 亿立方米以上的大港和于桥水库（可容水 7 亿多立方米），还有 5800 多个坑塘，面积 50 390 公顷，占全市湿地面积的 20.5%。

沼泽和沼泽化草甸湿地：主要分布在塘沽、大港、宁河等区域，面积 8180 公顷，占全市湿地面积的 3.3%。

盐田湿地：主要分布在汉沽、塘沽、大港三个区域，面积 38 900 公顷，占全市湿地面积的 15.8%。

水稻田湿地：主要分布在天津津南、宁河等区域，面积 35 000 公顷，占全市湿地面积的 14.3%（该面积有一定波动）。

湿地特有植物和动物种类多样，建立湿地植物园，滨海湿生、盐生植物基因库和繁殖苗圃，以及开发湿地观鸟旅游，开展湿地动植物研究，将湿地生态旅游与自然生态保护工作结合起来，形成互惠互利的关系。

（2）滨河滨海临湖岸线。滨河滨海临湖岸线是水陆生态交错带，边缘效应显著，岸线生态系统物种资源丰富，景观多样，往往作为区域人口、城镇、产业的集聚轴线，是展示区域生态优势和特色的重要组成部分。岸线的占用对区域社会经济发展产生巨大效应，自然生态岸线的保护对于区域生态系统的功能和结构保持有极其重要的意义。

（3）自然保护区。全市共有 8 个不同类型、不同级别的自然保护区，自然保护区面积占国土面积的比例达到 13.93%。其中国家级自然保护区三个，分别是保护地质遗迹类的天津蓟县中上元古界国家级自然保护区、保护森林生态系统的天津蓟县八仙山国家级自然保护区、保护古海岸湿地和地质遗迹的天津古海岸与湿地国家级自然保护区。市级自然保护区 5 个：天津市盘山自然风景名胜古迹自然保护区、天津市团泊鸟类自然保护区、天津市北大港湿地自然保护区、天津市大黄堡湿地自然保护区、天津市宝坻区青龙湾固沙林自然保护区。

2.2.3　天津生态敏感脆弱区的旅游资源开发

1. 指导思想

建设生态文明，以维护生态系统完整性、恢复和改善脆弱生态系统为目标，在坚持优先保护、限制开发、统筹规划、防治结合的前提下，通过适时监测、科学评估和预警服务，及时掌握脆弱区生态环境演变动态，因地制宜，合理选择发展方向，优化产业结构，力争在发展中解决生态环境问题。同时，强化法制监管，倡导生态文明，积极增进群众参与意识，全面恢复脆弱区生态系统。

2. 基本原则

（1）预防为主，保护优先。强化建立健全脆弱区生态监测与预警体系，以科学监测、合理评估和预警服务为手段，科学指导脆弱区生态保育与产业发展活动，促进脆弱区的生态恢复。

（2）分区推进，分类指导。按照区域生态特点，优化资源配置和生产力空间布局，以科技促保护，以保护促发展，维护生态脆弱区自然生态平衡。

（3）强化监管，适度开发。强化生态环境监管执法力度，坚持适度开发，积极引导资源环境可承载的特色产业发展，保护和恢复脆弱区生态系统，是维护区域生态系统完整性、实现生态环境质量明显改善和区域可持续发展的必由之路。

（4）统筹规划，分步实施。在明确区域分布、地理环境特点、重点生态问题和成因的基础上，制定相应的应对战略，分期分批开展，逐步推进，积极探索生态脆弱区保护的多样化模式，形成生态脆弱区保护格局。

3. 开发思路

（1）调整产业结构，促进脆弱区生态与经济的协调发展。根据生态脆弱区资源禀赋、自然环境特点及容量，调整产业结构，优化产业布局，重点发展与脆弱区资源环境相适宜的特色产业和环境友好产业。同时，严格限制有损于脆弱区生态环境的产业扩张，研究并探索有利于生态脆弱区经济发展与生态保育的耦合模式，全面推行生态脆弱区产业发展规划战略 EIA 制度。

（2）加强生态保育，促进生态脆弱区修复进程。在全面分析和研究不同类型生态脆弱区生态环境脆弱性成因、机制、机理及演变规律的基础上，确立适宜的生态保育对策。通过技术集成、技术创新以及新成果、新工艺的应用，提高生态修复效果，保障脆弱区自然生态系统和人工生态系统的健康发展。同时，高度重视环境极度脆弱、生态退化严重、具有重要保护价值的地区，密切关注具有明显退化趋势的潜在生态脆弱区环境演变动态的监测与评估，因地制宜，科学规划，采取不同保育措施，快速恢复脆弱区植被，增强脆弱区自身防护效果，全面遏制生态退化。

（3）加强生态监测与评估能力建设。建立长期定位生态监测站，全面构建生态脆弱区生态安全预警网络体系；同时，研究制定生态环境质量评估指标体系，科学监测和合理评估脆弱生态系统结构、功能和生态过程动态演变规律，建立脆弱区生态背景数据库资源共享平台，并利用网络视频和模型预测技术，实现脆弱区生态系统健康网络诊断与安全预警服务，为旅游可持续发展决策与管理提供技术支撑。

（4）合理开发利用湿地。积极科学地发展湿地旅游与养殖、种植业，在不影响鸟类息生、不污染湿地、不破坏湿地生态环境的前提下积极开发湿地多项目旅游资源，破坏生态实质上也是破坏了旅游资源，也是影响、制约或自毁了旅游业。要进一步提高北大港、团泊、东丽湖、于桥、七里海、黄港及塘沽滨海等湿地的旅游、休闲、度假、科普、文化、教育、美学等方面的活动质量，实行分类、分层、科学养殖、种植，以促进湿地经济多层次、多角度、多方位发展。保护是为了利用，利用是为了提高，提高是为了可持续发展，发展必须更好地保护。因此，保护与利用是哲理性、有机性、科学性、互促性、循环性的关系。此外，开发利用湿地要经过生态、林业、水利专家及当地政府与上级主管部门评审和审定后方可执行。

总之，生态与环境保护一直是区域旅游资源开发与持续发展面临的重要问题之一。由于特定的自然条件和历史原因，天津多数生态敏感脆弱地区的自然环境、生态文化成为城市未来旅游开发不可多得的资源基础。旅游业环境管理是对旅游活动所依托的环境进行的研究、评估、改善、监控等一系列活动的总称，协调旅游发展与环境保护之间的关系，加强旅游环境的保护，切实维护好当前脆弱的环境资源生态系统，构建旅游业健康发展所需的科学高效、安全稳定的生态屏障。

2.3　建立国家公园体制，推动区域旅游可持续发展

借鉴欧美国家公园管理规制，建立我国区域旅游可持续发展与环境保护联动机制体制典范。我国"十三五"规划纲要首次提出建立国家公园体制，整合设立一批国家公园的目标，该目标是在充分借鉴国际成功经验的基础上提出的，具有战略预见性和长远指导意义。依据世界自然保护联盟的定义，国家公园是具有国家意义的公众自然遗产公园，它是为人类福祉与享受而划定的，面积足以维持特定自然生态系统，由国家最高权力机关行使管理权，一切可能的破坏行为都将受到阻止或予以取缔，游客到此观光需以游憩、教育和文化陶冶为目的并得到批准。严格意义上说，我国目前尚没有真正意义上的国家公园管理机构，也没有具体推行国家公园制度。美国的国家公园属于中央集权型治理结构，截至2007年底，美国共有575处公园或地段被纳入美国国家公园系统，其国家公园体系的陆地面积达到33.99万平方千米，水域面积1.8万平方千米，累计接待游客117亿人次。澳大利亚则属于分散型旅游规制模式，澳大利亚的国家公园已经成为全球保护地网络中的重要角色，2008年，澳大利亚各类国家公园941处，陆地面积324万公顷，占其陆地面积的4.22%。

国家公园是国家为了保护一个或多个典型生态系统的完整性，为生态旅游、科学研究和环境教育提供场所而划定的需要特殊保护、管理与利用的自然区域。党的十八届三中全会首次提出建立国家公园体制后，经过3年多的试点探索，我国的国家公园建设开始后发赶超。2017年7月19日，习近平主持召开中央全面深化改革领导小组第三十七次会议，会议指出，"建立国家公园体制，要在总结试点经验基础上，坚持生态保护第一、国家代表性、全民公益性的国家公园理念"。[①]

在我国建立与实施国家公园管理机构和规制，有利于确立区域旅游可持续发展与环境保护联动机制，通过示范带动，逐步形成具有我国特色的区域旅游可持续发展格局，开创我国美丽中国图景的区域旅游可持续发展之路。

---

① 中国干部学习网. 习近平推动形成国家公园体制. http://www.ccln.gov.cn/hotnews/256691.shtml[2017-07-23].

2.3.1　国家公园的发展进程

1. 国家公园的产生与发展

在荒野史学家罗德里克·纳什（Roderick Nash）看来，国家公园是美国人的发明，其渊源则可归因于美国人通常与大自然，尤其是与荒野之间的独特经历，以及民主、富裕和幅员辽阔的国土等多种因素的综合作用。国家公园产生的主要影响力可以分为三种：一是浪漫的自然审美观的传播，18 世纪和 19 世纪浪漫主义的传播，改变了人们对荒野的理解，荒野与完美和虔诚联系在一起，唤起了人们对荒野之地的崇敬之情；二是公共公园的开发，19 世纪城市公园和户外游憩被视为对抗贫民窟、堕落、疾病和绝望情绪的有效手段；三是新的国家机制的萌生，启蒙时代在美国等移民社会，民族属性或国家体制之类的概念比大多数欧洲国家受到更多的推崇。

国家公园的扩展大致可以分为三个阶段。

第一阶段大致在 19 世纪末，期间美国设立了一批标志性的国家公园，而国家公园的理念也传播到加拿大、澳大利亚和新西兰等讲英语的移民定居社会。

第二阶段是 20 世纪前半叶，刚好是 Hobsbawm（1994）所说的灾难年代，期间欧洲国家开始应用国家公园理念，在瑞典、意大利、罗马尼亚、希腊、西班牙、冰岛、爱尔兰和瑞士都设立国家公园。与此形成对照的是，欧洲国家却并未在其本土设立国家公园，英国、法国、比利时等，不同程度地在它们的亚洲或非洲殖民地设立国家公园。

第三阶段是第二次世界大战结束以后的时期，国家公园理念在全球范围内传播，几乎每一个国家都声称拥有自己的国家公园。国家公园扩展到了全球各地，但当这一概念传播时，它并不是被简单地复制，相反，它演化出多种形式，以适应各不同的自然、政治和社会环境。根据 2013 年 IUCN 对保护地数量与面积的统计，截至 2013 年，全球共成立了 3881 处国家公园，总面积 440 多万平方千米，占全球面积的 23.5%。

2. 国家公园的概念

由于各国对国家公园有不同的界定，世界范围内国家公园定义的确定是个颇具争议的话题。1916 年《美国国家公园管理局组织法》中将国家公园定义为：为了保护自然、景观和历史遗产及其中的野生动物，用这种手段及方式为人们提供快乐并保证它们不受破坏，确保子孙后代的福祉。1969 年，IUCN 将国家公园归为 6 种保护区中的一个类别，定义国家公园是一个土地所有或地理区域系统，该系统的主要目的是保护国家或者国际生物地理或生态资源，使其自然进化并最小地受到人类社会的影响。1972 年中国台湾的《国家公园法》认为国家公园是指为保护国家特有自然风景、生态体系、地形地物及史迹等国家级的特殊资源，并提供国民娱乐及研究的地区。

显然，国家公园能够为人类提供持续的自然资源、美好原生的感知环境、独特的自然文化遗产、典型的科研实验基地。国家公园作为公共游憩品，为人们提供游憩、休闲与旅游的自然享受空间。国家公园应该由国家设置、维持与维护、管理与监督。国家公园的面积足以维持自然生态系统，至少要符合 10 平方千米的国际标准。

2.3.2　国家公园研究进展

1. 文献数据来源

我国对国家公园的关注始于 20 世纪 80 年代，本书以中国知网（China national knowledge infrastructure，CNKI）为基础，以国家公园为关键词，将数据来源类别限定为核心期刊和 CSSCI 进行检索，初步检索到符合条件的文献共 1426 篇。通过计量可视化分析结果（图 2-1）可知，我国有关国家公园的研究文献数量整体上呈上升趋势，特别是进入 21 世纪以来，研究文献开始大量涌现。为了使分析结果更加准确和客观，本书对相关文献进行了标准化处理，将文献的学科来源限制在旅游学领域，剔除与研究内容不符合的文章和重复出现的文章，最后得到 78 篇文章。

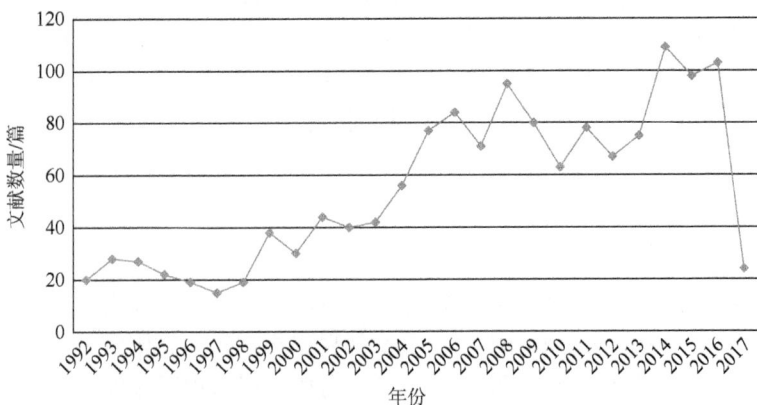

图 2-1　1992～2017 年中国知网相关文献数量统计图

2. 主要研究内容

在旅游学领域中，我国学者关于国家公园的研究文献的内容具有一定的集中性，总体上可分为对以下两个主题的研究：一个是针对我国国家公园试点地区的研究；另一个是对国外国家公园的研究。对我国国家公园试点地区进行研究的文献所涉及的内容主要有试点所面临的问题、利益相关者、机制建设和资金机制等。在研究国外国家公园的文献中，大部分文献应用了比较法，且作者的写作意图几乎都是通过分析总结国外管理国家公园的成功案例，以期为我国建设国家公园体系提供参考。对国外国家公园的研究内容主要有国家公园的体制建设及管理模式、利益相关者、资金机制、相关法律制定以及公益性等，另外随着社会的发展与变革，有学者指出了国外在国家公园的管理方面也进行了改革。同时，国家公园运动的兴起和发展对社会的发展方式也产生了影响，有不少学者将建设国家公园模式作为旅游地可持续发展的创新发展途径。

1) 国家公园试点研究

2016 年是美国国家公园体系建立 100 周年，也是中国提出建设国家公园试点方案的时间。早在 2008 年，环境保护部总工程师万本太指出，我国各类人均资源占有量明显低于世界平均水平，再加上粗放型的经济增长方式导致自然资源消耗快、生态环境恶化，在此背景下提出国家公园发展模式，提出开展国家公园建设是促进生态文明建设和两型社会的重要举措，有利于促进我国保护地体系与国际接轨。刘静佳在其文章中明确指出了国家公园具有多种功能，且深入分析了国家公园的五维功能体系（即保护、游憩、科研、环境教育、社区发展），由此可知我国建设国家公园体系的计划是一项利于社会、经济、文化、生态环境发展的措施。

（1）国家公园试点建设面临的问题。在国家公园试点推行的初期，学者的研究重点多数集中于试点地区的运营机制以及面临的主要问题，目前我国国家公园试点地区运营存在普遍的管理体系混乱、公益性不足、社区参与性不强、发展目标扭曲等问题。而这些问题以及机制建设早在国家公园试点方案推行前期就成为学者热议的话题。环境科学博士苏杨提出，建设国家公园体系的前提是建立专项生态保护补偿机制，因为我国多类保护地存在的管理问题仍较普遍，如保护不足、保护与发展冲突多以及公益性体现不足，这些问题与生态补偿机制欠缺、国家补偿不足有直接关系。市场机制本身存在无法解决自然垄断、信息不对称和外部性等失灵问题的缺陷，而政府在资源配置、提高社会福利上发挥着巨大作用，由此政府规制在旅游业中非常重要。张海霞等分析提出了我国国家级保护区体系的旅游规制存在的问题，如多部门分割管理造成的规制失灵，法律保障层次低、法规条例有明显部门倾向，资金支持不足，公益性不明显，进而提出了相关必要性和共性的规制改革方法，但并未指出具体且详细的规制制定办法。随后，在旅游发展价值取向发生转变的背景下（即由营利性转变为营利性和公益服务性的双轨并行价值取向），张海霞等详细地提出了国家级保护区旅游规制应该在如下几方面进行突破和创新：严格国家公园及相关保护区的准入机制，将国家公园和一般遗产公园分开管理；发挥中央集权制度优势，逐步推行国家公园统一化管理；财政方面实现多渠道资金投入的同时，建立资金专用项以确保保护性项目得到资金保障，经营性项目进行市场化特许经营等。在利益相关者和专家共同参与的前提下，杨子江利用 CAP（conservation action planning）分析法对梅里雪山国家公园的威胁因素进行了分析，得出内部威胁高于外部威胁的结论，而这些内部威胁都直接或间接与社区传统维持生计的方式或社区自发的、无序的旅游接待有关。

（2）国家公园管理机制选择。在国家公园试点运营的初期，一些管理方面存在的问题开始日益凸显，如何选择一种科学合理的发展路径和管理方式成为国家公园推行试点时期的重要问题。目前具有代表性的国家公园管理方式有三种：中央集权型、地方自治型和综合治理型。照搬任何一种管理方式在我国实施都是行不通的。由此，国家公园管理机制的选择首先要明确其发展目的，然后根据推行区域的经济、文化及社会发展水平制定管理机制。在 2016 年召开的三江源国家公园生态保护与绿色发展学术会议上，各学科学者就三江源国家公园的生态保护与修复、管理体制机制创新、智慧城市建设、绿色产业发展、生态旅游业发展、国家公园法制建设、生态文明与生态伦理、社会广泛参与机制等方面进行了探讨，为该试点地区的建设和发展提供了坚实的理论基础。针对我国国家公园挂牌试点地区仍然存在的墨守成规以及高门票的问题，有学者从旅游公共管理的视角提出了改革方案，认为旅游公共管理主体之间的协调是实现国家公园管理目标的重要保障。

（3）利益相关者。利益相关者的意愿偏向对国家公园未来的发展方向具有引导性作用，李玉臻用条件估值法（contiongent valuation method，CVM）测算了三峡国家公园利益相关者对公园的保护和门票的支付意愿（willing to pay，WTP）（受访者对准公共物品的最大支付意愿）。各群体的保护支付意愿由高到低排列的顺序为：游客、企业、政府、居民。门票支付意愿由高到低排列为：游客、居民、政府、企业。政府、居民和企业这三大利益主体的意愿偏向表明他们更加注重国家公园的开发以及由此而带来的经济利益，企业和政府的支付意愿居中但企业的支付意愿远大于政府，对于国家公园的保护工作居民的意愿值更是最低。游客的高支付意愿反映出游客对国家公园有很大的潜在需求，由此国家公园的游览功能必不可少，但以发展旅游业为目的而建设的国家公园容易陷入保护和开发的双重矛盾之中。居民的低意愿折射出在国家公园建设中他们更多处于被动的地位，对保护区资源的价值认识匮乏，更多地关心国家公园所带来的经济效益，由此导致居民的参与积极性降低，同时增加了造成生态环境不平衡的威胁因素。国家公园的建设需要大量资金投入，若当地政府无能力支付该项支出则必然会引进商业投资，商业投资要求的高回报必然会违背国家公园公益性的初衷。明确利益相关者的职责，做好国家公园知识推广宣传工作，是保证国家公园试点地区能够顺利开展并健康持续发展的前提条件之一。游勇提出国家公园的社区参与能力建设需要经过教育学习、观念改变和行动实践的过程，而国家公园的社区参与能力建设包括知识建设、意识建设和技能建设三个方面。

（4）国家公园模式的应用。随着国家公园运动在世界各地的开展，我国也加入了建设国家公园体系的队列中。在国家积极推动国家公园试点运营的背景下，我国学者以不同类型的旅游地为研究对象，创造性地利用"国家公园模式"或"国家公园模式+"为旅游业的发展开辟出了新路径，其中，在遗产旅游地和生态旅游可持续发展方式的选取中更多地利用了国家公园模式。张朝枝、张海霞、张旭亮、李如生在探索遗产旅游地的可持续发展模式时提到了国家公园模式，张玉钧、郑燕、李庆雷、周国忠在研究实现生态旅游可持续发展的文章中提到了国家公园模式，其中周国忠在分析绍兴镜湖国家城市湿地公园生态旅游开发和保护模式时提出了"B"模式+"国家公园"模式的方式。覃建雄以秦巴山区为研究案例，期望为生态脆弱型特困山区构建旅游扶贫创新发展机制，该机制框架中包括了建立国家公园、国家级试验区/示范区等。陈为毅提出以国家公园理念建设海南国际旅游岛，并将海南国家旅游岛当成国家公园来建设。虽然在国家公园体系建设初期我国采取了个别试点的方式，而且明确指出试点地区并不确定能发展成为国家公园，但在分析和探索各地自然景区旅游可持续发展的方式时我国有多数学者都提到了国家公园模式，为我国国家公园体系的建设提供了参考。在分析构建具体的发展机制时，受我国政治、经济、文化等因素的影响，并不能顺利地照搬任何西方国家的模式，还需在原有的管理方式、规章制度、发展理念以及利益相关者间的权责的基础上进行改革和创新。

2）对国外国家公园的研究

经过多年的发展与改革，有许多国家已经建立了较为成熟的国家公园管理体系，因此研究国外成熟的案例成为当前我国学术界以国家公园为主题的文献的重要内容。

（1）管理机制。国家公园产生于美国，经传播现今几乎遍布每一个国家和地区。国家公园的传播并非是一种管理形式的复制。美国于1961年成立了国家公园管理局（national park service）。在这期间已有10个其他国家和地区（加拿大、新西兰、澳大利亚的6个州、瑞士和瑞典）建立了自己的国家公园系列。国家公园早期的传播是一种基于民族意识的传播。早期建立国家公园的澳大利亚、新西兰、加拿大与美国使用同种文字，有相同的价值观，尤其体现在文学、艺术、哲学方面。所以，创建国家公园，在某种意义上是一种增强民族文化认同的方式。美国国家公园采取典型的中央集权型管理体制，由联邦政府内政部下属的国家公园管理局主导管理工作，地方政府则无权介入。澳大利亚国家公园的建立和管理主要由地方政府负责，新西兰的国家公园管理一直以生态保护为核心，经过多年的发展，形成了以政府管理为主导、公众积极参与的管理机制。加拿大的国家公园管理有非政府组织（non-governmental organizations，NGO）的参与，这种由政府组织和非政府组织共同参与管理的方式分为非制度化共管和制度化共管，其中由制度化共管衍生出了公园咨询委员会这一机制。世界各国的国家公园管理体制总体上可归纳为三类：中央集权型、地方自治型和综合管理型。田世政和杨桂华总结了世界上三大主要的国家公园管理模式即中央集权型、地方自治型和综合管理型的管理机制的共性：管理理念上都体现了国家公园的公益性，在保护资源永续利用的前提下为民众提供游憩功能；管理体制方面虽然有差异，但具体到一个国家公园管理时，仅有一个管理主体且只对一个管理部门负责；资金保障方面，资金来源渠道多样，门票偏低；经营机制方面，凡涉及营利的项目都采取了特许经营制度。当国家公园的管理机制进入成熟和稳定期后，为了应对新的政治、经济和社会环境的变化，还需对管理机制适时地进行一些调整与改革。陈耀华和潘梅林在研究分析中国台湾地区国家公园永续经营的经验中提到，对旅游规划与开发、教育解说的关注与提升是国家公园的资源得以永续利用的保障。20 世纪 70 年代末，西方兴起的新公共管理运动促进了国家公园的改革。新公共管理强调发挥市场在资源配置中的基础作用，从传统的层级官僚体制形式逐步转变为一种灵活的、以市场为基础的新公共管理形式。美国对国家管理进行了适度分权和积极吸收社会资金的改革；加拿大政府为了应对空前的债务和赤字，采取了雇员接管计划；南非则从最初的保护主义向平衡主义发展，适度开发园内经济价值，将政府独立管理方式转变为与私人庄园合作式管理，由集权管理转向民主化管理。

（2）社区。社区在国家公园建设过程中是不可忽视的一部分，国外在建设国家公园的过程中已有经验和教训。在我国建设国家公园管理机制的过程中社区冲突必然会成为重大问题，其中社区居民是对保护区的管理体制最大的威胁因素。引起社区冲突的影响因素可分为客观因素和主观因素，客观因素是如管理规制、规章制度之类的因素，主观因素则是社区居民的人口属性、环保意识等。高燕和邓毅对国外公园管理机构与社区居民的冲突进行了分类并分析了冲突产生的根源，主要有公园定界、公园生态保育政策和公园开发利用而引起的社区冲突类型，这些冲突产生的原因可归结到土地政策、利益机制和管理手段上。程绍文和张捷以我国九寨沟与英国新森林国家公园为例，分析研究了影响自然旅游地居民自然保护态度的因素，居民的自然保护态度是国家公园资源保护的重要影响因素，也是产生社区冲突的重要原因之一，分析探索影响居民保护意识的因素对于国家公园的建设和发展意义重大。

（3）公益性。国家公园的建设是维护生态平衡的有力措施，另外该举措的实施还具有深刻的社会效益，由美国国家公园发展经验来看，国家公园的低门票经济和解说与教育服务为民众提供了接触和学习国家公园知识的机会，为国家公园长久的保护工作奠定了基础。发达国家的景区门票价格的发展开始逐步摆脱经济效益而更加重视社会效益，期望民众在参观过程中能够提高自身素养，进而提高国民素质和民族文化水平。门票价格重视社会效益、价格表现形式灵活多样化、门票价格体现环保性和定价与区域经济发展水平相协调是国外景区门票定价的重要特征。美国国家公园的门票是以象征性收取甚至是免费的形式来运营的，其目的是让门票不再是大众平等享用公共自然资源的过滤性门槛，充分体现了公益性、公平性和公共性。

（4）政府职能及规制。公共游憩是社会福利的重要内容和实现公民游憩权的重要途径之一，国家公园的建设是为公民提供公共游憩权的一项重要措施。随着公民公共游憩权的不断提升，出现了福利主义游憩观和新自由主义游憩观。发达国家国家公园的建设和管理基本受福利主义游憩观的影响，其法律框架与财政体系基本上能够保障国家公园的公益性发展取向。福利主义游憩观强调的是民众游憩权的平等性，公益化价值取向的号召力使国家公园赢得了越来越多社会资金的支持，公民认同也为国家公园的价格调整提供了便利。在美国国家公园的发展历程中，国家联邦政府在其规制方面经历了六个阶段：立法保护阶段、开发保护阶段、国家建设与系统保护阶段、旅游开发与建设阶段、生态保护与加强规制阶段、公益事物拓展与合作阶段。在美国国家公园建设的过程中，联邦政府一直承担着立法、保护与建设、财政支持、统一管理等职责。

2.3.3　我国国家公园发展建设面临的问题

2008 年以来，我国开始探索国家公园体制建设，相继在云南、黑龙江等地开展试点，但仍沿袭现有其他类遗产地管理体系的体制机制，许多管理的共性问题没有得到解决。2013 年 11 月，《中共中央关于全面深化改革若干重大问题的决定》提出建立国家公园体制，之后国家公园成为我国生态文明建设的重要事项。2016 年初，我国出台建立国家公园体制试点方案。2016 年 5 月发布的《中共中央国务院关于加快推进生态文明建设的意见》提出，建立国家公园体制，实行分级、统一管理，保护自然生态和自然文化遗产的原真性、完整性。我国已选定北京、吉林、黑龙江、浙江、福建、湖北、湖南、云南、青海九省（直辖市）开展为期三年的国家公园体制试点，以进一步完善保护地体系，使分类更科学、保护更有力，实现自然生态系统和文化自然遗产资源国家所有、全民共享、世代传承。

1. 保护地分部门管理导致部门分割、协调困难

由于我国已少有另行划定大面积的原生生态系统来建设国家公园，其建立主要依托现有的保护地资源，我国已经建立了数千个不同类型的保护地，这些保护地的资源主要由林业、农业、水利、环保、国土、海洋、旅游、住房城乡建设等部门管理。现有保护地均实行分部门管理，管理权限分散在上述相关行政主管部门和地方政府，缺少高于各部委的专门行政机构的统筹管理，综合协调能力有限，产生了管理分割、协调困难，合作低效的问题。

2. 缺乏公益性

在我国，昂贵的门票价格已经成为普遍现象。在公众教育方面，虽然我国的保护地建立了相应的教育基地，但目前大多数景区人满为患，游客多数是匆匆游览。公众参与方面差距也很大，就美国来说，民间环保部门、其他联邦机构国家公园内的土地所有者等都能参与到国家公园的规划决策体系当中。

3. 缺乏相关法律法规

目前我国尚未制定出台有关国家公园的专项法律法规，这使得国家公园在推行过程中的各项问题都无法可依，基于现有的管理办法和政策的行动缺乏权威性与科学性。这也是造成目前我国保护地经营中权责不清、管理混乱的主要原因之一。

2.3.4 加快国家公园建设步伐，推动我国区域旅游开发走向可持续发展之路

1. 我国建设国家公园的意义

国家公园作为一种重要的自然保护地的类型已经走过了将近 150 年的历史，世界上已经有近 150 个国家建立了自己的国家公园。设立国家公园体系在保护地的管理目标中增加为公众提供最优的旅游、游憩服务功能，为公众提供享受自然和接受自然教育的机会。

国家公园所营造的良好的生态环境对于城市发展以及城市中的人的生存起到至关重要的作用。

以国家公园为突出代表的各类型保护地能够有效地把提供非物质性的生态服务与直接经济价值结合，对地方经济发展起到直接的促进作用。

国家公园在对国家的历史文化的保存、文明的传承以及文化的传播方面所起到的作用是巨大的，它不仅是自然生态保护和物种基因的保存库，更是人类的精神家园，是国家文化和文明的凝结核。

2. 我国建设国家公园的路径

1) 以试点的方式推行国家公园

Blower 曾从全球国家公园建设的经验判断上提出，发展中国家的国家公园建设不应该在初始阶段就大面积铺开，选择 2～3 处试点才是可行之计。从中国自然遗产地分割管理现状来看，适合选择由试点逐一推进的方式，应尽量选择尚未获得国家级自然遗产地标签的地方作为试点，以减少利益相关者介入带来的试行阻力。

2) 采取中央直属为主的管理发展模式

目前我国大多数保护地已纳入相应的管理体系中，通过长时间的发展，分部门管理体制导致了部门分割、协调困难等诸多问题。中央直管的国家公园发展模式是自然遗产治理的必然模式。在此基础上，在地方建立独立的专项管理部门，让掌握国家公园管理权利及承担责任的主体范围缩小，发挥公共管理的优势，以达到公益性发展的目的。

3) 建立生态补偿制度

资金是国家公园发展的重要保证之一，通过建立国家公园生态补偿的长效机制，维护国家公园的日常运作。筹措资金的主要途径有财政拨款，即在国家财政预算中列出国家公园建设、管理经费，中央及地方各级财政每年为国家公园直接拨款，以市场渠道（如门票、特许经营等的收入）和社会捐赠（如来自个人、团体和公司的捐助）为补充，以此实现国家公园的可持续发展。

一个国家公园体系的运作离不开一套完善的法律体系的支持，英美等国家都设立了针对国家公园的专门性立法。由此我国在建立国家公园体制前，制定相应的法律体系是必不可少的。

第3章　遗产旅游及其可持续发展

3.1　中国遗产旅游研究进展

3.1.1　概述

本书认为遗产旅游的前提和基础是《保护世界文化和自然遗产公约》[①]（以下简称《世界遗产公约》）规定的世界遗产及其概念体系，不仅包括列入《世界遗产名录》的世界文化遗产、世界自然遗产、世界自然与文化混合遗产和世界口头与非物质遗产，还包括虽然没有列入上述名录，但具备较大遗产保护价值和潜力的各类人类遗产。世界遗产集合了人类的智慧和人类杰作，是人们所向往去探访的地方和体验，遗产旅游也因此应运而生。遗产旅游地以其丰富的自然资源和文化内涵来满足人们对外部世界的探求，进而满足人们回归自然、回归历史的愿望。我国自 1985 年 12 月 12 日加入《世界遗产公约》的缔约国行列以来，随着 2017 年 7 月 12 日第四十一届联合国教科文组织世界遗产委员会会议（世界遗产大会）在波兰历史文化名城克拉科夫闭幕，中国列入世界遗产清单的世界遗产地数量达到 52 个，其中世界文化遗产 31 项，混合遗产 4 项，世界文化景观 5 项，世界自然遗产 12 项[②]。随着人们生活水平的提高，对遗产旅游的需求也日益提高。这就使得遗产旅游逐渐成为旅游研究的热点，尤其是在国家面临供给侧结构性改革以及"旅游+""互联网+"的大环境下，给遗产旅游的研究提出了一系列新的课题和关注。

3.1.2　遗产旅游的含义

关于遗产旅游的概念界定，国外学者更倾向于遗产的旅游产品属性及旅游者的体验感受。Moscardo（2001）认为，遗产旅游是由旅游者与资源之间的交互作用而产生的一种经历。Poria 等（2003）则强调，遗产旅游不应该被看作一种任意

---

① 1972 年 11 月 16 日，联合国教科文组织大会第 17 届会议在巴黎通过了《保护世界文化和自然遗产公约》。

② Close of World Heritage Committee session in Krakow，after inscription of 21 new sites on UNESCO's World Heritage List. http://whc.unesco.org/en/news/1694[2016-11-03].

性的行为，而应该把它看作一种社会心理的需要。与上述类似，Poria 等（2001）认为，遗产旅游是一种旅游者对特殊地点的感觉而产生的现象。

我国学者更倾向于将遗产旅游的认识看作一种保护性开发。吴必虎等（2002）通过对中国遗产地分布与需求的研究，认为将世界遗产地开发为当地主要的旅游产品是一种必然的选择，是一种政策性博弈结果。刘庆余等（2005）认为，遗产旅游是以遗产资源（目前主要是世界级遗产）为旅游吸引物，到遗产所在地去欣赏遗产景观，体验遗产文化氛围的一种特定形式的旅游活动，使旅游者获得一种文化上的体验。罗佳明（2004）从概念内涵上分析了遗产旅游与一般旅游的区别，指出遗产是历史保存下来的，不是为旅游者而建的；遗产旅游仅仅是实现遗产价值的一种形式，而不是全部；遗产旅游是一种高品位的回归自然和历史的旅游。考虑到世界遗产项目的特殊重要性，邓明艳（2005）专门对世界遗产旅游进行了界定，认为世界遗产旅游是以世界遗产为吸引物，到遗产地去欣赏世界遗产的景色、体验或学习世界遗产文化的旅游活动。王镜（2011）也认为，遗产旅游概念的内涵是旅游者从事遗产的观赏、审美、体验、学习和愉悦等旅游体验活动，这些旅游体验活动与遗产文化有关，是对遗产文化价值和内涵的体验。黄亮（2006）则认为，遗产旅游应该是指关注所继承的，一切能够反映这种继承的物质与现象——从历史建筑到艺术工艺、优美的风景等的一种旅游活动。

我国学者对遗产旅游的研究成果丰富，近年来遗产旅游也成为我国旅游学科研究的热门论题之一。冷志明和张铁生（2009）对遗产旅游相关研究进行综述，述评了 1987～2008 年国内遗产旅游的研究成果；邹统钎等（2009）对国内外遗产旅游相关研究进行综述。本书基于国内已有研究文献，试图承接邹统钎等的研究成果，采用文献分析法，大致从研究成果的时间分布、研究类型、研究议题、演化规律等方面，进一步梳理国内遗产旅游研究的新进展，以期对遗产旅游未来的研究有所裨益。

本书以中国知网文献为基础，以遗产旅游为主题进行检索，检索到在核心期刊和 CSSCI 来源期刊中的文献，共 459 篇。本书选取 2011 年 1 月～2016 年 4 月的 275 篇文章进行梳理，其中 2011 年 63 篇、2012 年 59 篇、2013 年 47 篇、2014 年 53 篇、2015 年 45 篇、2016 年 8 篇。本书依据上述文献成果，初步对我国遗产旅游研究与实践新进展进行梳理。

3.1.3　国内遗产旅游研究文献走势

国内遗产旅游研究起始于 1986 年，2000 年之后开始得到广泛关注，研究文献数量保持上升趋势，2011 年遗产旅游研究达到一个高潮，研究文献数量 63 篇，占总数的 14%。2012～2015 年虽然研究文献数量有所下降，但总体上呈上升趋势

（图 3-1）。根据图 3-1 中曲线的变化特征，可将中国遗产旅游的发展研究分为两个阶段：1986～2005 年为第一阶段，这一时期的文献数量较少，只有 27 篇，占总数的 6%；2006～2015 年为第二阶段，这一时期的文献数量显著增加，达到 432 篇，占总数的 94%。

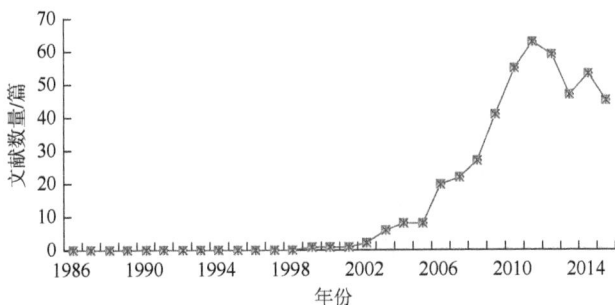

图 3-1　1986～2015 年遗产旅游研究文献数量线形图

从遗产旅游的遗产类型看，按照《世界遗产公约》，狭义的世界遗产分为三类：世界文化遗产、世界自然遗产和世界文化与自然遗产。如前所述，截至 2017 年 7 月，我国共有 52 项世界遗产列入世界遗产清单，其中世界文化遗产 36 项（占遗产总数的 69%）、世界自然遗产 12 项（占遗产总数的 23%）、世界文化与自然遗产 4 项（占遗产总数的 8%）。除去非物质文化遗产和工业遗产，共有 90 篇关于世界遗产旅游的研究文献：世界遗产文献数量 38 篇，占总数的 42%；世界文化遗产文献数量 43 篇，占总数的 48%；世界自然遗产文献数量 8 篇，占总数的 9%；世界文化与自然遗产 1 篇，占总数的 1%，见图 3-2。

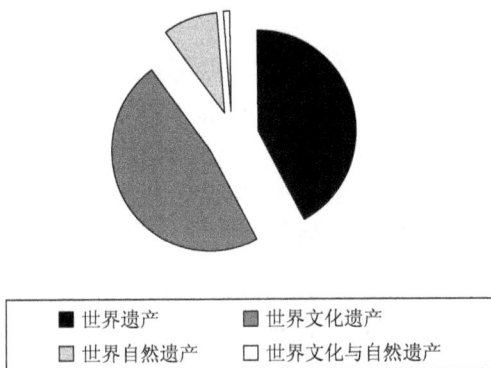

图 3-2　遗产旅游研究文献中涉及的遗产类型分布情况

在遗产旅游研究内容的分类方面，邹统钎将其分为四类：概念体系、真实性与完整性、保护与管理、遗产解说。冷志明等将遗产旅游的研究内容分为四类，分别是世界遗产地旅游的内涵研究、世界遗产地价值研究、世界遗产地旅游开发研究、世界遗产地旅游营销研究。郭海龙（2013）将遗产旅游的研究内容划分为五种一级分类和八种二级分类，分类包括遗产旅游基本理论研究（遗产旅游的概念、遗产旅游的环境影响）、遗产旅游地研究（遗产地的旅游资源及其保护利用研究、遗产地旅游生命周期研究、遗产真实性问题研究、可持续发展与科学发展观研究）、遗产旅游管理研究（经营管理模式及体制研究、利益主体研究）、遗产旅游者体验研究、遗产旅游解说系统的研究。

综合考虑国内遗产旅游研究进展，尤其是在国家提出供给侧结构性改革以及在旅游业方面提出的"全域旅游"与"旅游+"等新理念的引导下，本书将遗产旅游研究内容划分为八大类：遗产旅游原真性研究、遗产旅游可持续发展研究、遗产旅游保护与利用研究、遗产旅游开发研究、遗产旅游地居民价值认同与社区参与研究、遗产旅游管理研究、遗产旅游者研究、遗产旅游解说系统研究。

本书根据以上八个类型，以 2011～2016 年的核心期刊和 CSSCI 来源期刊文献作为研究数据，并进行了梳理和对比分析，以期准确把握我国遗产旅游研究方向的变化趋势，如图 3-3 所示。图 3-3 表明，对遗产旅游的保护与利用、遗产旅游的开发、遗产旅游者方面的研究呈下降趋势，对遗产旅游的管理方面呈现上升趋势，遗产旅游的可持续发展、遗产旅游地居民的研究方面保持稳定水平。

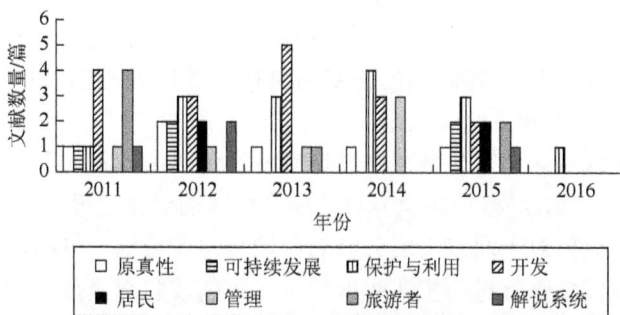

图 3-3　2011～2016 年核心期刊和 CSSCI 研究文献按内容数量分布情况

3.1.4　我国遗产旅游研究进展

1. 遗产旅游原真性研究

对于遗产旅游原真性的研究，主要集中在遗产旅游原真性的意义、如何构建遗产旅游原真性以及遗产旅游真实性感知的测量方法上。其中郎玉屏（2012）从遗产旅游原真性意义的角度，认为在旅游语境下，应该强调的是通过遗产本真性价值展现给旅游者真实性体验。陈享尔和蔡建明（2012a）构建了文化遗产旅游客体真实性与主体真实性的集合式关系。闫红霞（2013）、张金玲（2011）从不同角度对如何构建遗产旅游原真性进行了阐述。王婧和吴承照（2014）对遗产旅游真实性感知的测量方法的研究进展进行了梳理。

2. 遗产旅游可持续发展研究

对于遗产旅游可持续发展的研究，主要集中在如何实现遗产旅游可持续发展以及如何构建遗产旅游地可持续发展的评价体系。其中陈玲玲等（2011）以北京明十三陵为研究对象，提出控制旅游人数、合理规划、整体性保护、多元式开发等策略。唐晓云（2012）从遗产的本质出发，在分析当前遗产旅游开发弊端的基础上，提出了基于工具理性和价值理性均衡的遗产旅游发展思路。桂榕（2015）认为，遗产旅游持续保护和利用与遗产旅游的可持续发展相辅相成。毕晋锋（2012）运用层次分析法（analytic hierarchy process，AHP），对五台山旅游可持续发展现状进行了定量评估。

3. 遗产旅游地保护与利用研究

有关遗产旅游地保护与利用方面的研究，主要集中在如何对遗产旅游地进行保护和利用上。其中孙九霞（2012）认为遗产旅游的发展和地方文化的保护必须建立在全面的社区参与基础之上。吴兴帜（2012）提出运用文化生态理念来进行遗产保护。汪明林等对遗产旅游发展与资源保护中政府的组织作为进行了探讨。张世满（2012）从游客高峰时期的应对角度研究遗产旅游的保护问题。邱正英（2013）认为应通过构建预警体系来实现对文化遗产的保护。潘运伟等（2014）提出中国世界遗产保护建议，包括加强高峰期游客管理，妥善处理城市发展对世界文化遗产的保护压力，严格控制世界自然遗产地内的道路建设、水利工程建设等。田彩云（2016）提出对于北京三山五园的保护与发展措施，包括打造特色旅游商品、以旅游环境优化来促进历史风貌保护等。张朝枝和郑艳芬（2011）从国际法规的视角，探讨文化遗产保护与利用的关系。郑艳芬和张朝枝（2014）研究国际法对文化遗产旅游认识的演进，认为必须完善文化遗产保护与利用的相关立法以引导和规范文化遗产旅游利用的实践。

4. 遗产旅游开发研究

在遗产旅游开发研究方面，姚宏和李晓英（2015）以莫高窟景区为例，基于游客感知，提出遗产地景区差异化开发策略。田家莉和张叶青（2013）以喜峰口长城旅游发展为例，研究了文化遗产多元旅游的开发。宋立中和谭申（2012）运用文化景观理论和文化再生产理论，运用定性与定量分析方法，分析了复合型文化遗产旅游产品的开发路径。邵佳和冷志明（2011）以武陵源自然遗产为例，从世界遗产价值分析角度研究旅游开发对策。另外，王纯阳和黄福才（2013）以开平碉楼与村落为例，采用多层次模糊综合评判法，对村落遗产地政府主导开发模式进行定量评价。

5. 遗产旅游地居民价值认同与社区参与研究

对遗产地居民的研究，可以分为遗产地居民的价值认同和社区参与两个方面。在价值认同方面，林晓桃（2015）从我国遗产旅游地价值认同角度，研究了遗产旅游地价值认同的影响因素，并从组织行为学角度揭示其价值认同影响机制。孙九霞和周一（2015）则从遗产地居民地方认同角度，研究了开平碉楼及村落的旅游开发问题，研究发现，碉乡形象在居民地方认同中的展开并不完整、碉乡在历史延续中存在着多重割裂、碉乡的空间边界既明确又封闭。

在社区参与方面，苏明明（2012）通过研究认为，政府和遗产地管理机构应该通过构建多维度的社区参与机制，加强与社区的信息交流，优化遗产旅游对社区的影响，保障社区的利益。张园园和路紫（2013）通过研究发现，社区居民参与旅游活动普遍呈现为一种单向过程和边缘境地，认为对社区居民权利保障机制、保障形式的多学科交叉研究是目前不容忽视的课题。

6. 遗产旅游管理研究

在遗产旅游管理研究方面，孙克勤（2011）指出了我国的世界自然遗产地管理方面存在的问题，并提出了相关保护对策，包括管理体制、遗产保护、遗产教育、保护基金、遗产旅游的建立和实施。尹立军（2012）从经济学和旅游学视角，对文化遗产经济和文化遗产旅游研究进行了梳理与评述，指出要运用动态和发展的眼光来进行文化遗产管理。胡北明和雷蓉（2012）从公地悲剧与反公地悲剧的视角，运用博弈论的分析方法对遗产旅游地管理体制提出建议。邹统钎等（2013a）则从遗产旅游资源的角度，指出了我国遗产旅游资源管理存在的问题、管理体制改革的目标、改革的障碍、改革的方向及改革的路径。

7. 遗产旅游者研究

对遗产旅游者的研究，可以分为旅游者旅游动机和游客满意度两个方面。在旅游者旅游动机方面，董亮（2011）通过对九寨沟、峨眉山和青城山三个世界遗产地旅游者的问卷调查，从遗产地旅游者旅游动机的要素和维度、旅游动机各要素之间的相关性、旅游者特征及旅游者了解遗产地景区的信息渠道对旅游者动机展开分析。谭申等（2011）通过研究近十年境外文化遗产旅游者的旅游动机，为我国文化遗产旅游研究提供借鉴。在游客满意度方面，蔡彩云等（2011）以典型民居类世界遗产地福建永定土楼为例，从游客满意的视角出发，构建土楼游客满意度评价指标体系，采用重要性及其表现分析法（importance-performance analysis，IPA）与问卷调查法，评价福建永定土楼游客满意度。董雪旺和成升魁（2015）以 Lancaster 的特性理论和消费技术理论为基础，提出了旅游消费技术的概念与理论体系，并以西湖和江郎山为案例地，论证了游客旅游消费技术与其体验满意度之间的正相关关系，进而将遗产旅游的经济效益、社会责任和人民满意三个战略目标统一起来。

8. 遗产旅游解说系统研究

罗颖（2011）以安阳废墟文化遗产为研究对象，提出未来安阳殷墟景区应进行科学系统的理念规划和形象设计解说系统空间布局规划及分级解说服务系统规划，并注重对游客心理与行为的研究。乌永志（2012）建议文化遗产旅游景区制定针对国际旅游者消费特点的双语解说规划，学术界应重视旅游双语解说规划和翻译的研究，翻译者在具备双语、双文化翻译能力的同时，还应该了解旅游解说和信息创作的跨学科知识。郭凌和王志章（2015）基于扎根理论，以文化遗产都江堰为研究对象，指出解说系统要以游客感知为导向，要与游客管理紧密结合，要把软硬设施建设相统一。

3.1.5　结论与启示

1. 重视理论方法探索

在遗产旅游的理论研究方面，应借鉴国外的优秀成果，拓宽现有理论研究的广度和深度，并在结合我国遗产实践的基础上进行理论创新。在研究方法的运用上，要通过定性与定量相结合的方法，加强对数据的收集和处理，提高分析的科学性。同时，遗产旅游研究应融合生态学、社会学和人类学等学科到遗产旅游可持续发展研究中。

2. 加强对旅游者的研究

应进一步加强对旅游者动机、行为、旅游偏好等方面的研究，从而可以更好地推动遗产旅游。首先，随着供给侧结构性改革的提出，更呼吁遗产旅游地管理者提升服务质量，提供有效供给。其次，管理者可以实践全域旅游的概念，将遗产旅游地的资源进行整合，不仅可以满足旅游者全方位的旅游需求，也可以带动相关产业的发展。最后，管理者应注重游客的体验，增加遗产旅游的体验项目，真正让游客参与其中。

3. 重视网络营销研究

随着"互联网+"概念的提出,"互联网+旅游"也成为时下的一种流行趋势。世界遗产景区可以通过景区官网和手机应用程序(application,APP)等渠道进行营销活动,同时可以借助真人秀等电视节目,对遗产旅游地进行宣传。通过优化网络营销方式,能让旅游者更贴近世界遗产旅游地,以获取更丰富的遗产旅游体验。

4. 重视遗产旅游教育研究

近年来,频繁出现中国游客在国外旅游过程中的一些不文明现象。而中国游客在本国的遗产地旅游时,也经常出现破坏世界遗产的现象。因此,针对旅游者的遗产教育问题迫在眉睫,应加强监管制止破坏遗产的行为,并通过制定相关法律法规规范旅游者的行为,对触犯规则的旅游者给予严厉处罚,从而提高旅游者对遗产旅游地的保护意识。

3.2　国外遗产旅游研究进展

3.2.1　概述

遗产作为旅游资源,具有鲜明的独特性、多样性、不可移动性、吸引力的定向性和不可复制性,成为旅游开发的重要资源之一。遗产旅游甚至在古代就已经存在,并且是最古老的旅游形式,很久以前,人类就学会了将古代和近代的遗留物作为城市与乡村的娱乐资源(Newcomb,1979)。遗产被认为是旅游业中一个重要的而且增长最快的组成因素,而且需要用不同的方式进行管理和市场化运作。特别是联合国教科文组织于 1972 年 10 月 17 日~11 月 21 日在巴黎举行的第十七届会议中,注意到文化遗产和自然遗产越来越受到破坏的威胁,社会各界开始关注遗产的保护,而旅游为遗产带来的双重效应也开始成为学者、政府、媒体及社会公众的新的关注点,随着旅游需求的持续快速增长,关于遗产旅游的保护与开发仍然是学术界的关注点。

国外对遗产旅游的研究始于 20 世纪中期,主要集中在 20 世纪末期,研究对象不局限于世界遗产地,而是涉及所有遗产旅游地。国外关于遗产旅游的研究已经较为深入,形成多学科、多层次的局面,其研究热点包括遗产旅游的利益相关者、遗产旅游者、真实性、各类遗产旅游地、遗产旅游的管理等。陶伟等对国外遗产旅游相关研究进行了综述,评述了 1974~2003 年间 *Annual of Tourism Research* 所发表的关于遗产旅游的研究,王晓梅等通过比较国内外具有代表性的 112 篇遗产旅游资源管理文献，对国内外遗产旅游资源管理研究的特点与发展趋势进行了探讨。本书基于国内外已有的研究文献，采用文献分析法，进一步对国外遗产旅游研究的议题和焦点问题进行初步梳理。

3.2.2　国外遗产旅游研究概况

1. 国外遗产旅游研究文献概况

作者以 ScienceDirect 数据库的文献为基础，以 heritage tourism 为关键词进行检索，对 1997～2016 年在 *Annals of Tourism Research* 和 *Tourism Management* 中发表的文献的数量进行了统计，由图 3-4 可知，从 2009 年后，国外关于遗产旅游研究的文献数量持续上升，2012 年后国际上关于遗产旅游的研究数量进入了一个新高度，并在 2015 年达到了历年来的最高值。由此，可以得知遗产旅游受到学术界越来越多的关注，同时关于遗产旅游的研究成果也逐渐增多。

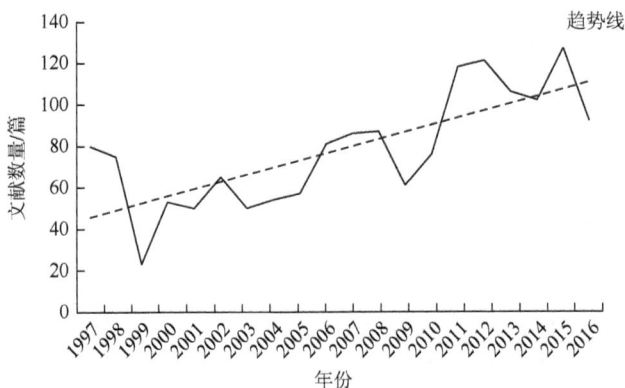

图 3-4　1997～2016 年遗产旅游研究文献数量

2. 本书的研究文献选择

本书选取了近 5 年来，在 *Annals of Tourism Research* 和 *Tourism Management* 中发表的 548 篇与遗产旅游相关的文章，从中筛选了相关度较高的 49 篇文章进行分类与整理，其中 2016 年 4 篇、2015 年 21 篇、2014 年 6 篇、2013 年 11 篇、2012 年 7 篇。

通过对所筛选的 49 篇文章的分类与整理可知，国外遗产旅游文献主要是关于遗产旅游管理、利益相关者、遗产地（遗产项目）以及遗产旅游者四个方面的研究，分别占 34%、26%、24% 以及 12%（图 3-5）。除此之外，国外研究文献中还涉及遗产旅游资源在数字时代的开发方式以及从不同学科角度对遗产旅游进行的研究。

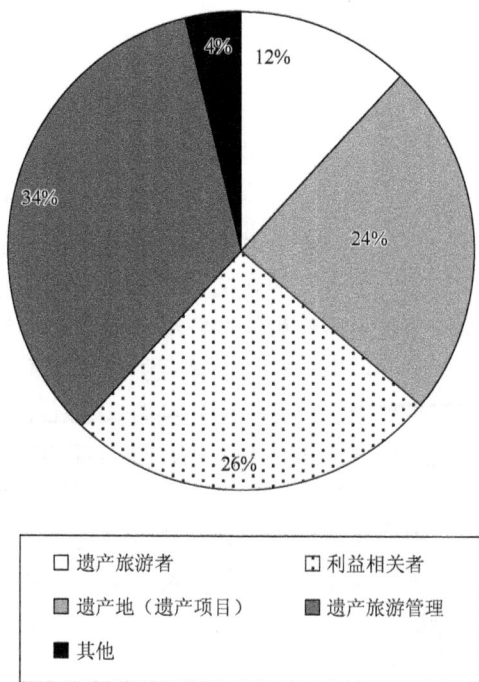

图 3-5 国外遗产旅游研究内容分布

近年来，我国学者对国外遗产旅游研究内容的划分如下：王晓梅等将其分为遗产社区、政府角色、政策、游客体验、可持续发展、遗产真实性、联合国教科文组织世界遗产提名、遗产保护准则；陶伟等从文献性质的角度出发，将关于遗产旅游的研究论文的议题分为对世界遗产项目的研究和对广义遗产的研究，其中对广义遗产的研究涉及 12 个方面，包括遗产旅游的定义，遗产旅游在开发中的保护，遗产旅游的管理，旅游者的需求、动机、行为和体验，遗产旅游的影响，真实性，遗产旅游解说，遗产旅游中的利益分析，遗产旅游与消费，遗产和后现代旅游的关系，遗产旅游的价值，遗产作为旅游资源的开发利用；张朝枝和保继刚将国外研究文献的主要内容分为遗产地研究，遗产旅游者研究，遗产地的社区、政府/组织、媒体等利益相关者研究以及遗产地旅游活动的管理等几个方面。

本书主要从以下两个方面对国外遗产旅游研究进展进行梳理，以期为我国遗产旅游的发展与研究提供参考。首先，明确遗产和遗产旅游的内涵与外延，有助于对遗产旅游有科学的认识，进而为遗产旅游的研究奠定坚实的理论基础；其次，对国外遗产旅游的研究内容进行梳理和分析，进而了解国外关于遗产旅游研究的新进展。

3.2.3　遗产与遗产旅游概念的界定

1. 遗产的起源和内涵

20 世纪 70 年代，遗产（heritage）一词产生于欧洲（Prentice，1993），其含义通常指从祖先继承下来的东西。作为继承物，遗产代表一个特定民族及其价值观、规范和信仰的基本特征。由遗产的含义可以得知遗产具有历史性、独特性、文化性的特征，而其独特性是遗产作为旅游资源被开发的重要特性。

随着社会经济的不断发展特别是交通运输业的进步，不同文化之间的交流更加便捷，于是遗产越来越多地用于商业用途，其含义也在不断丰富，地方人文、历史人物、历史事件发生地都被认作一种遗产。20 世纪 80 年代晚期，一些民间艺术、民族建筑风格就被认为是遗产，遗产进入了大众化时期。在我国的《旅游资源分类、调查与评价》中，民间演艺、传统与乡土建筑等遗产被划分为可以用以吸引游客的旅游资源。由此可见，遗产的内涵虽然在不断丰富，但它仍然离不开其历史性和独特性的特征。

2. 遗产旅游

遗产旅游活动很早就已经产生，一般认为 1975 年欧洲的建筑遗产年是遗产旅游成为大众消费需求的标志，介绍城市历史的遗产中心在这一年大量出现，遗产保护受到越来越多的关注。世界旅游组织将遗产旅游定义为深度接触其他国家或地区自然景观、人类遗产、艺术、哲学以及习俗等方面的旅游。关于遗产旅游的概念，国外学者还未统一，英国学者戴伦·J. 蒂莫西和斯蒂芬·博伊德在《遗产旅游》一书罗列并分析了一些关于遗产旅游的定义，分别从旅游者动机、旅游供给、旅游目的地等角度对遗产旅游进行了界定。还有学者提出，遗产旅游是关注所继承的、一切能够反映这种继承的物质与现象——从历史建筑到艺术工艺、优美的风景等的一种旅游活动。Poria 等认为，遗产旅游是旅游的一个子群，这个子群指的是旅游者去某个地点旅游的主要动机是建立在旅游者将该旅游地当作自己遗产的基础之上的。刘庆余认为遗产旅游是指将遗产资源作为吸引游客的吸引物，吸引人们到遗产所在地区去欣赏遗产资源，体验遗产文化氛围，从而获取一种特定的旅游体验。

遗产的概念不是由旅游的发展而产生的，自遗产概念出现之日起就被冠以保护的招牌，旅游改变不了产生于比旅游系统还大、还要重要的社会所决定的遗产概念的初衷。由此便产生关于遗产与旅游的关系的争论，大部分争论认为旅游与遗产是可以共存并且可以相互促进的，提出了保护与开发相协调、旅游促进遗产保护等口号。虽然从遗产旅游的字面上看，遗产旅游是旅游的一种形式，但不论从什么角度对遗产旅游下定义，都不能离开对于遗产的保护及促进遗产的可持续发展的初衷。

综上所述，遗产旅游的定义首先应该符合旅游的定义，因为遗产旅游本质上是一种以遗产地为旅游目的地的游客的出游行为。其次，由于游客的出游目的有多样性的特征，遗产旅游行为发生的必要条件应该包括游客的动机，即遗产地是构成游客出游动机的一个重要因素之一。最后，由于遗产本身具有受保护的特性，而遗产作为旅游目的地被开发的一个重要目的是维持遗产地的可持续发展，所以在对遗产旅游下定义时，其内涵必须包括遗产旅游有利于或者能够促进对遗产的保护工作的开展。

自 20 世纪 70 年代以来，作为新旅游（new tourism）或替代旅游（alternative tourism）的主要形式之一，遗产旅游在世界范围内得到了长足发展，遗产已成为目前超过 40% 的国际旅行中的核心要素。遗产作为新的旅游吸引物日益受到关注，与此同时国内外学者对遗产旅游的研究也呈现出多角度、多学科交叉的趋势，如社区参与、利益相关者、真实性、遗产旅游的管理等，成为遗产旅游研究的重要内容。

3.2.4　国外遗产旅游研究的主要内容

1. 遗产旅游管理的研究

对于遗产旅游的管理，首先要明确的是遗产旅游的发展是以保护为前提的，旅游活动与遗产的保护是相互协调的。学者 Calver 和 Page 的研究提出，应当让遗产旅游的管理者意识到娱乐活动与优先保护之间不是排斥而是互补的，可以通过协调游客的参与活动，打造属于他们自己的经历。

近年来，如何能让遗产项目成为吸引和留住游客的原因成为国外遗产旅游研究的热点，研究中提出了让游客了解遗产的真实性、游客参与、提供服务等方法。了解遗产的真实性对旅游管理和市场营销非常重要，因为对遗产地的介绍直接影响到游客访问遗产旅游地的动机，通过积极鼓励游客参与到文物保护中可以满足游客的娱乐和消遣的参观目的。许多学者通过建立模型来研究游客的参与程度、游客对遗产地真实性的了解等对其旅游动机的影响。

2. 遗产地的研究

对于遗产旅游地的描述主要是关于遗产地的开发与规划、遗产的价值。目的地管理者越来越热衷于将遗产资产作为鼓励旅游活动的平台。特别是在遗产可以看作其持续竞争优势的地区。以澳大利亚的一个中国文化区为例，通过采访利益相关者的方法，得出并不是所有遗产都能够为游客提供最佳体验，反而为此而进行的商品化可能既不合理也不会被利益相关者接受，遗产地吸引游客的方法是将最佳体验与支持体验相结合的结论。

Su 等的研究表明，由于一国世界遗产地数量的增加对于入境游客有非常积极的影响，所以申请世界遗产属于双赢的措施，不仅是为了保护一国已有的文化和自然资源，还是为了促进其旅游业的发展。由此可以得知旅游业的发展与遗产的保护并不冲突，正是由于保护措施在保证遗产可持续发展的同时保证了旅游业的可持续发展。

虽然许多研究表明学习和继承是遗产旅游的主要动机（Sun and Shi，2012；Kerstetter et al.，2001），但 Lee 的研究表明，学习和怀旧并不能维持遗产旅游者与遗产地之间的关系，烹饪吸引物被认为是最重要的遗产怀旧，其次是个人的情感和文化遗产。另外，Emily 针对工业遗产旅游提出了通过设立游览主题、游览项目以及精心设计等措施以提高工业遗产地的吸引力，同时还依赖于当地居民的认可和遗产所有者支持。可见，今后对于遗产旅游地的开发是以游客需求为导向的多样性的开发。

3. 遗产旅游的利益相关者的研究

利益主体是一个管理学的概念，最早出现在 20 世纪 60 年代，确立于 20 世纪 80 年代。Freeman 提出了利益主体的概念，指任何被共同目标的完成所影响，或者能影响共同目标实现的个体或可辨别的群体。国外大多是以旅游经营者为核心分析旅游利益主体的，他们的市场战略和经营策略在一定程度上决定了遗产地的可持续发展。Sautter 和 Leisen 根据 Freeman 的利益主体示意图给出了以旅游规划者为中心的利益主体图示，如图 3-6 所示。

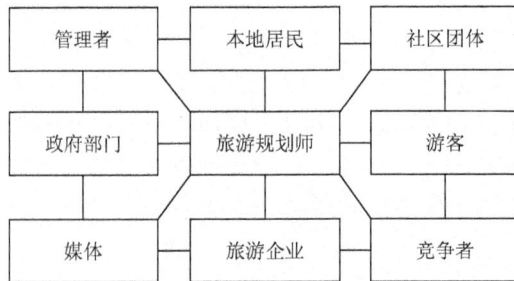

图 3-6　旅游业利益主体图示

利益相关者的责任以及他们之间的相互关系是国外遗产旅游管理研究的主要领域，主要探讨的有在遗产保护及管理方面主要利益群体的职责、不同利益群体之间的相互关系以及他们在遗产管理中所用的方法，为实践中如何协调遗产旅游利益相关者的关系以及管理方法的应用提供了理论依据。遗产地开发与保护的主要利益相关者有遗产旅游经营者、政府部门、遗产旅游者及社区居民。

1）遗产旅游经营者

遗产作为一种受保护的公共性资源，其开发和保护受到多方关注，各国都在为寻求遗产旅游开发的利益平衡点而努力。企业经常是遗产地旅游的开发者或投资者，由此企业在遗产旅游开发和经营中的责任成为各国学者的研究重点。虽然早期的一些调查表明，企业在遗产地建设的人造景点很难被当地居民和游客认同为遗产的一部分，但近年来的研究表明，企业对于遗产的修复及开发有积极的意义，同时对遗产地社区的发展有显著的促进作用。这些问题往往与企业在遗产旅游经营中的目的和责任密切相关。英国学者 Wells 等的研究发现，不论是学者还是接受调查的人，他们的观点都表明就企业社会责任文化背后的理论基础而言，旅游组织与其他商业组织是不同的。相关研究文献的观点表明，旅游组织的经营目的已经从经济利益动机走向可持续性（Jamrozy，2007）和旅游业可持续发展的代际/继承方面。

旅游业既有娱乐性也有不同程度的教育意义，所以遗产旅游的教育作用对企业社会责任的发展方向有重要的指导性。企业作为遗产旅游的重要开发者开始逐渐意识到遗产旅游可持续发展的重要意义，其经营目的也由最初的以经济利益为主转向兼顾社会利益。企业在遗产旅游开发中观念的转变有利于其提升在社会公众中的形象，为其在遗产旅游业中的长久发展奠定了坚实的基础。

2）政府部门

管理者必须平衡不同的价值观、优先权和利益，在不同参与者之间作出调和，提出一个基于价值观的、多元的管理方式，解决管理的冲突，在不同的参与者之间达到一致的结果。政府在旅游开发与发展中起着重要的作用，政府是遗产的规划、管理、营销者。政府的相关政策和行为是遗产旅游资源合理保护开发、利益相关者协调参与的保证。特别是在中国这种特殊的政治经济结构下，政府在遗产旅游中发挥的作用特别显著。从政治经济学的角度考虑，国家的干预措施在遗产保护和旅游经济发展的优先性上具有重要意义。具有权力经济优势的政府显然会关注遗产的保护问题，但是同时他们还会考虑促进旅游相关经济的发展，他们经常会洞察到遗产与旅游质监的相互利益关系。Nancy 等分析了中国的中观层次的政府在旅游中自上而下所扮演的角色，认为政府在旅游业中扮演了计划者和设计者、资源的组织与提供者及控制者的角色。国家的干预措施是遗产保护和旅游业经济发展中有相对优先性的重要部分，在城市政府中强大的政策共同体的成员显然是关注遗产保护的，但他们也积极地关注促进与旅游相关的经济发展。

3）遗产旅游者

针对遗产旅游者的研究主要有游客的动机、游客感知、游客参与等方面。

游客满意是旅游者体验的一种评价，在旅游文献中得到了广泛的研究。旅游者体验与游客满意度是正相关的关系，感知的真实性和游客的体验对目的地形象的形成有一定贡献，目的地形象在感知的真实性和游客满意度之间起中介作用，在游客体验和游客满意度之间也起一定的中介作用。

Massara 等将心理距离的概念引入遗产旅游的游客体验研究，认为低心理距离将营造更具体和情境化的概念，高心理距离将造成宏观的、抽象的对遗产客体的内部感知。外部因素中，Poria 等的研究甚至发现，命名为世界遗产地也对游客对遗产概念的理解和体验有一定的影响。Gyan 等将社会距离的概念引入遗产旅游者的动机研究中，提出虽然种族、国籍经常被当作形成社会距离的决定性因素，但是职业、政治思想和宗教也是影响社会距离关系的重要变量。

4）社区居民

旅游业的成功需要社区居民的支持，特别是在一些发达国家，个别遗产的所有权是属于当地居民的，由于居民对旅游业所持的态度不同，个别地区遗产旅游的发展并不顺利。通常持支持态度的居民希望通过旅游业改善他们的生活，持反对意见的居民会阻碍旅游业的规划与开发。许多研究表明，当地居民的能力不足以对旅游业的发展产生积极的促进作用，但英国学者 Kathy 等的研究肯定了当地居民在促进旅游业发展中的作用，他们认为当居民有了所有者的意识后并授权他们参与到旅游业的建造过程中时，他们有巨大的共同建造潜力。

Spencer 等以美国一处被联邦政府关闭之后由当地居民自发运营的景点为例，对社区支持为遗产旅游带来的经济效益进行了研究，结果表明，社区支持为遗产旅游的发展带来了巨大的效益，包括增加了景区的营业收入、居民个人收入、当地税费收入和带来了新工作。

3.2.5　结论与启示

1. 初步结论

遗产旅游的研究是一个渐进的过程，目前国外关于遗产旅游的研究已经发展到了多学科融合、多种研究方法应用、研究主题丰富化的阶段，尽管到目前为止国外旅游学界尚未形成关于遗产旅游的统一概念，但随着学者研究的深入以及扩展，关于遗产旅游的概念一定会形成一个统一的系统化的体系。就现有的研究文献来看，学者努力从各个角度分析遗产旅游的含义，在研究过程中关于遗产旅游的概念基本上形成了多角度分析的认知。

综合来看国外近五年关于遗产旅游的研究，其定性研究与定量研究的结合，保证了研究结果的科学性，对于我国遗产旅游的研究具有很大的参考价值。但同时也存在一定的问题：就研究成果来看，由于多数研究采用的是单一案例，形成的结论略有偏颇，未来关于遗产旅游的研究需要形成区域性或全球性观念；就遗产研究类别而言，国外的研究偏于人文类遗产，关于自然类遗产的研究较少。

2. 启示

对我国遗产旅游研究的启示主要有如下几方面。

研究方法上，注重定量研究与定性研究的结合，特别要注重定量研究的使用，以增强研究的科学性。

研究内容上，一方面要重视个案研究，国外的研究多数属于个案研究，由此可见遗产旅游研究的发展需要先从个体遗产的研究出发，进而进行总结与归纳，得出具有普遍性的结论；另一方面，在个案研究的基础上形成遗产旅游研究的区域性视角，在个案研究的过程中注重定量方法的使用。

另外，在遗产旅游的研究中，首先，应该形成正确的关于遗产开发与旅游之间的关系的看法，即二者并不是相互矛盾的。在我国，由于特殊的历史和政治原因，在遗产的所有权方面有着与国外不同的情况，所以在研究我国遗产旅游的过程中，对政府和企业的研究是必不可少的，通过研究明确他们的责任与义务，以期为我国遗产旅游的可持续发展提供帮助。其次，特别要重视我国遗产的保护问题，加强关于遗产保护与管理的问题的研究。当然，遗产所在地居民在遗产旅游的发展中也发挥着重要的作用，所以也应加强关于遗产地居民与遗产旅游的发展之间的关系的研究，在发挥居民在保护遗产中的作用时，可以考虑参考国外充分授权居民权利的方法。

3.3 世界遗产与可持续发展

联合国教科文组织世界遗产委员会在推动世界遗产与可持续发展方面作出了积极努力[①]。作者以世界遗产官网资讯（http://whc.unesco.org）为基础，初步梳理了国际层面在世界遗产可持续发展方面的主要动态和进展。

---

① http://whc.unesco.org/en/sustainable development.

3.3.1　世界遗产对可持续发展至关重要

遗产长期缺席主流的可持续发展辩论，尽管它对社会至关重要，其对社会、经济和环境目标作出贡献的巨大潜力得到承认。

根据国家和地方利益攸关方的强烈呼吁，联合国大会通过的《2030 年可持续发展议程》首次将文化作用通过文化遗产和创造力整合为整个可持续发展目标中可持续发展的推动者。世界遗产可能提供一个平台来开发和测试遗产对于可持续发展的相关性的新方法。

2015 年 11 月 19 日，《世界遗产公约》缔约国第二十届大会通过了将可持续发展观纳入《世界遗产公约》进程的政策。该政策的总体目标是通过适当的指导，帮助缔约国、从业人员、机构、社区和网络利用世界遗产和遗产的潜力，为可持续发展作出贡献，从而提高其有效性和相关性，同时尊重其保护世界遗产优惠价值的主要目的和任务。它的通过是《世界遗产公约》执行的重大转变，也是其历史的重要一步。

3.3.2　世界遗产对可持续发展的贡献

在联合国千年发展目标（millennium development goal，MDG）的第 7 个发展目标中，关于环境可持续性目标的设定，可以部分解决保护生物多样性和避免对自然资源的破坏，国际社会 2000 年通过的千年发展目标并没有具体提及遗产甚至文化，然而，遗产对人类可持续发展的贡献是重大的。

当然，保护世界各地人们珍视的特殊遗产，如伟大的自然风光和地标古迹，都可以认为是对人类福祉的内在贡献。很难想象我们的国家、城市和景观，没有我们过去的熟悉的遗迹，就失去了通过时间的流逝，连续性的见证，以及自然的存在所激发的深刻的奇迹和欢乐感。

但是，除了对 21 世纪和今后世纪的内在价值，世界遗产和一般遗产也可以为其各个层面的可持续发展作出重要的贡献。

通过各种商品和服务以及作为知识库，受保护的世界遗产可直接通过提供基本的物品和服务，如安全和卫生，获得清洁空气、水、食品等重点资源。

当然，世界遗产对于人类的强大的象征意义和审美层面的精神福祉也是至关重要的。承认和保护文化与自然遗产的多样性，公平获取和公平分享其使用所产生的利益，增强了地位与归属感，相互尊重他人的意识和目的与能力感保持共同利益，有助于社区的社会凝聚力，以及个人和集体选择与行动自由。诺贝尔奖得主阿马蒂亚·森称之为人的生存能力和自己选择的能力，这是人类发展的基本组成部分，对于获得、享受和照顾遗产的能力至关重要。

一个维护良好的遗产对于处理与自然灾害和人为灾害有关的风险也是非常重要的。一方面，经验表明，自然资源退化、忽视农村地区、城市蔓延和工程建设不善，增加了社区应对灾害风险的脆弱性，特别是在较贫穷的国家。另一方面，在传统知识和技能的基础上，一个保存完好的自然和历史环境，大大减少了潜在的灾害风险因素，增强了社区的抗灾能力，拯救了生命。

此外，在危机时刻，对遗产的获取和照顾有助于弱势群体恢复连续性、尊严与赋予权力的意识。在冲突和冲突后局势中，特别是基于共同价值和利益的承认与保护遗产，可以促进不同社区之间的相互承认、容忍和尊重，这是社会和平发展的先决条件。

所有这些都涉及适当的湿地养护和管理能够对可持续发展作出的潜在积极贡献。

3.3.3　《世界遗产公约》的可持续发展

在联合国教科文组织官方网站上关于遗产可持续发展的条目中，Engelhardt 认为 1972 年《世界遗产公约》虽然没有明确提出"可持续发展"的概念。但是联合国大会上引入遗产的精神和可持续性的愿望，认为文化与自然构成地球资源独一无二、闭合的连续性系统，对我们当代以及后代而言，有必要对其进行综合管理，实现长期的可持续性发展。

这一想法特别载于《世界遗产公约》第 4 条和第 5 条，承认缔约国有义务确保对"文化和自然遗产的确定、保护、保存、展出和遗传后代"以及采取"旨在使文化和自然遗产在社区生活中起一定作用并把遗产保护纳入全面规划计划的总政策"。此外，在这些条款中，《世界遗产公约》的行动范围似乎超出了其列入《世界遗产名录》的范围，其中包括国家遗产政策和更广泛的发展战略。

可持续性的概念在 1994 年进入《实施〈保护世界文化与自然遗产公约〉的操作指南》（以下简称《操作指南》）时，参考文化景观的可持续利用，首次作为新类别的遗产。世界遗产委员会第二十六届会议（2002 年于布达佩斯）通过了《布达佩斯宣言》，强调必须"确保在保护、可持续发展和发展之间取得适当与公平的平衡，以便世界遗产可以通过有助于社会和经济发展的适当活动以及我们社区的生活质量来保护"。

此外，2005 年，《操作指南》的介绍部分考虑到可持续发展的概念，其中指出"保护自然和文化遗产是对可持续发展的重大贡献"（第 6 段）。《操作指南》进一步承认（第 119 段）世界遗产财产可能支持生态和文化上可持续的各种持续与拟议用途。

世界遗产委员会第三十一届会议（2007 年于基督城）决定在以前的四个战略目标加强社区在执行《世界遗产公约》中的作用（第 COM COM3B 号决定）中加入社区。

世界遗产委员会第三十五届会议（2011 年于巴黎）对《操作指南》作了一些补充，特别是第 112、119、132 段以及附件 5 的 4.b 节和 5.e 节，这些修正的目的一方面是确保世界遗产财产的使用在维持其卓越的普遍价值（outstanding universal value，OUV）方面是可以持久的，另一方面则要肯定世界遗产的管理体系应整合可持续发展原则。

此外，《操作指南》的各个段落要求在确定、保护和管理世界遗产财产方面采取充分的参与性方法（如第 64、111 和 123 段）。

第十八届世界遗产缔约国大会（2011 年于巴黎）通过的"2012—2022 年战略行动实施计划"也将可持续发展的关切纳入其 2022 年愿景，其中要求《世界遗产公约》"以促进世界社区和文化的可持续发展"，并通过其目标 N.3，其内容如下："考虑到现在和未来的环境、社会和经济需要，保护社区和保护遗产"，这要通过保护社区来实现。

3.3.4　政策的需要

尽管取得了前面这些进展，但在执行《世界遗产公约》的框架内，促进可持续发展的政策并不是很明确，这主要归因于人们仍然把关注的重点放在世界遗产项目杰出普遍价值观的保护上。

当前的程序和《世界遗产公约》的实施准则，事实上，不包括具体的建议、检查和控制，使政府充分利用世界遗产可持续发展潜力，一方面，以确保他们的遗产保护和管理的政策与方案，另一方面，与更广泛的可持续发展目标对齐。

这意味着，在执行《世界遗产公约》时可能会错失许多机会，因为这些负责人可能不考虑或可能不知道如何在具体的可持续发展成果中加以翻译。相反，该公约的现行程序没有提供明确的手段鼓励文物保护和管理，以便更好地调整其活动与可持续发展的重要目标，如尊重人权的基本需要，解决当地社区或非耗竭自然资源等。

事实上，在《世界遗产公约》40 周年纪念日会议文件中，已经体现了上述诸多想法和建议。问题是，在很多方面，尤其在国家文物保护政策方面，尽管有超过 1000 家全球最优秀的遗产保护举措可资借鉴，但是，仍然没有找到合理的路径，以便促使这些好的方法能够正式列入《世界遗产公约》的官方文件之中。

3.3.5　将可持续发展观点纳入《世界遗产公约》进程的政策

为了对世界上近千个地点产生真正的影响，专家会议和关于世界遗产与可持续发展的其他磋商的结果需要转化为执行《世界遗产公约》的实际政策。认识到这一点，世界遗产委员会第三十六届会议（2012 年于圣彼得堡）第 36 COM 5C 号决定要求，世界遗产中心在咨询机构的支持下召集一个小型专家工作组，并将可持续发展纳入《世界遗产公约》进程的政策，以便将来纳入未来的政策指导文件。

2015 年 11 月 19 日，《世界遗产公约》缔约国第二十届大会通过了一项关于将可持续发展观纳入《世界遗产公约》进程的政策。该政策的总体目标是协助缔约国、从业人员、机构、社区和网络，通过适当的指导，利用世界遗产财产和遗产的潜力，促进可持续发展，从而提高《世界遗产公约》的有效性和相关性，同时尊重《世界遗产公约》的主要目的和任务，保护杰出普遍世界遗产的价值。根据联合国大会 2016 年 9 月通过的《2030 年可持续发展议程》，这一新政策围绕着可持续发展的三个方面，即环境可持续性、包容性社会发展和包容性经济发展三个方面，辅以促进和平与安全，它的通过是《世界遗产公约》执行的重大转变，也是其历史的重要一步。

在通过这项政策之后，必须在"世界遗产公约执行情况操作指导方针"中引入相关的变化，将其原则转化为实际程序。这项政策的具体实施无疑将要求跨学科和跨部门范围内的从业人员、机构、有关社区和网络建立必要的能力。因此，必须制定必要的工具和方案，并制定适当的指标，以监测执行政策的进展情况，还将与缔约国和其他有关利益攸关方进行持续磋商，以期在将来丰富该政策。

3.4　中国遗产旅游资源可持续开发的问题

3.4.1　我国遗产旅游资源可持续开发进展

1. 物质遗产旅游开发进展

1) 遗产资源开发潜力评价

张立新等（2013）研究城市遗产旅游运用资源开发潜力-鲁棒性矩阵模型探讨了西安市 15 个遗产景点的开发和保护状态。模型从资源的开发潜力和鲁棒性两方面构建指标体系，通过实地调研、访谈和结构性问卷调查取数据，用德尔菲法和层次分析法赋予指标权重，然后利用模型将遗产开发与保护状态进行图示。研究表明，资源开发潜力-鲁棒性矩阵模型可将遗产资源品位、遗产开发程度、遗产保护程度和遗产环境的敏感程度进行定量化分析，将遗产的开发和保护状态直观地图示出来；资源开发潜力-鲁棒性矩阵评价模型可以较明确地辨析遗产资源开发不足的环节，进而对资源深度挖掘，重点开发，提升遗产的旅游价值。这是遗产旅游资源开发与管理的有效工具。

2）工业遗产旅游资源开发

韩福文等（2010）通过对东北地区的工业遗产旅游资源形成的历史背景进行分析，将东北地区工业遗产旅游资源划分为五大类，并提出了工业遗产旅游的发展策略，要进行保护性旅游开发、整体性旅游开发、系统性旅游开发、综合性旅游开发。

章晶晶等（2015）通过对工业遗产旅游资源的评价体系进行研究，将工业遗产旅游资源评价指标归纳为资源价值、开发因子和旅游因子三个维度，在此基础上，提出一个三维的工业遗产评价模型，并确立了四种工业遗产保护和旅游开发梯度：保护与旅游开发并重类工业遗产、保护性旅游开发类工业遗产、改造性旅游开发类工业遗产、选择性旅游开发类工业遗产，进而形成有梯度的保护与旅游开发相结合的体系。

3）乡村类世界遗产地开发

周睿等（2015）在梳理乡村类世界遗产地内涵的基础上，分析了此类遗产地作为旅游资源的特点，提出旅游利用原则及相应途径，要坚持保护优先原则、可持续发展原则、市场导向原则和多方参与原则，并提出了要加强遗产保护、发展可持续旅游、迎合市场需求开发旅游资源、注重保障社区可持续发展和构建利益相关者管理机制等开发路径。

4）廊道遗产资源开发

李飞等（2009）在美国遗产廊道和欧洲文化线路的理论基础上，提出了廊道遗产的概念，作为大型遗产保护和开发的新理念与方法，重点研究廊道遗产旅游资源如何在地格理论、ASES［原真性（authenticity），舞台化（staged），体验（experience），可持续（sustainability）］模型、社区主导开发模式（community-based development，CBD）理论和嵌套式三角模型等的指导下进行科学保护与合理开发。基于 ASES 模型的廊道遗产旅游开发强调原真性、舞台化、体验性和可持续性。CBD 理论指导下的廊道遗产旅游开发强调产业链本土化、经营者共生化、决策权民主化，并提出了廊道遗产开发的三角模式：生态博物馆模式、遗产大舞台模式和景观嘉年华模式。

5）文化遗产旅游资源开发

梁维和李辉（2015）通过对吉林省文化遗产旅游资源问题的分析，提出了要树立保护第一的原则，加强社区的参与，走可持续发展的道路，树立独特的景区特色，加强景区管理，提高景区服务质量，坚持走资源开发和保护相结合的道路。

王蕾和庞宏伟（2011）通过对河北省曲阳县羊坪村民间文化遗产旅游资源的分析，在此基础上提出应该以商旅互动、立足文化、动态参与、系统规划、统筹兼顾等原则指导乡村民间文化旅游的开发设计，以期能为我国民间文化旅游资源开发提供参考。

孙业红等（2006）以技术型（浙江青田）、景观型（云南红河）和遗址型（江西万年）农业文化遗产地为例，开展了农业文化遗产地旅游资源利用特征对比研究，构建了农业文化遗产地旅游资源可持续利用模式分析的优势-劣势-状态-响应概念模型，提出技术型农业文化遗产地旅游资源可持续利用采用市场带动资源模式，景观型采用资源带动市场模式，遗址型采用节事活动带动模式，可为案例区及其他相似区域农业文化遗产旅游资源持续利用提供参考。

祁桂芳（2011）通过对撒拉族文化遗产的旅游开发与保护的研究，通过八度指标法和等级评价法分析评价了撒拉族文化遗产旅游资源的特色，提出了撒拉族文化遗产旅游的五原则：保护性原则、特色性原则、文化性原则、原真性原则和参与性原则，并提出了民族村寨开发模式与生态博物馆模式。

杨经华（2012）以贵州三穗款场为中心，提出要建立款文化空间区，对款文化遗产资源进行深入发掘与保护，必然会推动侗族旅游文化产业的发展，唤醒北部侗族地区日益淡漠的族群认同意识，从而促进地区文化和经济的共生与共荣。

吴春晓等（2013）以城市文化遗产为例，通过阐述城市文化遗产在旅游开发中的现状以及存在的主要问题，提出保护城市文化遗产的有效措施：历史核心保护区实施合理规划与有效保护、处理城市文化遗产保护与旅游可持续发展的关系、城市文化遗产保护需要相应的专门法规。

6）遗产旅游开发实证研究

唐承财（2013）提出遗产地旅游景气指数测评概念性框架，首先建立遗产地旅游景气指数测评指标体系，构建遗产地旅游景气合成指数测度模型。然后选择张家界市（世界自然遗产地）、承德市（世界文化遗产地）和黄山市（世界文化与自然遗产地）作为案例，分析我国遗产地旅游景气指数。最后，从全国旅游休闲发展环境营造、遗产地旅游建设与管理、遗产地突发性事件应急处理三个方面来构建遗产地旅游景气指数提升模式。

林龙飞等（2009）在研究革命历史文化遗产过程中，运用了层次分析法来构建革命历史文化遗产旅游资源的评价体系。确立革命历史文化遗产旅游的开发力度、开发时序和开发方向，以期为革命历史文化遗产旅游的快速和可持续发展提供对策。

曲颖（2012）提出了遗产性旅游景点开发和管理的新思维——逆营销，即其开发与管理不能机械地以市场为导向，而必须采取与之相契合的、具有保护第一和反消费者导向内涵的逆营销思维。在遗产性旅游景点中实施逆营销的途径和措施，主要体现在规划之初的营造蜜罐区域和日常管理中的基于承载力的游客管理与控制两方面。

王晓玲等（2012）运用层次分析法来对武当山世界遗产旅游资源进行保护性的开发研究。提出防止旅游过度开发和资源不合理利用的保护性开发策略，即完善科学管理体制、制定遗产旅游规划、提倡跨区域联合发展、分区开发，适时适度修复文物古迹和采用先进技术，加强数字化建设。

2. 我国非物质文化遗产开发研究进展

1）对策研究方面

杨阳和黄远珍（2016）运用田野调查方法，对鄂尔多斯地区非物质文化遗产的开发现状进行了调研，发现其存在着缺乏法制活力、督导力度不足、投资结构老化、缺乏公平竞争、资金来源单一、资本协作不强、地处边疆地区、内部竞争同质等问题，并尝试为民族地区非物质文化遗产旅游资源开发的协作机制构建提出合理的对策与建议：完善地方立法，落实各级目标、引进社会力量，实现协同发展、拓宽融资渠道，实现价值转化、改变人事结构，加强国际协同和实现流转机制，降低市场风险。

高扬元和孔德祥（2015）分析了传统技艺非物质文化遗产的生产性保护，分析了合川峡砚传承与保护面临的现实问题：艺人年老，后继无人；资源不足，开采困难；市场单一，成本高昂；重申报，轻保护。他们还提出传统技艺非物质文化遗产生产性保护措施：重视传承人的扶持与培养，规范取材，合理保护，市场多元化，旅游协同发展；与高校合作，优势互补。

胡惠林和王媛（2013）认为非物质文化遗产是文化，更是生活，提出了非物质文化遗产保护应从生产性保护转向生活性保护，就是在生活中保护非物质文化遗产，并使非物质文化遗产重新融入人们的生活。推进以非物质文化遗产为载体的生活空间的拓展与重构，从而在加强人们对非物质文化遗产的认知、参与路径的基础上，重建非物质文化遗产符号文本的意义生产机制。

杨明（2015）研究了我国非物质文化遗产保护的现实处境并提出了相关对策。我国的非物质文化遗产存在着司法保护与行政保护之间缺乏制度协调、政府保护不力、过度商业化开发、自然环境的改变对非物质文化遗产保护的挑战等问题。杨明提出从公地灾难与反公地灾难理论始点来解决现实的困境，要从交易成本角度进行非物质文化遗产保护模式的选择，协调司法保护与行政保护的制度设计，政府积极投入的激励与政府寻租的防范，不正当占有及过度商业开发的防范机制等方面加强对非物质文化遗产的保护。

2）数字化技术运用与知识产权保护

黄永林和谈国新（2012）认为数字化技术在非物质文化遗产保护与传承中的重要作用体现在四个方面，即数字化采集和存储技术为非物质文化遗产完整保护提供了保障、数字化复原和再现技术为非物质文化遗产有效传承提供了支撑、数字化展示与传播技术为非物质文化遗产广泛共享提供了平台、虚拟现实技术为非物质文化遗产开发利用提供了空间。因此要建立非物质文化遗产资源数字化分类体系，创建非物质文化遗产资源数据采集技术标准，探讨非物质文化遗产知识可视化表达，构建非物质文化遗产新技术综合运用体系，搭建非物质文化遗产多媒体交互体系平台，构建国家非物质文化遗产保护与传承技术体系。

谭必勇和张莹（2011）在梳理国外非物质文化遗产数字化保护主要路径以及我国在非物质文化遗产数字化保护实践思路的基础上，认为我国在政府主导、社会参与、市场运作的非物质文化遗产保护方针引导下，政府部门、公共文化机构、民间组织、行业协会、企业甚至个人积极参与进来，将推动非物质文化遗产数字化保护工作的整体、全面发展。

吐火加（2016）以知识产权文化为视角，分析在数字技术背景下传承、投资、利用、保护等方面采取软实力型救济措施：注重其经济价值体系和制度创新分析；顺应社会变迁步伐，尊重公序良俗原则，加紧知识产权智库建设；优化非物质文化遗产知识产权保护合作的视野和胸怀，把握对非物质文化遗产创造激励能力的新的考验；以文化为纽带，提升非物质文化遗产的创造力。

3）非物质文化遗产传承研究

陈静梅（2014）立足学界对传承人制度的反思，认为非物质文化遗产传承人制度趋向功利化，非物质文化遗产传承人制度带来不公，非物质文化遗产传承人制度无法使非物质文化遗产保护走上可持续发展道路。传承人研究及保护要走向深入，作者认为深化我国非物质文化遗产理论构建应从以下方面突破：一是从传承人与调查者的互动关系进行深入；二是进行传承人群体的比较研究；三是将性别视野引入非物质文化遗产传承人研究。

4）非物质文化遗产旅游开发与保护模式研究

蔡寅春和方磊（2016）认为非物质文化遗产与旅游业融合发展是产业融合大趋势下的产物，旅游业的发展为非物质文化遗产提供了新的空间和机遇。非物质文化遗产与旅游业对接的基础条件为资源和市场的对接，融合动力系统包括非物质文化遗产保护需求的推力、非物质文化遗产旅游开发成功的案例、国家政策的支持力、地方积极发展的压力、文化产业的推力、旅游需求层次提高的驱动力；融合的路径主要有开发型融合、体验型融合、创造型融合、功能型融合四种方式。

刘社军和吴必虎（2015）运用类比法和举证法，从生物遗传学视角出发，从历史沉淀和地理变迁角度对非物质文化遗产产生的基因差异进行了分析，在分析非物质文化遗产发展困惑的基础上，通过旅游开发将无形遗产有形化、大众化，优化文化基因赖以生存的遗传基质的可行性，实现非物质文化遗产保护和传承的双赢策略。

陈俊秀（2015）通过对全国首例非物质文化遗产社区传承园汉阳江欣苑进行考察，对武汉高龙城非物质文化遗产传承园项目进行实地调研分析，论证了新型城镇化背景下对非物质文化遗产进行生产性保护的可行性，并在理论结合实践的基础上提出了以传承主体为本，充分激发传承主体内生原动力，将"外界输血型"保护变为"内生造血型"开发利用的 1+3+N "内生式"动态保护利用模式的构想，这是当前城镇化建设与非物质文化遗产生产性保护互融共赢的有益尝试。

王会战（2014）认为，当前我国部分非物质文化遗产由于多重管理导致管理目标扭曲，管理水平低。对此，可在坚持非营利机构体制的基础上，采取权变的管理模式，加强综合管理和人本管理，提升非物质文化遗产的管理水平。

宋丽华等（2014）认为数字化保护是目前非物质文化遗产保护工作的主流方向，在分析目前国内非物质文化遗产数字化网站的基础之上，提出构建非物质文化遗产整合平台的建设策略及模型。

李亚男等（2014）通过对河北省非物质文化遗产的研究，认为将非物质文化遗产保护工作与市场、产业相结合，形成产业集群，同时，要深入挖掘非物质文化遗产项目的文化内涵，注重非物质文化遗产的传播与推广，强化和提升非物质文化遗产项目品牌与形象，坚持活态化可持续发展原则，做到保护与开发并重，杜绝过度开发。

范春（2016）基于系统保护视角来探讨非物质文化遗产保护，认为非物质文化遗产保护是一项系统工程，活态保护是其核心，而基于系统论基础的非物质文化保护是活态保护的前提。运用新媒体、构建新的民间故事题材内容是民间故事活态传播的新思路。培养新的故事受众、开拓新的故事消费市场是民间故事走向新生的必然选择。政府和故事协会紧密联动，变"输血式"保护为"开放造血式"保护，有利于将非物质文化遗产变化为更有价值的可持续的非物质文化宝库。

詹一虹和龙婷（2015）以荆楚非物质文化遗产为讨论对象，通过对荆楚的范围界定，明确荆楚非物质文化遗产保护的内容；针对荆楚非物质文化遗产保护的现状，提出采用生产性保护的方式对部分荆楚非物质文化遗产实施保护，以期以生产性保护的手段为荆楚非物质文化遗产的存续提供更为多元的路径。

郭理蓉（2014）从法律的角度来探讨非物质文化遗产的保护，在非物质文化遗产法律保护模式中，刑法是必要且重要的组成部分。现行刑法虽然在某些方面可以为非物质文化遗产提供保护，但存在着明显的缺陷。完善我国非物质文化遗产的刑法保护主要包括两个方面，一是完善刑法中关于侵犯非物质文化遗产的罪名及构成要件，二是加强对非物质文化遗产传承人的保护。

杨军（2016）对少数民族的非物质文化遗产进行了探究，认为就当前情况来看，生存环境变迁、传承人断代、外来文化的冲击等现象，都不同程度地反映出当前非物质文化遗产保护存在的各类问题，有必要做好相关保护工作，即遵守客观规律，树立保护少数民族非物质文化遗产的意识；发挥政府主导作用，完善保护机制；提高少数民族非物质文化遗产的竞争力；完善法律法规，提供法律保障。

周耀林和叶鹏（2014）认为新时期我国非物质文化遗产的保护工作需从科技化保护和保护机制创新入手。文化与科技融合下非物质文化遗产保护机制的构建目标是实现非物质文化遗产的保护功能，利用文化与科技融合的契机，逐步创设适合我国非物质文化遗产保护事业发展的新体制、新平台和新方式。目前尤其需要注重理顺行业管理、推动数字化保护、拓展公众参与和发展生产性保护，推动我国非物质文化遗产保护事业进一步发展。

3. 简要述评

通过梳理近几年我国遗产旅游保护与开发的热点问题，作者发现大家都在深入探索遗产旅游与保护开发中的问题，并不断创新应对措施和路径。一般认为，物质遗产旅游资源的保护和开发要坚持保护与开发并重的原则，坚持经济效益、社会效益和生态效益相结合的原则，坚持遗产旅游资源的完整性与真实性，防止其过度开发；深化遗产保护体制机制改革，形成国家、社会和公民三层保护机制。对于非物质文化遗产的开发和保护，要不断借鉴国外非物质文化遗产的保护的成功经验，非物质文化遗产来源于生活，要回归到生活进行保护，坚持生活性保护、活态化保护和科技化保护，重视对传承人的保护，推动非物质文化遗产与旅游产业的融合，实施非物质文化遗产保护与开发的数字化工程，创新保护体制机制，政府部门、公共文化机构、民间组织、行业协会、企业甚至个人积极参与到非物质文化遗产的保护与开发中，同时要完善法律法规、加强知识产权的保护等，从而实现我国遗产旅游资源的可持续发展。

3.4.2　我国遗产开发中存在的热点问题

1. 遗产地门票价格过高

我国的遗产旅游目的地的门票价格过高已经是不争的事实，有人认为门票价格的上涨有利于为世界遗产的保护提供更多的资金，有利于世界遗产的长效保护；另一部分人则认为世界遗产具有公益性的价值，门票价格的过高导致了其宣传教育功能的弱化。旅游产业作为一个综合型产业，如果仅依靠门票的上涨来维持收入，这无疑是鼠目寸光的行为，狭隘的发展思维。我国遗产旅游地门票价格屡限屡涨的根本原因在于，作为公共资源的旅游景区出现了经营权私有化的现象，企业化的经营导致了门票价格的一涨再涨，政府为了获得更多的地方财政收入，对于门票价格的上涨也鲜有作为。

2. 遗产地过度开发

遗产旅游地的过度开发也是我国目前遗产保护中颇待解决的热点问题。在丽江，约有1500多家商铺分布在古城的核心区，这种浓厚的商业气息与古城的文化内涵格格不入。泰山的劈山炸石开辟了三条直达泰山岱顶的索道，使得这座五岳之尊的地貌、生态和美感遭到了严重的破坏。安徽的宏村，村外的停车场、商铺林立，使得其田园乡村风貌大打折扣。还有前面述及的张家界世界自然遗产地索道建设愈演愈烈。过度开发的例子不胜枚举，这大大破坏了遗产旅游地的资源、生态和环境，使游客的旅游体验大大降低。究其原因，这是过分地追求经济利益的产物，同时当地政府和主管部门也具有一定的责任。

3. 遗产地居民利益冲突

遗产资源的开发对当地的经济、文化、环境具有很大的推动作用，但是遗产地旅游资源的开发对当地居民的生活也产生了很大的影响，产生了一定的利益冲突。一是对社区居民的收入和生活带来了一定的不稳定性。旅游业的季节性，使得当地居民出现季节性失业的现象。当地居民的知识、技术有限，大多只能从事一些低端工作，在利益的分配上也处于不利的地位。二是文化的异化，游客带来的外来文化给当地文化带来了一定的冲击，使得社区居民的价值观念和道德标准发生了很大变化。三是蜂拥而至的游客破坏了社区的环境，占用了当地居民的社区资源。

3.4.3 我国遗产旅游资源开发与保护中的体制机制问题

1. 政出多门，体制混乱

我国的遗产管理行政体系是根据资产属性来分配管理职能的，导致了遗产资源多头管理的局面；同时我国如此多的遗产地并没有统一的管理机构，多部门管理导致了管理的效率低下；没有权威的管理部门对遗产资源进行有效的管理，地方政府的急功急利，导致了遗产旅游资源的过度开发而忽视了保护。其次，我国的遗产旅游资源的产权归属问题尚不明确，产权制度不合理，企业参与到遗产资源的管理之中，政企不分，过分重视经济利益，忽视了遗产资源的公益性质。

2. 保护资金投入不足

遗产的保护性财政预算不足是遗产资源不能得到有效保护的制约因素。遗产旅游资源作为公共资源，属于典型的公共物品，政府在遗产的保护中担负着重要责任，遗产的保护性资金估算不足，从公共选择经济理论出发就是遗产管理机构得到来自政府的预算不足。

3. 经营模式过度企业化

我国遗产地经营模式界定不清晰、法律法规体系不健全、监督体制缺位等，导致了遗产旅游地经营与管理的乱象，严重阻碍了遗产旅游地的可持续发展，无法形成良好的经营管理模式，对遗产旅游资源的保护造成了巨大困难。过度的企业化经营导致了利益集团不顾生态、环境效益对遗产旅游资源进行掠夺性开发，也导致了遗产地生态环境恶化、历史真实性和风貌的完整性消失等问题。究其原因，政府有着不可推卸的责任。过度追求经济效益，将遗产资源进行寻租和设租，同时缺乏完整的法律法规对企业经营进行制约，造成了遗产地的保护难度加大。

4. 政绩考核与遗产管理不匹配

地方政府为了政绩过度地开发遗产资源来发展地方经济，政府既是监督者又是经营者的做法导致了旅游开发过程中出现了明显的谋利倾向，也导致了遗产地生态环境的破坏。遗产的旅游经营主体无论是管理机构还是特许经营，遗产旅游经营的主体都会为了利益的最大化而寻求当地政府的支持，因此，当地政府的很多决策与遗产旅游资源的保护有着很大关系。在旅游开发过程中，如果缺少对地方政府遗产资源保护政绩的考核，仅以经济指标来评价当地政府的政绩，这无疑会让当地政府和旅游开发者为了经济效益最大化而过度开发遗产旅游资源，因此，建立遗产旅游资源开发考核机制，将会激励政府保护辖区遗产资源措施的出台。

第4章 旅游目的地可持续发展竞争力评价研究

4.1 自然旅游目的地可持续发展竞争力评价研究

在世界经济以及社会环境整体稳定化发展的态势下，旅游业在全球范围内的扩张步伐逐渐加快。旅游业被称为 21 世纪的朝阳产业，如今已逐渐成为世界上发展规模最大、发展趋势最强劲的产业之一。中国的旅游业自改革开放以来一直保持平稳增长的趋势，无论国内旅游市场还是出入境旅游市场都呈现良好的发展态势。世界旅游组织曾预测，中国在 2020 年将成为世界第一大旅游目的地和第四大旅游客源国，实际上到 2012 年我国就已成为世界第一大旅游出境市场，自此以后中国的旅游消费市场成为世界各国所关注的焦点。国家旅游局发布的《2015 年中国旅游业统计公报》显示，2015 年我国旅游业的综合贡献达 7.34 万亿元，占 GDP 总量的 10.8%；国内旅游人数 40 亿人次，比上年增长 10.5%；入境旅游人数 1.34 亿人次，比上年同期增长 4.1%；我国公民出境旅游人数达到 1.17 亿人次，比上年同期增长 9.0%；全年实现旅游业总收入 4.13 万亿元，同比增长 11.0%。

旅游业的发展在经济方面对于创汇增收、安置就业、繁荣经济等起到了重要作用，在社会方面也促进了国家和国家、地区和地区之间的文化交流与合作，满足了人们日益增长的休闲需求，其重要作用在未来相当长的一段时间内还将继续保持。然而，在繁荣经济、稳定社会的同时，旅游业的快速发展也产生了一系列负面的影响，这些影响涉及对生态环境的破坏以及对人文环境的损害。旅游对生态环境的破坏包括：在旅游资源的开发过程中，不合理的规划设计严重破坏了当地生态系统的平衡；在旅游活动中，一方面游客的游览活动本身会对生态环境产生影响，如大量的交通尾气、踩踏活动、垃圾废弃物等；另一方面缺乏科学严格的管制和约束，大批游客的不文明行为以及管理保护不力，导致生态环境逐渐脆弱等。旅游对人文环境的损害包括：过度的商业化使得当地的民俗风情、传统文化逐渐淡化；游客的行为对当地居民原始的生活习惯造成了一定的影响等。旅游业的生存与发展需要良好的自然环境和社会环境，如果其赖以生存的环境遭到破坏，其后果是灾难性的。

保护自然环境和人文环境是旅游业可持续发展的重要责任，在大力发展旅游业的同时，必须要关注其可持续发展，这一点对于自然旅游目的地尤为重要。党的十八届三中全会指出，可持续发展要划定生态保护红线，实行资源有偿使用制度和生态补偿制度，有序实现耕地、河湖休养生息。居民是生态保护和旅游发展的重要利益相关主体，其感知和态度影响着一个地区生态保护与生态旅游的良性发展。中共中央办公厅、国务院办公厅印发的《关于划定并严守生态保护红线的若干意见》具体提出了划定生态保护红线的总体目标和具体要求。旅游作为一种环境消费活动，必然会产生物质和能量的输出，旅游活动对环境所产生的影响是不可避免的，旅游活动或多或少会对旅游地有干扰和侵蚀。陆均良和陆净岚（2008）指出，当前我国景区生态存在许多问题，其中一个显性的问题是自然景区的环境出现不同程度的破坏，包括旅游活动对自然景区的水资源、野生动物、土地资源、植物和森林植被等产生的影响，甚至有的景区出现了环岛效应。自然景区环境的破坏，严重影响了景区的经济效益以及可持续发展能力，自然旅游目的地的环境问题亟待解决。有学者指出造成自然景区环境日益恶劣的原因是游客数量超载（彭倩和周青，2006），游客超载所导致的环境问题可以通过后期的环境管理和恢复措施得以解决，造成自然景区难以恢复的环境问题的原因是规划和设计上的问题（陆均良和陆净岚，2008）。如果旅游业不能遵循可持续发展的基本原则，忽视了自然旅游目的地环境和生态的保护，触碰了生态保护红线，或是忽视目的地居民的正常利益诉求，将会使原本良性发展的旅游业趋于衰落，使生态与环境保护陷于矛盾境地，从而阻碍自然旅游目的地的可持续发展。因此，对自然旅游目的地的可持续发展问题进行讨论，评价自然旅游目的地的可持续发展状况和竞争力，对其环境保护和可持续发展具有重要意义。

4.1.1　自然旅游目的地可持续发展概述

1. 可持续发展概念辨析

虽然《布伦特兰报告》定义的可持续发展概念被广泛认同，但把世界环境与发展委员会（World Commission on Environment and Development，WCED）对可持续发展的定义作为学术定义存在一定不足：①偏重于发展的时间维度而忽视了空间维度，即强调了代际之间的公平，未提到地区之间的公平；②定义的操作性不强，在实践中存在较大可变通的余地（曾珍香等，1998）。在 1997 年的联合国环境与发展大会中，将可持续发展作为未来长期共同的发展战略得到了与会国的一致认可，但与此同时，也形成了对可持续发展概念狭义和广义的两种理解。

狭义的可持续发展侧重于经济发展与环境保护，强调经济和环境的关系。

广义的可持续发展认为，可持续发展是一种新的发展思想和战略，目标是保证社会具有长时期持续性发展的能力，确保环境、生态的安全和稳定的资源基础，避免社会、经济大起大落的波动。

可持续发展涉及人类社会的各个方面，要求社会的全方位变革。之后，学术界出现了大量关于可持续发展概念的补充性研究。Forman（1990）从景观生态学的角度阐述了空间尺度在可持续发展概念中的重要性。牛文元（1994）对 WECD 作出的定义进行了空间尺度上的补充，增加了"特定区域的需要不削弱其他区域满足其需求的能力"。由此可知，实现可持续发展的目标既要保证代际之间的公平性，也要强调区域之间的公平性。自然旅游目的地的可持续发展应理解为广义的可持续发展，即可持续发展是一个内涵广泛的概念，既包括资源环境的可持续性，也包括经济可持续性（即可持续经济发展）以及社会可持续性（即可持续社会发展）（周海林，2006）。

可持续发展概念的扩展性研究集中于 20 世纪 80 年代末～90 年代，由部分学科关联性研究向综合性复合型概念研究发展。Caldwell（1984）认为，可持续发展是一个受生态、经济、社会、政治等多种因素影响的发展过程。目前基本上形成了以经济、社会、环境和增长为主要内容的可持续发展研究。可持续发展是生态学、经济学和社会学等相关学科研究者运用系统动力学等方法解决自然、经济、社会复合系统的多学科的合作研究，其中既包括理论研究也包括应用研究。

2. 自然旅游目的地可持续发展

20 世纪 30 年代就有关于旅游业发展所产生的弊端的讨论。由于旅游业的发展产生了一系列负面的影响，为了建立起旅游业与自然、社会环境之间和谐共存的关系，各国组织机构以及学者都在努力寻求旅游发展的新模式。随着社会的不断发展和进步，旅游业的发展目标与模式也发生了一定的转变。伴随着可持续发展观念的普及，旅游业开始摆脱从前粗犷式的开发与发展，许多学者提出了旅游业可持续发展的观念及实现模式。20 世纪 70 年代，可持续旅游思想已零星出现（Hardy et al.，2002）。随后，经过多次国际性会议的探讨，随着学者研究的深入，旅游可持续发展的概念、实质及发展目标逐渐完善。

旅游可持续发展的观念产生于 19 世纪 80 年代，Godfrey（1998）指出，可持续是降低旅游业负面影响的有效手段，但是，要想获得旅游可持续发展，需要忽视短期的经济利益，而更多地关注社会和环境效益。从世界旅游进入可持续发展阶段以来，不同的机构组织和学者对旅游可持续概念的界定的争论从未停止。虽然，目前尚未形成统一的认识，但从理论继承方面来看，旅游可持续发展的概念显然来源于可持续发展的概念。无论国内学者还是国外学者都是在这样的背景下来讨论问题的。1990 年在加拿大召开的可持续发展国际大会上，旅游组行动委员会提出了可持续旅游的概念，构筑了可持续旅游理论的基本框架和主要目标，阐述了旅游业可持续发展的目标体系，包括：强化旅游的环境与生态意识；促进旅游在国家之间、地区之间以及代际之间的公平；促进旅游目的地生活质量的改善；提高旅游地服务水准；保护旅游资源。1993 年世界旅游组织将旅游可持续发展定义为，"旅游可持续发展是一种经济发展模式，它被用来达到如下目的：改善当地社区的生活质量；为游客提供高质量的经历；维护当地社区和游客所依靠的环境的质量"。1995 年联合国教科文组织、联合国环境规划署和世界旅游组织在西班牙召开了可持续旅游发展世界会议，75 个国家和地区的 600 多位代表出席了会议。此次会议所确立的旅游可持续发展的基本观点和理论被普遍接受，对于将可持续发展观念应用到旅游领域中具有重大意义。会议指出，"旅游可持续发展的实质就是要求旅游与自然、文化和人类生存环境成为一个整体"。1997 年联合国第 19 届特别会议首次将可持续旅游列入联合国可持续发展议程中，世界旅游组织、世界旅游理事会、地理理事会在会上正式发布了《关于旅游业的 21 世纪议程》，明确了旅游业可持续发展的目标，自此旅游业进入了可持续发展的阶段。

　　自然旅游目的地的核心吸引物是大自然赋予地理区域的能使人产生美感的自然环境及其景象的地域组合的自然旅游资源。自然旅游资源同时具有永续性和不可再生性的特点。一方面，自然旅游资源可重复使用，这与矿产、森林等自然资源随着人类的不断开采会发生损耗不同，旅游者的参观游览所带走的只是印象和观感，而非旅游资源本身。因此，从理论上讲，旅游资源可以长期甚至永远地重复使用下去；另一方面，实践证明，旅游资源如果利用和保护不当也会遭到破坏。一种使用过度的有形旅游资源可能被毁坏，甚至不可再生；一种维护不当的无形旅游资源一旦遭到破坏，也是短期内难以修复的。因此自然旅游目的地的可持续发展更强调自然旅游目的地生态可持续发展，其可持续发展竞争力只有在资源质量和生物多样性等要素支撑下，才能促进自然旅游目的地形成有机统一的整体。然而，大多数自然旅游目的地都不是单一的自然旅游资源，人文因素在当今旅游中对游客体验和游客满意的影响越来越大，自然旅游目的地可持续发展，不能仅关注生态可持续性，也要关注社会可持续性、经济可持续性。只有保证各项标准要素指标之间协调统一发展，才能实现可持续发展，自然旅游目的地的竞争力才能持续、稳定地提升。

4.1.2　自然旅游目的地可持续发展竞争力评价

1. 旅游目的地竞争力评价

1）旅游目的地竞争力与可持续发展

1990 年，波特提出国家竞争力模型，该理论与区域旅游竞争力问题非常契合，被迅速运用到区域或城市旅游竞争问题的研究中，使得旅游目的地竞争力评价成为学术研究的热点。然而，学术界对旅游目的地竞争力的概念并未形成共识，这使得旅游目的地竞争力的衡量更具争议和困难。Ritchie 等（2001）在旅游目的地竞争力的理论和模型方面作出突出贡献，他们认为旅游目的地竞争力是为到访旅游者提供满意而难忘的旅游经历、吸引更多游客来访，提高当地居民的生活质量，并为子孙后代维护好该地的自然资产的能力，该定义是从居民福利、社会繁荣及可持续发展的角度提出的，非常具有代表性。Hassan（2000）借鉴了波特的竞争理论，把旅游目的地竞争力界定为不但在于目的地能够保持相对于竞争对手的市场地位，还在于其创造及整合能维持旅游目的地的资源可持续使用的增值产品的能力。Buhalis（2000）认为旅游目的地竞争力是为一个国家居民创造经济繁荣的能力。国内诸多学者也借鉴此类方法以城市或国家为对象展开了旅游目的地竞争力的研究（苏伟忠等，2003；李树民等，2002）。这些旅游目的地竞争力的概念本身就包含了可持续旅游的内涵，认为旅游目的地的竞争力是建立在可持续发展基础上的竞争力，对于旅游目的地可持续发展竞争力评价有重要的借鉴意义。需要指出的是此类模型对于衡量区域旅游竞争力效果较好，但在测度特定的旅游目的地的竞争力时指标体系略显复杂，部分指标意义不大。

2）旅游目的地竞争力评价模型文献回顾

对于旅游目的地竞争力评价，最广为使用的是旅游目的地钻石模型。该模型是在波特的评价国家竞争力的钻石模型的基础上加以完善和补充的。Crouch 和 Ritchie（1999）先是提出旅游目的地竞争力评价的综合模型，指出旅游目的地竞争力由核心资源和吸引物、支持性因素和资源、目的地管理以及其他决定性因素四个部分组成，继而进一步提出旅游目的地竞争力的概念性模型，即 C-R 模型。C-R 模型包括全球环境（宏观）、竞争环境（微观）、核心资源和吸引物、辅助要素和资源、旅游目的地政策规划和开发、目的地管理六项大的因素，每项因素下又有若干指标。Enright 和 Newton（2004）在此基础上又将竞争力管理因素补充进来。张东亮（2006）在借鉴 C-R 的旅游目的地竞争力概念模型的基础上，构建了旅游目的地竞争力的房式模型。邵革军和王贵清（2014）基于系统工程分析，构建的旅游目的地竞争力体系也与 C-R 模型差异不大，包括核心资源的吸引力、基础设施和支持产业的发展、目的地的管理水平、环境的支持以及旅游者的需求和感知五个方面。

旅游潜力和竞争力模型则从现实竞争力与潜在竞争力两个方面对目的地竞争力进行诠释，并据此构建目的地竞争力评价指标体系（张洪和王先凤，2013；朱明芳，2007）。郭鲁芳（2000）认为测度旅游国际竞争力应从目前的旅游竞争实力、旅游竞争潜力、旅游竞争发展力三个方面进行。田里等（2009）构建的旅游目的地竞争力评价的指标体系包括引力因素、实力因素和潜力因素。苏伟忠等（2003）从动态角度将城市旅游竞争力区分为现实竞争力、潜在竞争力和未来竞争力，认为城市旅游竞争力表现为表层竞争力（产品层面）、企业竞争力（操作层面）和生产要素竞争力（内因层面）。

世界旅行与旅游委员会（World Travel and Tourism Council，WTTC）从 2001 年开始在其网站上公布由该组织和诺丁汉大学旅行与旅游学院联合发布的旅游竞争力指示器，并每年进行更新。该指示器提供了 207 个国家的数据库，包括价格、开放性、技术、基础设计、人文旅游、社会发展、环境和人力资源八大项指标体系，内含 23 个分项指标。史春云等（2006）基于该指示器对国家旅游竞争力进行评价，对 54 个国家进行分类，经判别发现有 98.1% 的国家分类是正确的。

投入产出模型也用来进行旅游目的地的竞争力评价。冯学钢等（2009）基于旅游目的地投入产出效率，构建旅游目的地竞争力评价的投入产出指标体系，该指标体系由目的地要素投入综合指数和目的地业绩产出综合指数构成，通过投入与产出之间的关系来反映目的地将要素投入转化为业绩产出的效率，以投入产出效率指数来评价旅游目的地的竞争力强弱。

2. 自然旅游目的地的可持续发展竞争力影响因素

对自然旅游目的地可持续发展竞争力进行评价，首先要识别自然旅游目的地可持续发展竞争力的影响因素，并对其影响因素进行分析以构建评价指标体系。除了 C-R 模型，将目的地旅游竞争力分解为现实竞争力和潜在竞争力是目前旅游目的地竞争力测度中非常常用的方法，如朱明芳（2007）、张洪和王先凤（2013）等。毕晋锋（2012）在分析文化遗产地可持续发展能力时，也将可持续发展能力分解为驱动发展因素和持续发展因素。借鉴以上学者的观点以及自然旅游目的地自身的特点，本书从代表目的地现实竞争力的竞争能力和代表目的地未来竞争力的可持续发展能力两个角度分析自然旅游目的地可持续发展竞争力的影响因素。

1）竞争能力因素

对自然旅游目的地竞争能力产生影响的因素包括核心旅游资源、目的地设施、目的地管理、旅游市场四个方面。

（1）核心旅游资源。游客到自然旅游目的地观光、游览、度假，主要是受到自然旅游目的地核心旅游资源的吸引，核心旅游资源是吸引旅游者参观目的地的各种特性的集合，是旅游者到目的地旅游的根本动力。核心旅游资源是自然旅游目的地赖以生存和发展的首要条件，没有核心旅游资源旅游业就缺乏发展的本源和依托。因此，核心旅游资源因素是影响自然旅游目的地竞争能力形成的主要因素，在很大程度上影响着游客旅游目的地的选择决定。

自然旅游目的地的核心旅游资源主要以独特的自然景观闻名，具有独特性和不可转移性。旅游资源稀缺度是其核心竞争力的重要评判标准。旅游资源的品位高低、数量多寡、价值大小等对于其竞争能力的构成影响很大，成为主要的评价标准。朱明芳（2007）认为构成旅游目的地现实竞争力的资源引力可由资源品位、资源丰度、资源稀性、节庆与相关事件、资源类型、产品生命周期阶段、可进入性等指标来测量。因为本章研究对象限定为自然旅游目的地，无须对资源类型再进行区分，另外可进入性应属于自然旅游目的地设施竞争力方面的参考因子。除此之外，旅游资源的原真性也是游客选择与评价旅游目的地的重要原因，游客往往更看重天然的而非后天改造、改变的自然旅游目的地。因此，自然旅游目的地核心资源竞争力的构成因子包括资源品位、资源丰度、资源稀缺度、资源的原真性保护、产品的生命周期阶段以及独特的文化/节事活动。

（2）目的地设施。自然旅游目的地的基础设施与相关支持产业是旅游目的地核心资源和吸引物的补充，其发展可以较大程度地提高自然旅游目的地竞争能力。

诚然，吸引游客前往自然旅游目的地观光、游览的最重要因素是核心旅游资源，但旅游资源再好，若配套设施落后，就会给游客带来不便和遗憾。自然旅游目的地可持续发展必须有土地利用、道路交通、服务设施、基础设施等保障体系的支持，这些都是旅游业运行的基础。自然旅游目的地的可进入性主要体现在外部交通的便利程度方面。接待服务设施则包含反映了食、住、行、游、购、娱旅游六大要素的旅游接待设施的接待能力和服务质量等。因此，基础设施、可进入性和接待服务设施等均对自然旅游目的地设施的竞争力有影响。

（3）目的地管理。旅游目的地管理是运用管理学理论分析旅游目的地可持续发展能力的。对自然旅游目的地进行科学的管理，能够增强目的地核心旅游资源的吸引力，增强支持产业的品质和效率。无论 Crouch 和 Ritchie 的 C-R 模型，还是 Dwyer 和 Kim（2003）在该模型基础上整合其他因素提出的 D-K 综合模型，都将目的地管理作为目的地竞争力的重要因素。

根据 Dwyer 和 Kim（2003）提出的目的地竞争力模型，目的地管理包括目的地管理组织、目的地营销管理、目的地政策、规划和发展、人力资源管理及环境管理。自然旅游目的地的管理、经营涉及诸多部门，包括建设局、环保局、旅游局、文物局等，如果没有专业的、权利协调能力强的管理组织处理好各方面的关系，兼顾各方面的利益，则很容易出现矛盾，不利于自然旅游目的地的旅游开发和旅游活动的开展。自然旅游目的地的综合性、多样性和复杂性决定其工作人员，尤其是管理人员要知识广泛，结构合理，有丰富的人文内涵。因此，自然旅游目的地对人员的素质要求很高。21 世纪属于信息时代，自然旅游的信息传播与管理也是其管理能力的重要体现，早在 21 世纪初，学者就已经意识到因特网的利用对于目的地知名度提高、成本降低、目的地合作能力的作用，信息技术的利用能够提高旅游目的地竞争力（Buhalis，2000）。因此，自然旅游目的地管理竞争力的影响因子包括管理组织、服务质量、信息管理、人力资源开发、金融与风险投资、游客管理和危机管理等。

（4）旅游市场。自然旅游目的地的客源市场对目的地竞争力起着特别重要的作用。对于旅游者而言，自然旅游目的地是否有竞争性，往往取决于旅游者的旅游动机。Kozak（2001）在研究旅游者满意度、旅游经历以及重游意愿之间关系的过程中发现，游客的旅游经历与满意度也是影响旅游目的地竞争力的重要因素。

朱明芳（2007）构建的旅游目的地竞争力评价指标体系中，使用目的地品牌、形象与知名度、目的地占有率和市场规模、客源结构变动、价格等指标。旅游活动和旅游消费具有同一性、不可预测性的特点，游客在评价旅游感受时往往也是主观的，这使得自然旅游目的地的品牌和形象成为吸引游客最关键的因素之一。自然旅游目的地要实现可持续发展，保持旺盛的生命力，关键是要树立与维持其在旅游者心目中的良好形象。旅游目的地市场规模和客源结构对于当地旅游业的影响最为直接、快速。而旅游者在选择目的地时最为敏感的因素往往是价格（Crouch，1992），旅游价格是旅游者的成本，旅游目的地市场竞争力相对综合，市场反应包括不同的旅游目的地的价格差异、旅游业各组成部分的生产力水平和影响旅游目的地吸引力或其他方面的定性因素（王纯阳，2009），国外诸多学者在价格因素与旅游目的地市场竞争力关系的研究中也证实了这一点（Mangion et al.，2005；Dwyer et al.，2002）。在市场竞争日益激烈的今天，营销推广越来越重要，即使对于资源导向性的自然旅游目的地，也需要根据市场需求进行产品开发和销售，运用各种手段，实现与提升旅游产品价值，为发挥、保持和增强旅游目的地竞争力创造有利条件。旅游市场竞争力的影响因子包括目的地品牌、市场规模、客源结构、营销推广和价格等。

2）可持续发展能力因素

自然旅游目的地可持续发展能力的影响因素包括经济可持续发展能力、社会可持续发展能力和环境可持续发展能力三个方面。

（1）经济可持续发展能力。Crouch 和 Ritchie（1999）提出旅游目的地竞争力就是一种能够为当地的居民提供高标准生活的能力。这种定义本身就包含了可持续旅游的因素，强调开发旅游目的地的最终目标是发展本地经济。因此以提高当地居民的生活水平为目的的旅游目的地竞争力提升是其经济可持续发展能力的重要衡量目标。自然旅游目的地的经济得以发展，人民生活水平提高，旅游各项设施也会更加健全，同时为游客提供的服务也会更好。

自然旅游目的地经济可持续发展能力，应从经济学的角度出发，以目的地利益最大化的目标追求为评价标准，是否有稳定的旅游收入、是否能够带动当地居民就业，都是其经济效益的优劣表现。旅游目的地经济可持续发展能力也体现在其是否能够吸纳投资，旅游目的地的资金筹措能力和融资能力，是其旅游规划、开发、发展、管理等各项活动的资金来源。因此，旅游收入、旅游就业和目的地能够吸纳的投资都是经济可持续发展能力的重要影响因子。

（2）社会可持续发展能力。自然旅游目的地的可持续发展能力不仅体现在经济的可持续上，更要体现在社会文化的可持续上。长期的经济发展是旅游目的地可持续竞争力的重要尺度，但最具有竞争力的旅游目的地应该是能够最有效地为居民提供可持续福利的目的地。

自然旅游目的地社会可持续能力，表现在旅游活动是否对社会发展有持续影响，自然旅游目的地旅游活动开展前后、开展过程中对当地文化、当地社区的影响，目的地居民的主体感受，目的地居民在经济文化冲击后是否对自身文化仍旧认同、是否有文化自豪感，自然旅游目的地旅游发展所带来的社会成员之间的互动行为及其变化，旅游发展是否能够促进社区的发展。如果旅游规划、开发时没有考虑到社区发展，没有把社区居民作为旅游发展的主体，而失去社区的支持则容易导致社区居民缺乏旅游发展整体意识和主人翁意识，当损害个人利益时，甚至会产生对旅游开发的抵制。因此，自然旅游目的地社会可持续发展能力的影响因子包括文化特色、文化认同、社区发展和多样化文化交流与沟通。

（3）环境可持续发展能力。环境是自然旅游目的地生存的依托，环境质量是游客选择自然旅游目的地的最重要的决定因素之一。有效的环境影响管理与环境质量管理有助于旅游目的地竞争力的提升（Mihalič，2000）。尽管环境管理会增加旅游企业经营成本，但因此给自然旅游目的地带来的新增的旅游需求价值足以弥补这部分成本（Huybers and Bennett，2003）。Hassan（2000）正是基于环境可持续发展的角度构建了旅游目的地竞争力模型。

随着社会经济发展，全球变暖、三废污染等问题给旅游业发展带来巨大影响，一些著名旅游目的地正在遭受不可修复的损害，生态环境也会对旅游目的地的投资、管理及游客行为产生重大影响。生态环境是指对自然旅游目的地的环境资源类原生态自然景观进行质量判别和客观描述，这是自然旅游目的地生态结构优化调整的重要背景资料和科学依据，目的地的水资源、植被的生态特征以及能够反映旅游环境质量水平的指标等都是衡量自然旅游目的地生态环境状况的基本方面。自然旅游目的地环境可持续发展能力影响因子包括生态环境、公众环保意识和土地利用率等。

3. 自然旅游目的地可持续发展竞争力评价模型

1）评价方法选择

旅游目的地竞争力的评价方法在 2000 年及以前以定性分析为主，包括归纳演绎、德尔菲法和情境法等（朱明芳，2007），2000 年之后则更多地从定量方面进行研究，包括统计分析方法、重要业绩分析、结构方程模型等（王纯阳，2009）。尽管国内外学者在进行目的地竞争力评价研究中，尽量避免决策者的定性判断，尝试将评价过程中的所有指标进行定量处理，然而，自然旅游目的地竞争力的评价本身具有较强的不确定性，过分强调定量化更是有失偏颇。本书采用多级模糊综合评价法对自然旅游目的地可持续发展竞争力进行评价与判断。这是因为自然旅游目的地可持续发展竞争力的评价涉及诸多复杂的评价指标，其评价对象的层次性、评价标准的模糊性、评价影响因素的不确定性，使得很难用确定的数值进行测度。模糊综合评价法建立在模糊集的基础上，考虑到评价对象的层次性的同时可以体现出评价因素和评价标准的模糊性，还能将定性因素与定量因素结合以扩大信息量，从而提高评价精度，解决用"是"或"否"这种确定性评语来评价带来的对客观真实的偏离问题。同时，利用模糊综合评价法还可以充分发挥人的经验，使评价结果更客观、更真实，符合实际情况。

多级模糊综合评价法将评价指标体系分解为递阶的多层次结构，引入层次分析法和模糊数学理论，利用层次分析法确定同一层次的指标因子权重，利用模糊数学理论确定不同层次间的模糊关系矩阵，然后通过模糊运算进行综合评判，最后将综合评价结果转换为最终的评价结果。在多因素体系中，难以细分权重，当所有因素的权重归一化处理后，各因素权重大小取值偏小，差别甚微，则失去了评价的实际意义。可以以评价体系中的多因素之间的相互关系为依据，把因素集按照不同属性划分为若干类，先对每一类因素集中进行评价，再以此评价结果为依据进行因素类之间的高层次综合评价，即多级模糊综合评价。相较于单一层次的模糊综合评价法，多层次模糊综合评价法更加符合人们的语言习惯和思维习惯，是集成层次分析法和模糊综合评价法的多属性决策技术，能有效表达判断的不确定性，解决信息不完备的问题，模型建立和求解也较简单，在评价模型中得到了广泛的应用。

2）评价指标体系

综合自然旅游目的地可持续发展和旅游目的地竞争力评价相关研究成果，在多次向相关领域的多位专家咨询后，根据自然旅游目的地可持续发展竞争力影响因素分析，遵循系统性、科学性、可操作性和可比性等原则，本章构建了自然旅游目的地可持续发展竞争力评价指标体系。

自然旅游目的地可持续发展竞争力评价指标体系由竞争能力和可持续发展能力两个因素构成准则层，竞争能力因素包括核心旅游资源、目的地设施、目的地管理、旅游市场四个指标要素，可持续发展能力因素包括经济可持续发展、社会可持续发展和环境可持续发展三个指标要素，每个指标下又包括若干个因子，共计两个准则、7 个指标、31 个因子，最终形成了自然旅游目的地可持续发展竞争力评价指标体系，具体如表 4-1 所示。

表 4-1　自然旅游目的地可持续发展竞争力评价指标体系

目标层	准则层	指标层	因子层
自然旅游目的地可持续发展竞争力	竞争能力	核心旅游资源	资源品位
			资源丰度
			资源稀缺度
			资源的原真性保护
			产品的生命周期阶段
			独特的文化/节事活动
		目的地设施	基础设施
			可进入性
			接待服务设施
		目的地管理	管理组织
			服务质量
			信息管理
			人力资源开发
			金融与风险投资
			游客管理
			危机管理
		旅游市场	目的地品牌
			市场规模
			营销推广
			客源结构
			价格
	可持续发展能力	经济因素	旅游收入
			旅游就业
			吸纳的投资
		社会因素	文化特色
			文化认同
			社区发展
			多样化文化沟通与交流
		环境因素	生态环境
			公众环保意识
			土地利用率

3）评价模型

（1）确定评价因素集。根据上述分析与识别，关于自然旅游目的地可持续发展竞争力评价因素集可以表示为

$$U = \{u_1, u_2, \cdots, u_n\}$$

（2）选择评价集。在这里，将自然旅游目的地可持续发展竞争力划分成五个等级，得出评价集：

$$V = \{v_1, v_2, v_3, v_4, v_5\} = \{高，较高，中等，较低，低\}$$

其中，假设自然旅游目的地可持续发展竞争力价值高=1，较高=0.8，中等=0.6，较低=0.4，低=0.2，即 $V = \{1, 0.8, 0.6, 0.4, 0.2\}$。

（3）确定各因素的权重。利用层次分析法将自然旅游目的地可持续发展竞争力分解为递阶层次结构，然后逐层分析，构造各级判断矩阵，计算特征值，检验一致性，从而得到各级因素和因子的权重。自然旅游目的地可持续发展竞争力权重集表示为

$$W = \{w_1, w_2, \cdots, w_n\}$$

针对竞争力识别特征，采用专家评判法确定各子因素权重。根据每一层中各因素 u_i 相对于总体竞争力 U 的重要程度，分别给每一个因素/因子赋予相应的权重，各层次的权重数 w_i 应满足归一性和非负性条件，即

$$\sum w_i = 1, \quad w_i \geq 0, \quad i = 1, 2, \cdots, n$$

得到自然旅游目的地可持续发展竞争力因子相对权重如表 4-2 所示，需要指出的是表 4-2 中所列的权重为各因子相对于相邻上层指标的相对权重，并不是相对于总目标的最终权重值。

表 4-2　自然旅游目的地可持续发展竞争力因子相对权重表

目标层	准则层	权重	指标层	权重	因子层	权重
自然旅游目的地可持续发展竞争力	竞争能力 u_1	0.5129	核心旅游资源 u_{11}	0.2565	资源品位 u_{111}	0.1723
					资源丰度 u_{112}	0.1664
					资源稀缺度 u_{113}	0.1740
					资源的原真性保护 u_{114}	0.1743
					产品的生命周期阶段 u_{115}	0.1479
					独特的文化/节事活动 u_{116}	0.1651

续表

目标层	准则层	权重	指标层	权重	因子层	权重
自然旅游目的地可持续发展竞争力	竞争能力 u_1	0.5129	目的地设施 u_{12}	0.2333	基础设施 u_{121}	0.3353
					可进入性 u_{122}	0.3326
					接待服务设施 u_{123}	0.3321
			目的地管理 u_{13}	0.2648	管理组织 u_{131}	0.1405
					服务质量 u_{132}	0.1497
					信息管理 u_{133}	0.1464
					人力资源开发 u_{134}	0.1417
					金融与风险投资 u_{135}	0.1322
					游客管理 u_{136}	0.1444
					危机管理 u_{137}	0.1451
			旅游市场 u_{14}	0.2564	目的地品牌 u_{141}	0.2091
					市场规模 u_{142}	0.1964
					营销推广 u_{143}	0.1986
					客源结构 u_{144}	0.2011
					价格 u_{145}	0.1948
	可持续发展能力 u_2	0.4871	经济因素 u_{21}	0.2992	旅游收入 u_{211}	0.3434
					旅游就业 u_{212}	0.3308
					吸纳的投资 u_{213}	0.3258
			社会因素 u_{22}	0.3440	文化特色 u_{221}	0.2775
					文化认同 u_{222}	0.2504
					社区发展 u_{223}	0.2374
					多样化文化沟通与交流 u_{224}	0.2347
			环境因素 u_{23}	0.3568	生态环境 u_{231}	0.3326
					公众环保意识 u_{232}	0.3415
					土地利用率 u_{233}	0.3259

（4）确定隶属度和评价矩阵由专家组对评价对象中的每一个因子进行相对等级评判，建立评价集 R：

$$R = \begin{pmatrix} r_{11} & r_{12} & \cdots & r_{1n} \\ r_{21} & r_{22} & \cdots & r_{2n} \\ \vdots & \vdots & & \vdots \\ r_{m1} & r_{m2} & \cdots & r_{mn} \end{pmatrix}$$

其中，隶属度 $r_{ij}(i=1,2,\cdots,m; j=1,2,\cdots,n)$ 表示子因素层指标 u_{ki} 对于第 i 级评语 v_j 的隶属度，即

$$r_{ij} = \frac{v_{ij}}{\sum\limits_{j=1}^{n} v_{ij}}, \quad i=1,2,\cdots,m; j=1,2,\cdots,n$$

（5）进行多级模糊综合评价。将因子权重集与评价矩阵相乘得到最终评价结果 E：

$$E_i = w_i \times r_i \times V^{\mathrm{T}}$$

$$E = W \times R \times V^{\mathrm{T}}$$

通过这种方法得出自然旅游目的地可持续发展竞争力的评价结果，将评价结果与确定的评价集进行比较，可得出自然旅游目的地可持续发展竞争力的强弱，为其开发与规划提供判断依据。

4.1.3　天津盘山景区旅游可持续发展竞争力评价

1. 天津盘山景区现状

天津是一座具有历史气息、特色人文环境以及优美自然风光的城市，有浓郁欧式风格的建筑群、众多的名人故居、靓丽的海河风景、优美的七里海湿地、壮丽的盘山等作为旅游吸引物。近年来，著名景区及城市经常出现节假日游客爆满的现象，严重影响了游客的旅游体验质量以及当地的生活秩序。面对恶劣的旅游环境，游客的流向开始呈现集中又分散的趋势。天津毗邻我国政治文化中心——北京，是北京重要的游客分流城市，客流量的增加必然会对天津的生态环境容量造成一定压力。

天津盘山风景名胜区，位于天津蓟州区西北 15 千米处，地处京津之交，占地面积 106 平方千米，是国家级风景名胜区，是自然山水与名胜古迹并著、佛教文化与皇家文化相融的旅游休闲胜地和自然旅游目的地。天津盘山地质独特，具有典型球状风化特点，所以形成奇峰林立，怪石嵯峨的独特景观。盘山植被丰富，

生态环境良好，景区气候宜人，景色四季各异。同时，盘山也是一座历史文化名山，始记于汉，兴于唐，盛极于清，以"京东第一山"驰名中外。

1984 年天津市政府批准建立盘山自然风景名胜古迹保护区，由市园林局负责管理，1994 年国务院批准盘山风景名胜区为第三批国家重点风景名胜区，2007年被评为国家首批 5A 级旅游区，2011 年被国家旅游局评定为中国百强景区。盘山景区以山岳景观为主体，以松、石、水等自然景观及悠久的历史人文景观为特色，景区文化以宗教文化和诗词文化为主，拥有诸多寺庙和名人题词，著名景点包括三盘暮雨、入胜、元宝石、迎客松、天成寺、东五台山、塔林、万松寺、南天门等。盘山庙会、山野运动大会等均是盘山每年定期举办的节庆/民俗活动。盘山地区土特产众多，包括盘山柿子、柴鸡蛋、核桃、红果、蓟县酸枣汁、邦均一品烧饼、蓟州关蜜梨、红花峪桑葚等。天津市地处我国经济发达的京津冀地区，在我国旅游业中占有重要的地位，盘山景区是天津唯一的国家重点风景名胜区，也是天津两家 5A 级景区之一，2011 年跻身中国百强景区之列，是游客来天津的必选景点之一，在蓟州乃至天津市的旅游发展中占有举足轻重的地位。

2. 盘山景区旅游可持续发展竞争力实证研究

本书依据提出的自然旅游目的地可持续发展竞争力评价模型，对天津蓟州区盘山景区进行实证研究。其中，盘山景区可持续发展竞争力指标通过专家打分评价法进行量化，以有效获取蓟州区盘山景区研究数据，对天津蓟州区盘山景区可持续发展竞争力进行客观评价。

天津蓟州区盘山景区可持续发展竞争力由竞争能力和可持续发展能力两个一级评价因素构成，根据表 4-2 中的等级指标权重，并通过专家对盘山景区可持续发展竞争力各项评价因子的打分确定隶属度，如表 4-3 所示。

表 4-3　盘山可持续发展竞争力评价等级指标权重及隶属度表

目标层	权重	准则层	权重	因子层	权重	隶属度				
						r_{i1}	r_{i2}	r_{i3}	r_{i4}	r_{i5}
u_1	0.5129	u_{11}	0.2565	u_{111}	0.1723	0.1176	0.5294	0.3529	0.0000	0.0000
				u_{112}	0.1664	0.0588	0.5882	0.3530	0.0000	0.0000
				u_{113}	0.1740	0.0000	0.1765	0.2941	0.4706	0.0588
				u_{114}	0.1743	0.0000	0.3530	0.5294	0.1176	0.0000
				u_{115}	0.1480	0.1176	0.3530	0.2353	0.2353	0.0588
				u_{116}	0.1651	0.0000	0.2941	0.4706	0.1177	0.1176

目标层	权重	准则层	权重	因子层	权重	隶属度				
						r_{i1}	r_{i2}	r_{i3}	r_{i4}	r_{i5}
u_1	0.5129	u_{12}	0.2333	u_{121}	0.3353	0.1176	0.2941	0.4118	0.1765	0.0000
				u_{122}	0.3326	0.1765	0.5882	0.1765	0.0588	0.0000
				u_{123}	0.3321	0.0000	0.5882	0.3530	0.0588	0.0000
		u_{13}	0.2648	u_{131}	0.1405	0.0000	0.2353	0.6471	0.1176	0.0000
				u_{132}	0.1497	0.0000	0.2353	0.7059	0.0588	0.0000
				u_{133}	0.1464	0.0000	0.2941	0.7059	0.0000	0.0000
				u_{134}	0.1417	0.0000	0.2353	0.7059	0.0588	0.0000
				u_{135}	0.1321	0.0000	0.1765	0.4706	0.3529	0.0000
				u_{136}	0.1444	0.0000	0.3529	0.4118	0.2353	0.0000
				u_{137}	0.1451	0.0000	0.1176	0.7059	0.1765	0.0000
		u_{14}	0.2564	u_{141}	0.2091	0.0000	0.2941	0.3530	0.2941	0.0588
				u_{142}	0.1964	0.0588	0.2353	0.4706	0.2353	0.0000
				u_{143}	0.1986	0.0000	0.2941	0.4706	0.2353	0.0000
				u_{144}	0.2011	0.0000	0.4118	0.4118	0.1764	0.0000
				u_{145}	0.1948	0.0588	0.2941	0.4118	0.1765	0.0588
u_2	0.4871	u_{21}	0.2992	u_{211}	0.3434	0.0000	0.1765	0.5882	0.2353	0.0000
				u_{212}	0.3308	0.0000	0.2353	0.5294	0.2353	0.0000
				u_{213}	0.3258	0.0000	0.2353	0.5294	0.2353	0.0000
		u_{22}	0.3440	u_{221}	0.2775	0.0000	0.3529	0.6471	0.0000	0.0000
				u_{222}	0.2504	0.0588	0.3529	0.5294	0.0588	0.0000
				u_{223}	0.2374	0.0000	0.4706	0.4706	0.0588	0.0000
				u_{224}	0.2347	0.0000	0.4118	0.4706	0.1176	0.0000
		u_{23}	0.3568	u_{231}	0.3326	0.1176	0.4706	0.4118	0.0000	0.0000
				u_{232}	0.3415	0.0000	0.2353	0.4706	0.2353	0.0588
				u_{233}	0.3259	0.1765	0.2941	0.2941	0.2353	0.0000

　　将表 4-3 所列的评价指标、权重和隶属度的参数输入三级模糊综合评价数学模型，进行模糊评价。

　　首先得出天津盘山景区可持续发展竞争力评价中竞争能力和可持续发展能力各指标层的得分，如表 4-4、表 4-5 所示。

表 4-4　盘山景区竞争能力各因子层评价表

评价因子	核心旅游资源竞争力	目的地设施竞争力	目的地管理竞争力	旅游市场竞争力
评价分数	0.6487	0.7175	0.6192	0.6160

表 4-5　盘山景区可持续发展能力各因子层评价表

评价因子	经济可持续发展能力	社会可持续发展能力	环境可持续发展能力
评价分数	0.5960	0.6736	0.6658

　　根据表 4-4、表 4-5 以及表 4-3 中的隶属度，天津盘山景区竞争能力、可持续发展能力及可持续发展竞争力总体评价如表 4-6 所示。

表 4-6　盘山景区可持续发展竞争力总体评价表

评价因子	竞争能力	可持续发展能力	可持续发展竞争力
评价分数	0.6556	0.6391	0.6476

3. 评价结果分析

　　根据天津盘山景区可持续发展竞争力评价结果可得如下结论。

　　（1）天津盘山景区可持续发展竞争力综合得分为 0.6476，介于中等水平与较高水平之间，天津盘山景区的可持续发展竞争力表现一般偏上。盘山景区可持续发展竞争力中，其竞争能力和可持续发展能力得分分别为 0.6556、0.6391，均为中等偏高水平，且差异并不大，可见盘山景区若要提升其可持续发展竞争力，在现实竞争力和可持续发展能力方面都需要予以关注。盘山景区位于京津之交，地理位置优越，客源充足，在其短程、中短程旅游市场中由于资源的独特性具有一定的竞争力，然而就中长途旅游市场而言，其旅游资源并不具有明显的竞争优势，其现实竞争力不足是不争的事实。蓟州区因处于山区，属于京津地区发展相对落后的地区，通过旅游活动带动地方经济发展，推动当地社区发展已成为经济相对落后地区的普遍做法。盘山景区可持续发展能力处于中等偏上水平，可见其旅游发展对地方经济、文化的带动作用一般。

（2）根据天津盘山景区的竞争能力的模糊综合评价结果，在其竞争能力的各评价因子中，目的地设施竞争力的模糊评价得分最高，为 0.7175，接近较高水平，且远高于其他因子，核心旅游资源竞争力得分次之，为 0.6487，目的地管理竞争力和旅游市场竞争力得分相近，分别为 0.6192 和 0.6160，刚达到中等水平。事实上，盘山景区为天津首家 5A 级景区，旅游开发与建设较早，津蓟高速的出入口就设在盘山山门 1 千米处，其基础设施较为完善，从高星级酒店到普通的农家乐均配备较齐全，这方面极大地推动了游客到访热情，成为盘山景区竞争能力构成的重要因素。而核心旅游资源尽管在自然旅游目的地竞争能力构成的权重很高，但往往资源品位、丰度、稀缺度以及产品所处生命周期阶段都是相对固定的，其提升空间很小，即使如此，自然旅游目的地仍可从加强旅游资源的原真性保护以及丰富完善、扩大宣传其独特的文化活动/节庆活动等方面增强其核心旅游资源的竞争力。例如，每年 4 月中旬举办的盘山庙会具有悠久的历史，是当地居民喜闻乐见的活动方式和传统文化活动，现已发展成为集民间花会、大型法会、民风民俗展示、书画展出等特色内容为一体的大型的民俗旅游文化节。另外，每年 9 月中旬举办的天津盘山风景名胜区山野运动大会，是国家体育总局批准的全国群众登山健身大会六项重要活动之一，运动大会将体育与旅游有机地结合起来，对倡导文明健康的生活方式、促进对外交流合作、推动全市旅游业和全民健身运动的开展都具有十分重要的意义。在国家大力倡导全民健身、体育旅游结合的今天，这一类节事活动成为吸引京津冀乃至全国游客的重要因素。盘山景区的目的地管理竞争力和旅游市场竞争力的综合评价得分都不高，而这两项因素对于自然旅游目的地竞争力的权重却很高，因此，盘山景区若要提高竞争能力，一方面要加强目的地管理，强化组织管理能力，落实智慧旅游，提高人力资源管理、金融管理、游客管理和危机管理水平；另一方面要走出去，关注品牌建设和营销推广。

（3）根据天津盘山景区的可持续发展能力的模糊综合评价结果，在其可持续发展能力的各评价因子中，社会可持续发展能力的模糊评价得分最高，为 0.6736，接近较高水平，环境可持续发展能力得分次之，为 0.6658，与社会可持续发展能力水平相近，经济可持续发展能力得分最低，为 0.5960，甚至没有达到中等水平。由此可知，盘山景区社会可持续发展能力表现为中等偏上水平，旅游活动对于促进文化认同、社会发展和文化交流起到积极的作用。盘山属于天津市级自然风景名胜古迹保护区，早在 2012 年，天津市就为其划定了生态控制线，禁止在基本生态控制线范围内进行建设，景区生态环境良好，土地利用率高，公众环保意识较强。盘山景区经济可持续发展能力较弱，在提高旅游收入、增加旅游就业和吸纳旅游投资方面并没有明显的效果，较低的得分之所以没有显著影响盘山景区可持续发展能力，主要是因为经济可持续发展能力的权重并不高。尽管学者普遍认为可持续发展能力更多地表现为社会可持续发展能力和环境可持续发展能力,但如果当地社会和社区居民并没有从旅游开发与旅游活动中显著受益,其对旅游开发与旅游活动的参与度将越来越低,甚至持负面态度,表现为抵触或破坏的行为而非支持的行为,这种经济上的不可持续性势必会传导至社会和环境方面,因此,盘山景区若要坚持可持续发展,提高其可持续发展竞争力,必须要关注经济可持续发展能力。

4.1.4　主要结论

可持续发展竞争力是自然旅游目的地发展的根本动力,本节基于可持续发展的理论,对自然旅游目的地可持续发展与其竞争力的关系进行分析,提出自然旅游目的地可持续发展能力是由现实的竞争能力和潜在的可持续发展能力构成的。并以此为框架,提出自然旅游目的地可持续发展竞争力评价模型,得出以下主要结论。

(1)根据自然旅游目的地可持续发展竞争力影响因素分析和评价指标体系,自然旅游目的地可持续发展竞争力既体现为现实的竞争能力,又体现为其潜在的可持续发展能力。根据专家调查问卷赋权计算结果,竞争能力的权重为 0.5129,可持续发展能力的权重为 0.4871,可知二者对于最终的可持续发展竞争力的评价的影响程度相当,相比较而言,现实的竞争能力比可持续发展能力更为重要,但就重要程度而言并不明显。对自然旅游目的地竞争能力构成影响的因素包括核心旅游资源竞争力、目的地设施竞争力、目的地管理竞争力和旅游市场竞争力。其中,目的地管理的影响最大,旅游市场和核心旅游资源的影响次之,目的地设施的影响相对较小。对自然旅游目的地可持续发展能力构成影响的因素包括经济可持续发展能力、社会可持续发展能力和环境可持续发展能力,其中环境可持续发展能力和社会可持续发展能力影响较大,经济可持续发展能力影响相对较小。

(2)通过对天津蓟州区盘山景区的可持续发展竞争力的评价可知,天津盘山景区整体可持续发展竞争力处于中等偏上水平,其竞争能力和可持续发展能力评价结果相差不大,盘山景区的竞争能力中,目的地设施竞争力最强,而目的地管理竞争力和旅游市场竞争力均不高;盘山景区的可持续发展能力中,社会可持续发展能力和环境可持续发展能力均较高,但经济可持续发展能力不高。总体的评价结果与盘山旅游发展实际情况相符,对于盘山旅游可持续发展及其竞争力的提高有指导意义。由此,本书构建的自然旅游目的地可持续发展竞争力评价模型具有一定的合理性、科学性和实用性。

(3)自然旅游目的地可持续发展竞争力研究内涵丰富,内在关系复杂,是一项比较复杂的研究课题，限于时间、能力等因素，此部分研究中存在诸多不足。一方面，本书在选取评价指标时，具体指标参数的评价方法、评价标准未进行系统分析研究，指标选取的科学性和完整性有待进一步完善；另一方面，自然旅游目的地是一个有机联系的整体，各评价指标要素较多、相互作用机制复杂，本章在进行自然旅游目的地可持续发展竞争力评价时，未能将评价因子之间的相关性考虑进去，使得评价指标体系的科学性和系统性有待进一步验证。同时，选取天津盘山景区作为实证研究对象，对其可持续发展竞争力进行评价，盘山景区为天津地区乃至整个京津冀的重要自然旅游地，其研究结果对于资源禀赋一般的自然旅游目的地借鉴意义一般。

4.2　文化旅游目的地可持续发展竞争力评价研究

4.2.1　文化旅游目的地可持续发展概述

联合国在 1992 年 6 月召开环境与发展大会，与会各国一致承诺将可持续发展的道路作为未来长期共同的发展战略。与此同时，形成了对可持续发展狭义和广义的两种理解。狭义的定义一般侧重于经济发展与环境保护，强调经济和环境的关系。广义的定义认为，可持续发展是一种新的发展思想和战略，目标是保证社会具有长时期持续性发展的能力，确保环境、生态的安全和稳定的资源基础，避免社会、经济发生大起大落的波动。可持续发展涉及人类社会的各个方面，要求社会的全方位变革。本书沿用可持续发展的广义定义。周海林（2006）认为，由于可持续发展是一个内涵极其广泛的概念，理解可持续发展的方式也多种多样，主要包含资源环境的可持续性、经济可持续性以及社会可持续性等方式。

1. 旅游目的地可持续发展的含义

世界旅游组织认为，旅游目的地在发展过程中不仅要维持文化完整性、保护生态环境，同时要满足人类对经济、社会和审美的要求，其发展不仅要满足当今人类社会的需求，还要保护甚至增进后代人类的利益并为其提供同样的机会。

上述表述阐述了旅游目的地可持续发展应包含的三个方面：一是经济目标，涉及增加经济收入、就业机会，改善地方基础设施条件和当地居民生活质量等；二是社会目标，包含保护目的地文化特色，提供高质量的旅游服务产品，以及提供多样化的文化沟通与交流等；三是环境目标，包含改善生态环境，强化公众环境保护意识，改进土地利用率，以及保护旅游产品赖以存在的环境质量等。

2. 文化旅游目的地可持续发展的内涵、特点及原则

对文化旅游目的地的界定源自于对旅游目的地独特属性的差异性辨别，与一般意义上的旅游目的地相比较，其具有凸显的文化符号，即文化属性或文化资本，因此本书认为，文化旅游目的地是从特有的文化价值角度进行度量，即所具有的文化价值或文化吸引力能够使游客产生出游动机，并在一定条件下使旅游地文化价值转化为社会经济价值的旅游目的地。

文化旅游目的地可持续发展的本质是文化资源的可持续性，其核心是文化的原真性，因此文化旅游目的地可持续发展的实质体现是，文化旅游目的地在实现可持续发展三大目标的过程中，依据可持续发展原则，保持文化资源的本真性，实现经济利益、社会利益、环境利益三者的平衡，在目的地规划、开发和管理过程中，最终葆有文化资源的长久生命力。

文化旅游目的地可持续发展体系是一个复杂的研究对象，具有典型系统特征，这个复杂的系统具有以下几个特征：规模庞大、结构复杂、因素众多、层次性、动态性以及人是系统核心等。文化旅游目的地可持续发展应坚持开发与保护并重、公平性和系统性等原则。

4.2.2　文化旅游目的地可持续发展竞争力评价模型及其指标体系

1. 目的地可持续发展竞争力模型

国内外学者从不同角度对旅游目的地及其可持续发展进行了相关研究。李祗辉（2011）以北京奥运会后欧美游客为例，实证研究了大型节事活动对旅游目的地形象的影响。丁健和李林芳（2004）研究探讨了广州居民对旅游目的地的到访率，并据此总结出广州出游市场在空间上的分配规律。李经龙等（2003）探讨了旅游目的地的社会文化影响问题。朱青晓（2007）研究提出了旅游目的地系统空间结构模式。陈思源（2012）以浙江省为例，探讨了区域旅游目的地竞争优势的空间聚类问题。值得关注的是，吴国琴（2015）运用层次分析法构建了旅游可持续发展的评价指标体系，对豫南大别山区鸡公山等四个重点景区的旅游可持续发展进行了时空对比研究。Gunn（1988）提出了旅游目的地地带模型。Buhalis（2000）建立了旅游目的地 6A 模型，指出游客的活动空间受限于旅游目的地服务水平。刘孝蓉（2013）探讨了文化资本视角下的民族旅游村寨可持续发展问题。王群等（2014）提出旅游目的地的构成要素还应包括环境因素，并指出环境也是吸引物。

王昕和陈婷（2009）基于游客对旅游目的地的认知，从旅游服务区、社区服务区、社会服务器三个空间层面提出了旅游目的地系统构成要素。王庆生等（2015）基于对国内外可持续旅游近三年文献的梳理研究，尝试从学科"三元论"（地理学、经济学和管理学）和开发"三元论"（规划、政策与管理）研究视角，探讨区域旅游可持续发展机理。此外，Ritche 和 Crouch 历经八年调研与实证后提出旅游目的地竞争力及可持续性（destination competitiveness and sustainability，DCS）模型，该模型全面系统地分析了旅游目的地的构成要素，提出了旅游目的地可持续发展的影响因素，从竞争优势和比较优势两个方面对旅游目的地可持续发展能力进行了探讨，见图 4-1。本书借鉴了旅游目的地竞争力及可持续性模型的理论，依托该模型并结合文化旅游目的地可持续发展的相关要素进行研究分析。

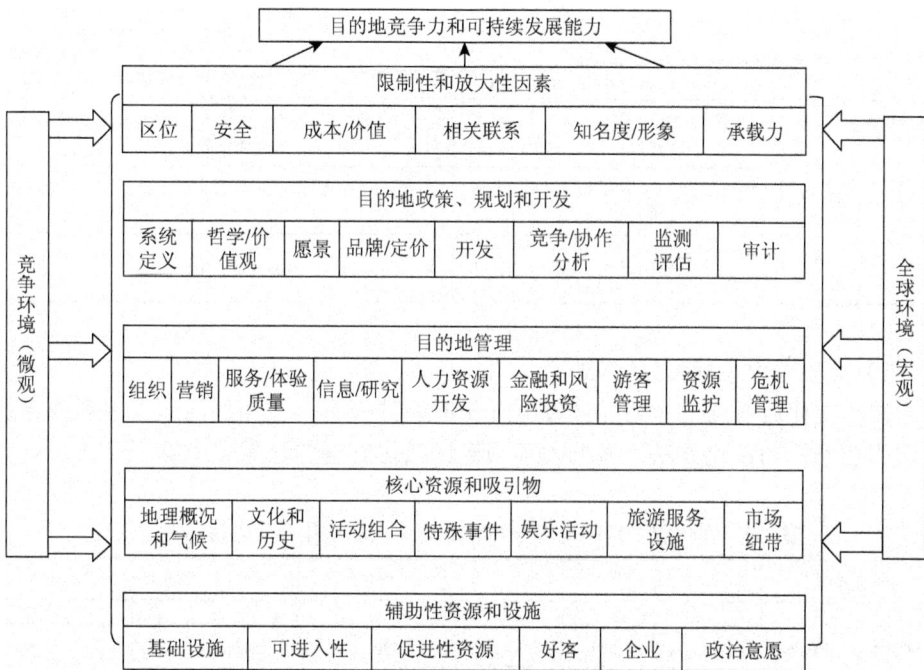

图 4-1　旅游目的地竞争力及可持续性模型

2. 文化旅游目的地可持续发展评价指标体系构建

构建文化旅游目的地可持续发展评价指标体系，是为了服务于旅游可持续发展研究，综合相关研究成果及文化旅游目的地的特征，重点借鉴旅游目的地竞争力及可持续性模型和毕晋峰（2012）提出的五台山文化旅游目的地可持续发展模型，在此基础上，提出文化旅游目的地可持续发展评价指标体系框架。

1）评价指标体系的构成

该评价指标体系主要由宏观环境，微观环境，目的地政策、规划和开发，目的地管理，核心资源和吸引物，辅助性资源和设施、限制性和放大性因素构成准则层，每一个准则下包含多个指标要素，共计 46 个因子构成指标层，最终形成文化旅游目的地可持续发展评价指标体系，见表 4-7。

表 4-7　文化旅游目的地可持续发展评价指标体系

目标层	准则层	指标层
文化旅游目的地可持续发展评价指标体系 A	B_1 宏观环境	C_1 经济、C_2 科技、C_3 生态、C_4 政策和法律、C_5 社会文化问题、C_6 人口统计
	B_2 微观环境	C_7 旅游服务企业、C_8 客源市场、C_9 竞争对手、C_{10} 当地居民
	B_3 目的地政策、规划和开发	C_{11} 战略定位、C_{12} 价值观、C_{13} 愿景、C_{14} 品牌、C_{15} 开发、C_{16} 竞合分析、C_{17} 监测评估、C_{18} 审计
	B_4 目的地管理	C_{19} 管理组织、C_{20} 营销推广、C_{21} 服务质量、C_{22} 信息管理、C_{23} 人力资源开发、C_{24} 金融和风险投资、C_{25} 资源监护、C_{26} 游客管理、C_{27} 危机管理
	B_5 核心资源和吸引物	C_{28} 地文地貌和气候、C_{29} 历史和文化、C_{30} 市场联系、C_{31} 目的地系列活动、C_{32} 独特的节事活动、C_{33} 体育娱乐活动、C_{34} 旅游服务设施
	B_6 辅助性资源和设施	C_{35} 基础设施、C_{36} 可进入性、C_{37} 企业情况、C_{38} 政治意愿、C_{39} 好客程度、C_{40} 促进性资源
	B_7 限制性和放大性因素	C_{41} 区位、C_{42} 安全、C_{43} 形象、C_{44} 关联性、C_{45} 价值、C_{46} 承载力

2）各项评价指标量化方法

进行文化旅游目的地可持续发展评价时，涉及多个方面的问题，多样的指标分别需要不同的量化方法，本书的各项指标量化评价方法见表 4-8。

表 4-8　文化旅游目的地可持续发展评价指标量化评价方法一览表

评价方法	评价指标
统计数据评价法	C_1 经济、C_2 科技、C_6 人口统计、C_7 旅游服务企业、C_8 客源市场、C_9 竞争对手、C_{10} 当地居民、C_{16} 竞合分析、C_{18} 审计、C_{30} 市场联系、C_{34} 旅游服务设施、C_{36} 可进入性、C_{37} 企业情况、C_{40} 促进性资源、C_{41} 区位
专家打分评价法	C_3 生态、C_4 政策和法律、C_5 社会文化问题、C_{11} 战略定位、C_{12} 价值观、C_{13} 愿景、C_{15} 开发、C_{17} 监测评估、C_{19} 管理组织、C_{23} 人力资源开发、C_{24} 金融和风险投资、C_{25} 资源监护、C_{27} 危机管理、C_{32} 独特的节事活动、C_{38} 政治意愿、C_{46} 承载力
问卷调查分析法	C_{14} 品牌、C_{20} 营销推广、C_{21} 服务质量、C_{22} 信息管理、C_{26} 游客管理、C_{28} 地文地貌和气候、C_{29} 历史和文化、C_{31} 目的地系列活动、C_{33} 体育娱乐活动、C_{35} 基础设施、C_{39} 好客程度、C_{42} 安全、C_{43} 形象、C_{44} 关联性、C_{45} 价值

3）文化旅游目的地可持续发展评价指标体系权重确定

（1）评价指标权重确定方法。采用层次分析法作为确定指标权重的评价方法。

层次分析法是一种定性与定量结合的多因素决策分析方法，将分散的专家经验意见综合量化。首先确定问题的总目标，将复杂问题分解成不同层次，根据一定的逻辑关系，将不同因子组合，形成一个多级递阶结构分析模型，专家学者对指标相较于上一层的重要程度逐层评分，利用判定矩阵确定下层指标与上层指标的权重系数，最终确定底层因子对顶层目标（问题）的权重和排序。该方法包括以下几个步骤。

①建立目标体系层级结构。分析各指标间的关系，建立多层次的指标结构模型。一般分为 3~5 层，最高层为目标层；中间层包含若干层因素，表示支持实现总目标涉及的原则、约束及类型等，也称为准则层；最底层为实现目标的各项措施方法等。

②建立判断矩阵。建立层次结构模型之后，针对上层指标因素，确定与之相关的下层指标的重要性，并用量化值度量，形成判断矩阵。假设 A_k 层因素与下一层因子 $B_1, B_2, \cdots, B_n$ 有联系，构建的判断矩阵形式如下：

$$A_{k-b} = \begin{pmatrix} b_{11} & \cdots & b_{1n} \\ \vdots & & \vdots \\ b_{m1} & \cdots & b_{mn} \end{pmatrix}$$

其中，b_{ij} 表示对于 A_k 层而言，B_i 较 B_j 的相对重要性数值，通常 b_{ij} 可取值 1、3、5、7、9 及它们的倒数，其含义如表 4-9 所示。

表 4-9　判断矩阵 1~9 比值标度及其含义

标度 b_{ij}	定义	含义
1	同样重要	B_i 因子与 B_j 因子重要性一样
3	稍微重要	与 B_j 因子相比，B_i 因子稍微重要
5	明显重要	与 B_j 因子相比，B_i 因子明显重要
7	非常重要	与 B_j 因子相比，B_i 因子非常重要
9	绝对重要	与 B_j 因子相比，B_i 因子绝对重要
2、4、6、8	相邻标度中值	表示相邻标度折中时的比值
倒数	反比较	B_i 因子比 B_j 因子标度为 b_{ij}，反之为 $1/b_{ij}$

③计算判断矩阵的特征向量及最大特征根 λ_{max}。

④层次单排序及一致性检验。通过计算特征向量获得层次单排序，是本层次因子与其相关指标权重排序。关于层次单排序一致性检验：一致性指标；随机一致性指标；随机一致比率。

⑤层次总排序及组合一致性验证。计算同一层次所有因素对于总目标的重要性程度排序，称为层次总排序，从高到低逐层实现。假设上层 A 包含 m 个因素 A_1, A_2, $\cdots$, A_m，其相应的层次总排序权重为 $a_1, a_2, \cdots, a_m$，下层 B 包含 n 个因素 B_1, B_2, $\cdots$, B_n，其对于上层 A 的层次总排序为 $b_{1j}, b_{2j}, \cdots, b_{nj}$（$j = 1, 2, \cdots, m$），此时 B 层总排序权重值 ω 可以由下列公式计算：

$$\omega_k = \sum_{i=1}^{n} a_j b_{lj}$$

（2）评价指标权重计算。按照上述方法，设计了专家问卷，累计收回有效问卷 40 份，建立 8 个判断矩阵，通过 MATLAB 软件对收集到的数据进行分析，依次计算出各个指标的权重，并对判断矩阵的一致性进行检验，通过数据处理分析发现，各个矩阵具有较好的一致性，能够支持进一步的研究。限于篇幅，这里省略了各项评价指标的权重计算过程。

（3）评价指标体系总排序权重计算。经过层次指标权重计算后，可得出文化旅游目的地可持续发展评价指标体系总排序权重，具体见表 4-10。

表 4-10 评价指标体系权重表

目标层	准则层	指标层	权重	总排序权重
文化旅游目的地可持续发展评价指标体系 A	B_1 宏观环境（0.0308）	C_1 经济	0.2120	0.0065
		C_2 科技	0.1084	0.0033
		C_3 生态	0.2120	0.0065
		C_4 政策和法律	0.1863	0.0057
		C_5 社会文化问题	0.2523	0.0078
		C_6 人口统计	0.0290	0.0009
	B_2 微观环境（0.0972）	C_7 旅游服务企业	0.3300	0.0321
		C_8 客源市场	0.3199	0.0311
		C_9 竞争对手	0.0402	0.0039
		C_{10} 当地居民	0.3099	0.0301
	B_3 目的地政策、规划和开发（0.2015）	C_{11} 战略定位	0.1921	0.0387
		C_{12} 价值观	0.1072	0.0216
		C_{13} 愿景	0.0947	0.0191
		C_{14} 品牌	0.1589	0.0320
		C_{15} 开发	0.1848	0.0372

目标层	准则层	指标层	权重	总排序权重
文化旅游目的地可持续 发展评价指标体系 A	B_3 目的地政策、规划和 开发 （0.2015）	C_{16} 竞合分析	0.1821	0.0367
		C_{17} 监测评估	0.0587	0.0118
		C_{18} 审计	0.0215	0.0043
	B_4 目的地管理（0.2098）	C_{19} 管理组织	0.1292	0.0272
		C_{20} 营销推广	0.0712	0.0149
		C_{21} 服务质量	0.1312	0.0275
		C_{22} 信息管理	0.0178	0.0037
		C_{23} 人力资源开发	0.1312	0.0275
		C_{24} 金融和风险投资	0.1187	0.0249
		C_{25} 资源监护	0.1011	0.0212
		C_{26} 游客管理	0.1573	0.0330
		C_{27} 危机管理	0.1423	0.0299
	B_5 核心资源和吸引物 （0.2015）	C_{28} 地文地貌和气候	0.2306	0.0465
		C_{29} 历史和文化	0.2268	0.0457
		C_{30} 市场联系	0.1365	0.0275
		C_{31} 目的地系列活动	0.1075	0.0217
		C_{32} 独特的节事活动	0.1879	0.0379
		C_{33} 体育娱乐活动	0.0275	0.0055
		C_{34} 旅游服务设施	0.0832	0.0168
	B_6 辅助性资源和设施 （0.0273）	C_{35} 基础设施	0.2675	0.0073
		C_{36} 可进入性	0.2112	0.0058
		C_{37} 企业情况	0.1841	0.0050
		C_{38} 政治意愿	0.0303	0.0009
		C_{39} 好客程度	0.0957	0.0026
		C_{40} 促进性资源	0.2112	0.0058
	B_7 限制性和放大性 因素 （0.2319）	C_{41} 区位	0.2203	0.0511
		C_{42} 安全	0.1962	0.0455

目标层	准则层	指标层	权重	总排序权重
文化旅游目的地可持续发展评价指标体系 A	B₇限制性和放大性因素（0.2319）	C_{43} 形象	0.0325	0.0075
		C_{44} 关联性	0.0717	0.0166
		C_{45} 价值	0.2939	0.0682
		C_{46} 承载力	0.1854	0.0430

3. 文化旅游目的地可持续发展评价模型及评级标准

1）评价模型

文化旅游目的地可持续发展评价指标体系中的指标从不同方面反映旅游目的地的发展状况，为了更加直观地反映旅游目的地的发展全貌，必须构建一个模型，进行综合评价。本书在确定各个单项指标因子的层次权重及系统总排序权重基础上，通过线性加权法，计算出研究对象的综合评价值。模型的函数表达式为

$$T = \sum_{j=1}^{m} \left(\sum_{i=1}^{n} a_{ij} b_{ij} \right)$$

其中，T 为综合评价得分；a_{ij} 为第 j 项指标下第 i 个因子的权重；b_{ij} 为第 j 项指标下第 i 个因子的评价得分；n 为第 j 项指标下因子个数，本模型分别取值为 6、4、8、9、7、6、6；m 为指标层中指标个数，本模型取值为 7。

2）评级标准

根据不同得分，将文化旅游目的地可持续发展水平分为四个等级：不可持续发展水平、初等可持续发展水平、中等可持续发展水平和高等可持续发展水平。对应等级分数值为 ≤4、4～6、6～8、8～9。具体见表 4-11。

表 4-11　评价标准表

综合评价得分	≤4	4～6	6～8	8～9
对应评级水平	不可持续发展水平	初等可持续发展水平	中等可持续发展水平	高等可持续发展水平

4.2.3　天津五大道案例

1. 天津五大道现状

天津五大道为天津五大道文化旅游区的简称。五大道是由马场道、西康路、

贵州路、成都路、南京路相接围成的长方形区域，纵横 23 条道路，总面积 1.28 平方千米，各式建筑 2000 多所，大部分为体现欧洲不同历史时期建筑风格的花园式和公寓式楼房，其中被天津市政府列为不同等级的历史风貌建筑的小洋楼 423 所，各种建筑风格汇聚一处，有 89 所英式建筑、41 所意式建筑、6 所法式建筑、4 所德式建筑、3 所西班牙建筑，还有众多其他类型的巴洛克式建筑、文艺复兴式建筑、折中主义建筑、古典主义建筑、庭院式建筑和中西合璧式建筑等。

天津五大道共有文物建筑 97 处，其中天津市文物保护单位 12 处，和平区文物保护单位 30 处，已公示不可移动文物 55 处。五大道街区形成初期，处于英国租界区范围，各国建筑设计师先后于这里建造了西方不同建筑风格的花园式房屋。这里的小洋楼别具特色，道路幽深宁静，名人故居云集，历史积淀丰厚悠长，异国情调浓郁醇厚，是历史建筑的万国博览会。五大道 2003 年被评为津门十景，2005 年被天津市政府列为近代历史看天津十二大旅游板块之一，2010 年被国家文物局命名为中国历史文化名街，2013 年五大道近代建筑群整体被命名为国家级重点文物保护单位，2014 年被评为国家 4A 级旅游景区。近年来五大道已成为天津热点文化旅游目的地。

2. 五大道案例实证研究

1）问卷设计与数据收集

根据指标量化评价方法，17 项指标通过统计数据评价分析法进行量化，主要通过对国家统计局数据、天津五大道官方数据及其他研究成果的合理统计获得。14 项指标通过问卷调查分析法进行量化，数据主要通过设计发放旅客调查问卷获取。15 项指标通过专家打分评价法进行量化，数据主要通过设计发放专家调查问卷获取。

2）验证性因子分析

这里主要是对通过问卷调查和专家打分获取的数据进行统计分析，保证数据的效度和信度。选用了 Cronbach's Alpha 系数和题项-总体相关系数（corrected item-total correlation）对量表的信度进行检验，同时用验证性因子分析来检验问卷的结构效度。

（1）游客调查问卷统计分析。游客调查问卷共设计了 14 个问项，发放了 132 份问卷，回收了有效问卷 123 份，用 SPSS 19.0 软件对问卷数据进行了信度和效度分析。首先对问卷进行信度分析，Cronbach's Alpha 值为 0.929，同时通过题项-总体相关系数检验，发现 14 个问项的校正的项总计相关性系数均大于 0.5，综合以上分析结果，该问卷的信度较好，可靠性较高。通过 KMO 和 Bartlett 的检验，可得 KMO=0.893＞0.7，Bartlett 球形检验的相伴概率小于 0.05，同时对问卷数据进行主成分分析，获取的主成分构成与评价指标体系的结构基本吻合，该问卷的效度较好。具体统计分析结果见表 4-12。

表 4-12　成分得分系数矩阵（一）

问项	成分				
	1	2	3	4	5
Q_1	0.409	−0.029	−0.370	−0.178	0.094
Q_2	−0.055	0.343	0.003	−0.103	0.014
Q_3	0.103	0.256	0.115	−0.088	−0.120
Q_4	−0.031	0.360	−0.048	−0.040	−0.097
Q_5	−0.020	0.346	−0.089	−0.031	−0.024
Q_6	−0.271	−0.103	0.722	−0.062	0.253
Q_7	−0.099	0.028	0.512	0.192	−0.525
Q_8	−0.039	0.010	0.49	−0.387	0.103
Q_9	−0.271	−0.013	0.301	0.200	−0.175
Q_{10}	−0.099	−0.077	−0.200	0.988	0.056
Q_{11}	0.084	−0.024	−0.041	0.199	−0.143
Q_{12}	−0.263	0.065	−0.044	0.148	0.105
Q_{13}	−0.086	−0.009	−0.107	0.042	0.894
Q_{14}	−0.001	−0.006	−0.285	−0.048	0.341

（2）专家调查问卷统计分析。专家调查问卷共设计了 15 个问项，发放了 40 份问卷，回收了 40 份问卷，有效问卷 39 份，运用 SPSS 19.0 软件对问卷数据进行了信度和效度分析。

首先对问卷进行信度分析，Cronbach's Alpha 值为 0.873，同时通过题项-总体相关系数检验，发现 15 个问项中 13 个问项的校正的项总计相关性系数大于 0.5，两个问项的校正的项总计相关性系数接近于 0.5，综合以上分析结果，该问卷的信度较好，可靠性较高。通过 KMO 和 Bartlett 的检验，可得 KMO = 0.745＞0.7，Bartlett 球形检验的相伴概率小于 0.05，同时对问卷数据进行主成分分析，获取的主成分构成与评价指标体系的结构基本吻合，该问卷的效度较好。具体统计分析结果见表 4-13。

表 4-13　成分得分系数矩阵（二）

问项	成分					
	1	2	3	4	5	6
Q_1	0.375	0.023	−0.132	−0.011	0.004	−0.206
Q_2	0.323	−0.131	0.087	−0.014	0.096	−0.255
Q_3	0.355	−0.205	0.080	−0.204	0.004	0.058
Q_4	−0.125	0.399	0.101	0.028	−0.131	−0.049
Q_5	−0.047	0.425	0.155	−0.035	−0.113	−0.110
Q_6	0.174	0.232	−0.081	−0.267	0.208	0.039
Q_7	0.202	0.245	−0.190	−0.115	−0.110	0.232
Q_8	−0.178	0.545	−0.089	0.280	−0.126	−0.126
Q_9	−0.156	0.024	0.576	0.125	−0.023	−0.213
Q_{10}	−0.097	0.102	0.382	0.085	−0.188	0.136
Q_{11}	−0.043	0.095	0.334	−0.102	−0.082	−0.081
Q_{12}	0.185	0.010	0.425	−0.051	−0.530	0.343
Q_{13}	−0.101	−0.053	−0.069	0.591	0.115	−0.206
Q_{14}	0.005	−0.088	−0.042	−0.133	0.638	−0.121
Q_{15}	−0.195	−0.100	−0.120	−0.051	−0.051	0.941

3. 天津五大道可持续发展综合评价

对于问卷收集到的数据，采用几何平均值计算各个指标的量化得分。对于通过统计数据评价法获取的数据，直接通过相应的指标标准进行评分，经过综合评估，天津五大道文化旅游区可持续发展综合评价得分 5.6618。其中，宏观环境因素得分 0.1329，微观环境因素得分 0.453，目的地政策、规划和开发因素得分 1.0933，目的地管理因素得分 1.062，核心资源和吸引物因素得分 1.1916，辅助性资源和设施因素得分 0.1671，限制性和放大性因素得分 1.5589。

4. 研究结果分析及对策

1）研究结果分析

通过对天津五大道文化旅游区可持续发展评价，天津五大道文化旅游区可持续发展综合评价得分为 5.6618，达到可持续发展初级阶段，处于初级水平向中级水平过渡的阶段。天津五大道文化旅游区可持续发展评价体系中，宏观环境得分最低，占比为 2%，其次是辅助性资源和设施，占比 3%；限制性和放大性因素得分最高，占总分数的 28%，其次为核心资源，得分占总分数的 21%；

此外微观环境，目的地管理，目的地政策、规划和开发得分占比为 8%、19%、19%，具体见图 4-2。

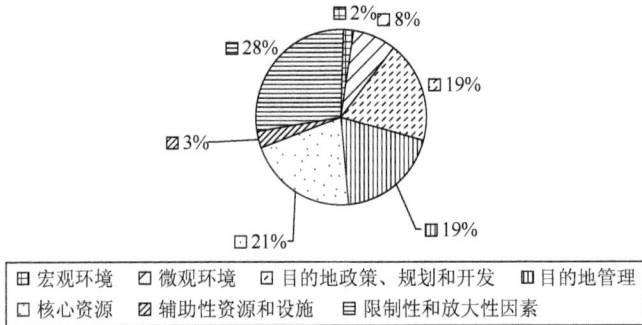

图 4-2　天津五大道可持续发展准则层比重

2）对策

（1）深化五大道文化旅游区体制改革，建立高效的资源管理体制。五大道文化旅游可持续发展应基于现今的管理体制，学习借鉴发达旅游地的管理实践经验，进一步深化管理体制改革，扩大五大道管理委员会在资源管理、旅游保护开发、社区管理等方面的管理权限，细化管理职责。

（2）加大公益性投入，建立多方参与的金融服务体系。针对当前以政府为主、社会公众参与不足的现状，应积极拓宽多渠道金融资本来源，实行股份制投资发展模式，引进优质战略合伙人。设立天津五大道文化旅游发展基金，以政府拨款、专项补贴、企业投资、公众募资等形式，提供可靠的发展资金支持，充分挖掘当下我国金融体制改革带来的制度红利，引进优质创孵、风投等股权投资人，加大对天津五大道区域中小企业的金融支持，打造健康的天津五大道旅游产业发展环境。

（3）塑造旅游品牌，全面优化旅游服务产品和提升服务水平。从近代百年看天津战略高度，聘请国内外顶级专家团队，依托天津优质的政治、经济、文化资源，制定高标准的旅游发展规划，打造一个独具价值的旅游品牌，从行业定位、产品体系构建、运营管理、人才队伍建设、社区发展等多方面提出系统发展方案。在现有的国家文化艺术节、国际旅游节、达沃斯论坛文化之夜等活动基础上，继续拓展旅游活动的类型，增强旅游活动的影响力，提升天津五大道文化旅游的竞争力，积极创建 5A 级旅游景区，进一步彰显五大道文化旅游品牌地位。

（4）以旅游产业发展为核心，促进配套产业的发展。近些年来天津五大道基础设施建设快速完善，因此，其旅游发展应改变以观光旅游为主的单一产业结构，进一步开放天津五大道，不仅在博物馆等公益性产品上投资，还要塑造精品旅游产品项目，为旅游者提供独特的旅游场景体验。

（5）关注社区发展，塑造全域旅游典范。现代旅游已经不只是由点及点的简单串联，空间广泛、产业融合、服务全面、设施完善都是游客不断增加的需求，与此同时现代旅游发展能改善当地生态宜居条件、促进社区就业，让社区居民从旅游发展中得到实惠。天津五大道文化旅游的可持续发展，要尤为关注社区发展，一方面，要为社区居民参与旅游活动提供更多机会，提升社区居民的满意度；另一方面，要不断加强社区居民的素质培养，实现社区生活氛围与天津五大道文化的契合。

4.2.4　初步结论

（1）基于对文化旅游目的地特征及其开发原则的认知，尝试对 Brent 和 Geoffrey 建立的旅游目的地竞争力及可持续性模型进行实证性应用：①提出了文化旅游目的地可持续发展评价体系中各个指标的量化方法；②运用层次分析法确定文化旅游目的地可持续发展评价指标的权重，运用因子分析法检验数据的信度和效度，运用主成分分析法验证评价指标体系的合理性；③尝试建立了文化旅游目的地可持续发展评价模型及其评价标准，并以天津五大道为例进行实证研究，研究认为五大道文化旅游目的地可持续发展水平仍处于可持续发展初级阶段。

（2）作为一项尝试性研究，本书尚存在一些明显的不足：①评价指标体系设计的指标要素较多、相互作用机制复杂，需要从多学科、多视角去筛选处理，本书采用的方法较为单一，评价指标体系的科学性和系统性需要进一步验证；②在研究深度方面，该评价指标体系的指标涉及多个领域，本书主要从内涵、可操作性角度进行处理，对具体指标参数的评价方法、评价标准未进行系统分析研究，指标选取的科学性和完整性有待进一步完善；③在评价模型的建立与应用上，运用层次分析法构建的评价指标体系主观色彩较浓，需要通过多个案例验证其合理性，本书仅结合天津五大道文化旅游区进行了分析研究，而五大道作为文化旅游目的地的代表性有一定局限性。

总之，文化旅游目的地可持续发展评价研究是一个复杂的系统工程，需要相关多个领域专家学者与管理部门通力协作，才能使本书所探讨的目的地可持续发展评价指标体系发挥更好的预警与管理效用。本书也发现，天津五大道文化旅游区可持续发展不仅受到天津市各方面的重视，同时得到联合国教科文组织有关文化遗产专家的关注与好评，所以，对五大道文化旅游区可持续发展的关注将是今后一段时间的一个重要论题，也将会对其进行更深入的系统性研究。期望本书能够在文化旅游目的地可持续发展研究方面起到抛砖引玉的作用。

第5章 京津冀区域旅游产业集聚测度与协同发展

5.1 研究背景

5.1.1 研究的现实背景

1. 京津冀区域旅游产业集聚

20 世纪 90 年代以来，随着全球经济和区域经济一体化的发展，产业集聚成为全球化与区域化相互作用中参与竞争的主要力量。美国的硅谷、印度的班加罗尔、德国的巴登-符腾堡，还有中国的中关村，都因产业集聚表现出强大的竞争力和旺盛的生命力。迈克尔·波特认为产业竞争力是一个国家或地区获得竞争优势的关键，而产业的发展往往集中于几个关键区域。产业集聚在推动区域经济发展，促进国家竞争力提升等诸多方面发挥着重要的作用，而且这种作用随着时间的推移越来越明显，产业集聚日益成为各个组织、不同国家、不同领域研究的焦点。从经验上看，当一个国家或地区的经济发展到一定水平后，都会试图通过产业集聚来提升区域竞争力，而且产业集聚形成的聚集经济也确实能够显著地提升劳动生产率，促进区域经济增长，且这种集聚效应随着时间的推移而逐渐增强（Brulhart and Mathys，2008）。

21 世纪以来，世界发达工业国家逐渐进入了后工业化时代，服务业发展水平逐渐成为区域经济发展的主要动力，并成为判断一个国家或地区经济发展水平的重要标志。世界发达国家和地区也开始进入以服务业为核心的产业集聚阶段，如中国香港、新加坡等。随着世界旅游业发展进程的加快，旅游产业的集聚现象越来越明显。旅游产业集聚是指在旅游产业链和其他动力驱动的共同作用下，在一定地域通过旅游要素的整合，形成的具有一定规模、具备一定组合特征和一定旅游功能及综合经济效应的旅游区域的动态过程（赵黎明和邢雅楠，2011）。旅游产业集聚是区域旅游业发展到一定阶段的产物，集聚水平与旅游产业的发展水平和趋势密切相关。

旅游产业集聚现象与旅游产业自身的特征密切相关。首先，旅游业本身是一个相对分散的行业。大部分独立经营的旅游企业难以获取旅游规模经济效益，因此只有通过旅游目的地同质性资源共享和异质性资源互补才能实现在复杂的旅游目的地环境中共同发展。而旅游集聚是基于地理集中性上的经济实体竞合关系的塑造，既符合旅游资源的地域分布，又为旅游目的地内部协作及与外部的联系创造了条件。其次，旅游产业又具有强关联性，拥有产业联系紧密的特征，具备发展产业集聚的先天条件（李鹏飞，2009）。旅游产业包括吃、住、行、游、购、娱六个基本要素，涵盖了第一、第二和第三产业中由众多行业构成的产业群体，同时这些行业呈现出非常明显的层次结构分布特征。一个地区的旅游业往往是在旅游吸引物附近或旅游集散地集聚分布的，围绕旅游目的地或集散地集聚的行业间的互补性和竞争性决定了它们之间不仅关联性强而且互动性也很强，也就是说，旅游产业本身就具有形成集聚的客观条件。另外，旅游产业生产与消费的同一性，决定了旅游企业需集聚于旅游吸引物或旅游集散地附近，这也是旅游企业降低成本与追求规模经济的需要，旅游产业内部的诸多行业只有通过相互协作才能为旅游者提供一次完整的旅游经历，旅游产业内部相对于其他产业自身就是一个整体，具有构建旅游产业集聚的天然优势。值得注意的是，旅游产业集聚不同于制造业的产业集聚，集聚内的企业之间的联系并不是贸易联系，其合作与分工更多地表现为水平型合作与分工，但这种合作的紧密程度甚至要超过其他产业集聚内部之间的联系。因此，相对于其他产业而言，旅游产业更依赖集聚于某一地区，以降低成本、追求规模经济及靠近旅游客源市场。

在旅游产业集聚的过程中，旅游核心吸引物、旅游企业以及相关政府部门可以建立广泛的联系，旅游集聚能提高旅游服务效率，给旅游者提供更高品质的旅游体验，从而提升一定区域的旅游产业竞争力。在旅游需求快速膨胀的今天，旅游资源却是稀缺的，相对稀缺的资源只有在竞争性市场中才能达到优化配置。旅游目的地之间的竞争是以相对稀缺的旅游资源为基础参与日益激烈的市场竞争，过度竞争、无序竞争成为区域旅游经济健康、可持续发展的障碍，为区域旅游业发展带来极大的负面影响。因此，利用集聚理论对区域旅游产业集聚现象及其深层机理进行分析，有助于把握区域旅游产业的发展脉络，培育区域特色和产业发展优势，及时调整旅游政策和发展战略，进而促进区域内外旅游生产力要素的优化配置，避免区域间重复建设和恶性竞争，以实现促进旅游业的快速、健康和可持续发展，提高区域旅游目的地的竞争力的目的。

我国历史悠久，幅员辽阔，南北纬度跨越近 50°，分布有热带、亚热带、暖温带、中温带、寒温带及垂直温度带，区域间因气候的因素形成的不同自然景观和人们在适应与改造自然过程中创造的灿烂的文化及人文景观的地带差异，形成了旅游资源的吸引力，成为旅游者空间移动的推动力量。我国的旅游资源无论是丰度、数量，还是规模、特色，都为旅游产业的生存和发展提供了坚实的物质基础。旅游业作为对外贸易和服务的龙头产业，在 2009 年被确定为我国国民经济和社会发展的战略性支柱产业，如何通过旅游产业集聚实现城市产业结构调整、区域经济发展方式转变，推动以旅游资源为区域经济增长核心的地方经济发展，已经成为部分地区应对后工业化时代必须面对的重要课题。

京津冀地区作为我国经济发展的重点区域，首都北京拥有众多的自然旅游资源和人文旅游资源，天津为中国近代文明的缩影，河北也是中国文明发源地之一，而其旅游业发展情况却和其地位不成比例。1995～2014 年间，京津冀地区入境旅游人数从 5.8867 亿人次增长到 26.3608 亿人次，但入境旅游人数在全国所占的比例却从 0.41%下降到 0.22%（图 5-1），旅游市场成熟程度和旅游产业经营活力与长三角、珠三角等旅游市场相对成熟的区域存在差距。随着全国旅游业的快速发展、区域旅游竞合进程的加快，区域内旅游产业集聚现象越来越明显，产业集聚对于区域旅游竞争力的提升意义越来越重大。除了推动本身发展，旅游产业集聚因其关联带动效应对区域经济发展也有推动和促进作用，因此，本书利用集聚理论对京津冀区域旅游产业集聚现象及其深层机理进行分析，对其集聚水平进行测度，以把握京津冀区域旅游经济发展特征与趋势，促进该区域旅游业的快速、健康和可持续发展。

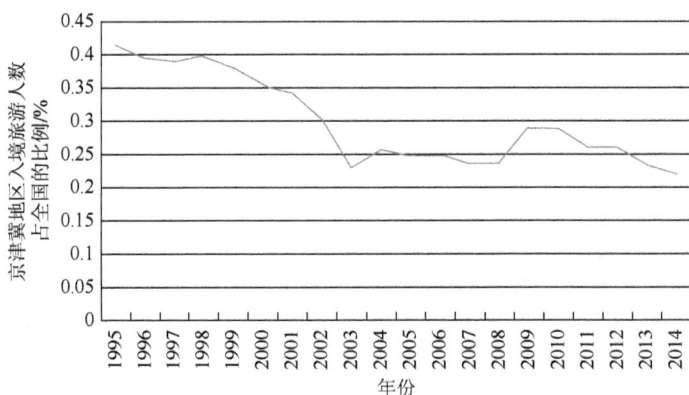

图 5-1　京津冀地区入境旅游人数占全国的比例

2. 京津冀区域旅游产业协同

20 世纪 80 年代开始，以北京旅游学会发起召开的第一届京津冀区域旅游合作研讨会为代表的、探讨三地旅游产业协同发展与合作的研究正式拉开帷幕。在三地旅游学会和相关省市官方负责人的合理推动下，1993 年北方七省市和后来的北方十省市旅游局局长“旅游峰会”相继召开，关于区域旅游产业协同发展的问题得到广泛讨论。1996 年在天津召开的“北方十省市旅游交易会”则确实推动了北方十省市旅游业界的市场合作，同时标志着这一合作已成为全国旅游业中的大事。

2011 年，京津冀一体化写入中华人民共和国"十二五"规划纲要。2014 年，习近平总书记提出京津冀协同发展四大需求和七点要求，把京津冀协同发展上升为国家重大战略地位。同年底召开的中央经济工作会议上，京津冀与一带一路、长江经济带一并成为中国区域发展三大战略。2015 年，京津冀协同发展被政府工作报告列为全年经济工作重点。同年，《京津冀协同发展规划纲要》（以下简称《纲要》）正式通过审议，明确三地协同的核心是有序疏解北京非首都功能，要在三地交通一体化、生态环境保护、产业升级转移等重点领域率先取得突破，将三地政策互动、资源共享、市场开放纳入体系化、全局性的设计。作为广泛涉及城市交通、生态环境和多种产业的旅游产业来说，《纲要》的出台为探索三地旅游产业的协同发展奠定了坚实的政策基础，使相关科学和理论研究更易获得政府与企业的支持，从而使有益研究成果付诸实践成为可能。

政策一片向好的同时，旅游市场也迎来了喜人的变化。近年来，随着人民收入水平的普遍提高和城市交通的改善，旅游需求与供给飞速增长。京津冀一体化建设带来的区域内民事和商事交往，使得无论休闲度假游客还是商务游客在本地区的往来都更加频繁。对许多居民来说，区域内的周末短途度假已经成为一种生活方式，重复游览、体验式消费和高频次出游等特征都逐渐显现出来。

《纲要》指出，到 2020 年，京津冀区域一体化交通网络基本形成，公共服务共建共享取得积极成效，这不仅能为三地的旅游市场提供更加稳定和充足的客源，还能极大地提高区域旅游产业协同发展的整体水平。

5.1.2　研究的理论背景

1. 京津冀区域旅游产业集聚研究

1）旅游产业集聚

产业集聚是指由一定数量企业共同组成的产业在一定地域范围内集中，以实现集聚效益的一种现象（黄曼慧和黄燕，2003），发达国家较早地关注到产业集聚的问题，并制定了促进产业集聚发展的相关政策。欧美国家自 20 世纪末开始实行集聚战略，用组织的方法将区域内的企业、政府和研究共同体结成同盟，共同促进集群发展；经济合作与发展组织（Organization for Economic Co-operation and Development，OCED）和联合国工业发展组织（United Nations Industrial Development Organization，UNIDO）对发达国家的产业集聚及其产业政策开始进行专门的研究。相对而言，发展中国家对产业集聚的研究起步较晚，但在近几年，在国外学术成果和实践的影响及我国集群经济强劲发展的推动下，产业集聚作为中国产业成长和区域经济发展的重要问题越来越引起人们的关注，各领域学者纷纷参与产业集聚的研究。产业集聚的理论与应用已经成为新空间经济学区位理论的研究重点（马晓龙和卢春花，2014）。传统的产业集聚理论主要应用于制造业和高新技术产业，随着经济的发展，产业集聚现象开始向第三产业扩展。旅游业在第三产业中占有非常重要的地位，在实践中，旅游产业集聚建设也早已蓬勃发展，自20世纪末，学术界也注意到旅游业的集聚效应明显，属于适合集聚化发展的行业（Michael，1998），随着旅游产业集聚现象逐渐被人们所认知，学者越来越多地开始针对区域旅游产业集聚展开相关研究。Baum 和 Heveman（1997）从分化与集聚两个角度对美国纽约曼哈顿区饭店业的产业集聚现象进行了时序性研究，指出集聚产生的溢出效应能够拉近与竞争对手的距离，有利于促进经济效益的产生；Chung 和 Kalnin（2001）以美国得克萨斯州酒店业为研究对象，对旅游企业的集聚度与产业经济进行评价分析，结果表明酒店业的集聚能增加产业的绩效；Sund（2004）对瑞士旅游流集聚与饭店地理分布之间的关系进行了实证检验。Jackson 和 Murphy（2006）通过澳大利亚的默里里弗区域四个城镇的案例研究指出了旅游产业集聚的基本要素。Jackson（2006）通过对中国西部区域旅游的发展的实证研究，指出中国沿海和内地经济发展与收入分配不平衡，旅游业是促进区域经济发展和改善这些不平等的重要手段。内陆区域发展旅游业具有天然的优势，然而在实际操作中却因为地理因素困难重重。基于波特的竞争优势理论，产业集聚能够促进区域旅游业的发展，区域旅游集群发展模式可以有效地提高区域旅游行业竞争力。

国外针对旅游产业集聚的研究工作相对较早，研究方法以立足于州甚至国家的案例分析为主。比较而言，国内关于旅游产业集聚的研究几乎与国外保持同步，但最先开展的是旅游产业集聚的基础理论研究。国内学者首先对旅游产业集聚的特征、动因、影响因素展开了研究，包括邓冰等（2004）通过对旅游业集聚的现象描述，归纳了旅游业集聚的特征，分析其影响因素；邓宏兵等（2007）指出中国旅游产业具有明显的空间集中分布与分散相结合的集聚特征；尹贻梅和刘志高（2006）认为产业集聚是旅游产业集聚形成的基础，并从空间集聚、产业联系与创新等特征出发判断旅游产业是否符合集群的内在要求，进而阐释了旅游产业集聚形成的内在机理与模式选择。对于旅游产业集聚机制研究方面，尽管不同学者在认识上存在分歧，但总体认为旅游产业集聚的形成是内部和外部驱动力共同作用的结果（冯卫红，2009）。杨勇（2010）通过对中国旅游产业区域集聚程度变动趋势的实证研究，也指出中国旅游产业呈现出了较强的集聚性，而且这种集聚性呈上升趋势。刘佳等（2013）认为中国旅游产业具有较高的空间集聚分布特征，其发展一直伴随空间集聚的过程。

也有研究认为，从总体状况来看，我国旅游产业发展较为滞后，即便已经出现了集群化现象，也仅仅是在旅游产业发达地区出现了一些雏形。部分研究支持旅游产业集聚化发展，也是以特定的区域为例，如邴振华和高峻（2010）在对旅游产业集聚进行研究时，选择的研究对象是长三角地区，认为长三角区域旅游产业已经出现较强的集聚现象，但不可否认的是长三角地区是经济及旅游业相对发达的地区，而且邴振华和高峻（2010）也注意到了区域内部集聚程度并不均衡的现象。甚至有学者认为产业集聚理论并不适合旅游产业，旅游产业集聚的形成缺乏驱动力（南瑞江，2010），刘春济和高静（2008）则认为受到承载力的限制，大部分旅游产业部门并不适合高度的地方性集聚。张梦（2006）通过大九寨国际旅游区的实例研究，指出尽管集聚化发展是区域旅游业竞争力提升的有效模式，但在实践中有诸多因素制约着旅游产业集聚发展。

2）旅游产业集聚测度

在对旅游产业是否适宜集聚化发展争议的同时，也有学者避开争议，通过实证研究对旅游产业集聚的程度进行测度。产业集聚的测度既有针对全国范围的产业集中度分析，也有对不同区域进行的分析与测度。赵磊（2013）利用中国不同年度、不同省区的面板数据展开旅游产业集聚测度的研究。杨勇（2010）则对我国旅游产业 1999～2006 年的集聚变动趋势进行了实证研究。许多学者认为将我国划分为若干区域测定旅游产业集中度比分别测定各省的更为有效。例如，刘春济和高静（2008）除了从全国范围，还分区域和部门对 1997～2005 年我国的旅游产业集聚程度进行了测算，对其变动趋势进行了分析。郭为和何媛媛（2008）为测算旅游产业的集聚变化趋势，也对我国旅游产业分部门和区域进行了分别测定与研究；赵黎明和邢雅楠（2011）在对旅游产业集聚进行测度的时候将中国划分为六大区域。同时，有学者针对某一特定区域进行的旅游产业集聚进行了案例研究，如长三角区域旅游产业集聚的测度（邴振华和高峻，2010），浙江省旅游产业集聚程度的时空演变（冯英杰和吴小根，2010）。

至于旅游产业集聚的测度方法，学者普遍采用产业集聚测度的主要方法，包括基尼系数（杨勇，2010）、E-G（Elilsion-Glaeser）指数法（赵黎明和邢雅楠，2011；刘春济和高静，2008）等。

3）产业集聚的经济影响

学者在对旅游产业集聚程度进行测度的同时，利用实证研究方法讨论旅游产业集聚与区域经济、就业等方面的关系。

旅游产业集聚对于维持和提升区域旅游竞争力有重要作用。Jackson 和 Murphy（2006）通过澳大利亚的默里里弗区域四个城镇的案例研究指出旅游产业集聚能够促使企业把握竞争特性，开展协作竞争行为，并进一步提高所在区域旅游产业综合竞争力；而 Flowers 和 Easterling（2006）通过对南卡罗来纳州海滩、高尔夫球场、古橡树等旅游资源的集聚的案例研究，进一步指出旅游产业集聚能够促进行业保持竞争优势，而长期经济增长则取决于行业竞争优势的保持。

Urtasun 和 Gutiérrez（2006）通过对西班牙 50 个省旅游业规模及集聚性的实证研究，讨论了旅游集聚现象对社会福利的影响，指出目前旅游活动没有超过承载力最大阈值，不会破坏所在地区的社会经济、文化和环境系统。

赵磊（2013）在对中国 30 个省（自治区、直辖市）1999～2009 年面板数据的研究中指出，旅游产业集聚对地区收入差距具有显著线性负向影响效应，这种负向影响效应不仅存在基于旅游产业集聚的单一门槛特征，而且存在基于经济发展水平、基础设施建设与产业结构升级的三重门槛特征。王凯和易静（2013）利用 2010 年的截面数据，探究中国旅游产业集聚化发展及其与产业绩效之间的关系，发现旅游产业集聚总体上对产业绩效的提高具有积极影响，对产业利润率和劳动生产率的提高有显著的正向影响，但是对于就业机会的增加影响甚微。刘佳等（2013）对中国的 31 个省级区域旅游产业集聚与旅游经济增长的空间相关的理论分析和实证检验，指出旅游产业集聚对区域旅游经济增长具有显著的空间溢出效应，旅游产业集聚通过集聚经济效应，吸引旅游人才、资本、各部门旅游企业等产业要素在一定区域上的集中，不仅推动本区域旅游经济的增长，还通过空间传导机制对邻近地区旅游经济增长产生推动作用。

4）产业集聚发展模式

学者认同旅游产业集聚的意义的同时，也开始纷纷探讨旅游产业的发展模式，如谢燕娜等（2013）基于河南省旅游产业集聚区发展现状与特征分析，提出城市依托型、景区依托型、城市-景区双依托型、特色产业依托型四种发展模式；杨迅周等（2013）借用工业产业集聚效应理论对旅游产业集聚的影响进行典型案例分析，并总结和归纳旅游产业集聚的发展经验与模式；刘传喜等（2015）结合定性分析和定量分析，分析了杭州乡村旅游产业集聚的时空演化特征与演化模式。

2. 京津冀区域旅游产业协同研究

近年来，随着京津冀一体化在国家战略中地位的不断提高和一体化进程的持续推进，学者对京津冀的协同发展进行了深入研究，研究领域涵盖功能定位（李国平，2014；伞锋，2014；武玉英等，2014；张贵等，2014）、区域治理（张亚明和刘海鸥，2014；孙久文，2014；祝尔娟，2014；崔晶，2012；马海龙和刘焱，2010）、产业协同（孙虎和乔标，2015；陈岩和武义青，2014；徐永利和赵炎，2014；陈耀等，2014；张贵等，2014；臧学英和于明言，2010）、生态环保（肖金成，2014；魏丽华等，2014；成淑敏等，2012）、空间布局（孙久文和原倩，2014；张贵等，2014；肖金成，2014；马晓河，2014；陈红霞等，2011）等诸多领域。

在三地旅游产业协同合作方面，不少学者也从多角度展开了研究，并初见成果。在顶层设计方面，大多数学者提出要充分发挥三地政府部门在推动区域旅游产业协同发展中的引导作用。刘德谦（2014）提出要将三地现有的协同发展协调机制升级为三地最高领导者共同主持的决策机制，将提升百姓生活质量的旅游休闲发展纳入各级政府工作的考核体系，共同制定"十三五"旅游协同发展规划，并尽快在各省市旅游局成立由局领导专人专职负责的落实具体工作的办事机构。在旅游形式方面，休闲度假和生态旅游获得多数学者的青睐。魏小安（2014）提出整合三地资源以形成水平分工体系，通过发挥各自旅游优势以实现优势互补，进而重点发展休闲产业；伞锋（2014）指出在京津冀协同发展的背景下，河北省应当为京津两地提供养老、休闲和生态旅游等服务性产业创造机遇。越来越多的学者也认识到旅游企业在推进三地旅游产业协同发展中的重要作用。穆瑞丽和黄志英（2008）指出要引导各类型旅游企业在平等自愿的原则下展开合作，加盟区域旅游合作机构，结成旅游企业联盟。刘德谦（2014）提出要发挥旅游企业的主体作用，通过出台一系列政策与措施动员和推动广大旅游企业进行区域内合作。在互联网与大数据蓬勃发展的背景下，旅游信息化也是三地旅游协同发展的重要助力。李彦丽和路紫（2006）借鉴企业信息化项目的公司合作政府和社会资本合作（public-private partnership，PPP）模式，提出发展旅游信息化合作的 PPP 项目点模式，为三地旅游信息互通提供了新思路。此外，对三地旅游产业协同发展水平和效果的评价问题也得到了学者的关注。陈晓永和阴明州（2015）选取了包括北京、天津、石家庄等在内的京津冀都市圈中的七座主要旅游城市为对象，设计开发区域旅游合作评价指标体系，并对上述七市的旅游合作开发情况进行了测量，研究结果显示目前三地的旅游产业协同尚处于初级发展水平。袁立梅等（2016）的研究也印证了这一结论，指出三地旅游协同发展的思路难以契合，且并没有形成有效的互利机制。

　　纵观学者对京津冀区域旅游产业协同发展的研究，在 2014 年之后逐渐呈现出蓬勃发展的态势，对三地在旅游产业协同发展中的合作机制、政府角色、企业地位等问题都有所提及，但研究多立足于宏观视角，执行和操作层面的研究较少。另外，对三地智慧旅游建设、旅游生态建设、旅游产业与其他产业的协同发展等方面的研究尚处于起步阶段。

5.2　京津冀区域旅游产业集聚测度

5.2.1　产业集聚测度方法

　　产业集聚测度方法主要有图解法和数值法。其中，图解法主要采用集中曲线来测度，而数值法的发展比较丰富，包括熵指数、Isard 指数、Herfindahl 指数、区位 Gini 系数等。随着产业集聚成为经济发展的主流，又不断采用了许多新方法，如 E-G 指数、M-S（Maurel-Sédillot）指数、K 函数、L 函数、D 函数、M 函数等。以下就产业集聚的主要方法进行介绍。

1. Herfindahl 指数

Herfindahl 指数是衡量产业地理集中性的重要综合性指标，Davies 和 Lyons 最先应用该指数测量欧盟地区产业的空间组织。其基本原理是：某地区 A 有 K 个次一级地理单元，定义 j_{ik} 为 i 行业在第 k 个地理单元的就业人数，则 A 地区 i 行业的 Herfindahl 指数 H_i 为

$$H_i = \sum_{k=1}^{K} \left(j_{ik} / \sum_{k=1}^{K} j_{ik} \right)$$

其中，H_i 的取值范围是 $[1/K, 1]$，H_i 值越大，产业集聚程度越高。若 i 行业所有的经济活动集中于一个地理单元，H_i 达到最大值 1；相反，如果均匀分布在 K 个地理单元，此时 H_i 为最小值 $1/K$。

在对行业集中程度和市场结构的研究方面，Herfindahl 指数十分实用。其优点在于计算简单，易于理解。但是 Herfindahl 指数是一个绝对集中度指标，没有考虑其他部门的空间分布，因此行业间没有可比性。另外，Herfindahl 指数没有考虑不同地理单元的面积差异，显然与实际不符。在这两方面，区位 Gini 系数弥补了不足，比 Herfindahl 指数的应用更具广泛性。

2. 区位 Gini 系数

Gini 系数是意大利经济学家科拉多·基尼在 Lorenz 曲线的基础上于 1912 年提出的，最初用于度量国家或区域之间收入不平等的相对程度。1986 年，Keeble 等将 Lorenz 曲线和 Gini 系数用于测度某行业地区间分布的集中程度，发展成区位 Gini 系数。区位 Gini 系数是传统的衡量经济活动地理集中度最为常用的方法。区位 Gini 系数最简明易懂的计算方法是运用 Lorenz 曲线。假设 A 地域有 K 个次级地区，对于每个次级地区，计算 i 行业的就业人数（产值、增加值）占该地区所有行业就业人数的比重 e_i，对 e_i 从大到小排序，计算其累加值；同时，计算出相应次级地区所有行业就业人数占 A 地域所有行业就业人数的比重 E_i，计算相应累加值，得到有序加权平均（ordered weighted averaging, OWA）曲线，即 Lorenz 曲线。

根据产业集聚的特征，产业集聚一般可以通过企业在地理上的接近性或者产业内部企业之间的联结性来衡量。企业在地理上的接近性可通过产业在一定区域内的地理集中性来确定，地理集中性决定于某一地区产业的就业情形是否偏离整体产业的就业状况。由于旅游产业整体规模庞大，可假设其在各省区的分布不受外力的影响，即旅游业的区域分布是均匀的，则旅游产业中各行业在空间的非均

衡分布是指该行业的区域分布与整体旅游业分布的偏离程度。所以，可通过区位 Gini 系数来衡量旅游行业的集聚程度：

$$G = \sum_i (S_i - x_i)^2 \tag{5-1}$$

其中，G 为区位 Gini 系数；S_i 为 i 区域某一旅游行业就业人数占全国该旅游行业就业人数的比重；x_i 为 i 区域所有旅游行业就业人数占全国所有旅游行业就业人数的比重。$G = 0$ 时，该行业在空间分布是均匀的，G 最大值为 1，G 值越接近于 1，该区域该旅游行业的集聚程度越高。

区位 Gini 系数将次级地理单元就业人数与整个区域的就业人数之比作为一个变量纳入式（5-1），实质上是考虑了面积大小对集中度的影响，对地理集中度的描述比 Herfindahl 指数更准确。另外，区位 Gini 系数将全部行业的地理分布作为比较基准，使得不同行业的计算结果具有可比性，因此得到了广泛应用。但是该方法并非源于区位选择的理论模型，也没有考虑企业规模的影响，而且没有区分随机集中和源于共享外部性或自然优势的集中。Ellison 和 Glaeser 于 1997 年提出了 E-G 指数，弥补了上述不足。

3. E-G 指数

区位 Gini 系数虽然简单直观，但没有考虑到具体的产业组织状况及区域差异。为解决这一问题，Ellision 和 Glaeser 提出 E-G 指数，用以测度产业空间集聚程度。E-G 指数体现了产业区域重点集中的地理集中度，适用于跨行业比较，有助于更客观地了解各个区域的产业集聚状况。

E-G 指数在 Gini 系数和 Herfindahl 指数的基础上进行计算，其假设前提是企业区位选择模型，即如果企业间的区位选择是相互依赖的，企业将趋向于具有特殊自然优势或能够从行业内其他企业获得溢出效应的地区集中。类似于 Gini 系数，E-G 指数也是通过与全部行业的比较来分析某行业的地理分布。Ellison 和 Glaeser 首先定义了一个总体地理集中度指数 G，公式为

$$G = \sum_{k=1}^{K} (S_k - x_k)^2$$

其中，K 为地理单元的个数，S_k 为第 k 个地理单元中某行业就业人数占该行业所有就业人数的比重；x_k 为第 k 个地理单元所有行业就业人数占整个地区所有行业就业人数的比重，反映某行业相对于全体行业地理分布的偏离程度。Ellison 和 Glaeser 进一步证明了在完全随机分布的条件下，G 的期望值为

$$E(G) = \left(1 - \sum_{k=1}^{K} x_k^2\right) H$$

其中，H 为 Herfindahl 指数，是某行业每个企业就业人数与该行业所有就业人数比值的平方和，反映企业的规模分配情况，引入该指数的目的是消除企业规模过大时对 Gini 系数失真的影响。在此基础上，二人推导出了衡量产业地区分布集中程度的 E-G 指数，用 γ 表示：

$$\gamma = \left[G - \left(1 - \sum_{k=1}^{K} x_k^2\right) H \right] \bigg/ \left[\left(1 - \sum_{k=1}^{K} x_k^2\right)(1 - H) \right] \tag{5-2}$$

Ellison 和 Glaeser 将 E-G 指数划分成 3 个区间，第一区间为 $\gamma > 0.05$，表示该产业在区域内的集聚程度很高；第二区间为 $0.02 \leqslant \gamma \leqslant 0.05$，表示该产业在区域内的分布较为均匀；第三区间为 $\gamma < 0.02$，表示该产业在区域内的分布是分散的。此外，需要说明的是，E-G 指数最初是针对美国制造业提出来的，且制造业的产业集聚特征更典型，所以到目前为止该指标应用的领域仍然集中在制造业中。但有学者指出当今最突出的地方化例子是基于服务业而不是制造业的（刘惠敏，2007）。在这种认识下，有学者对服务业的集聚状况进行了研究并证实了 E-G 指数在服务业内的适用性（马凤华和刘俊，2006）。

E-G 指数最大的意义在于区分了随机集中和企业间由于共享外部性或自然优势的集中，比 Gini 系数的地理意义更明确。但该方法对其中的 H 并没有给出合理的解释。Maurel 和 Sédillot 从某行业任意两个企业选择在同一个区域的概率 P 的推算入手，将式（5-2）进行了修正，得到 M-S 指数，如下：

$$\gamma' = \left[G_A - \left(1 - \sum_{k=1}^{K} x_k^2\right) H \right] \bigg/ \left[\left(1 - \sum_{k=1}^{K} x_k^2\right)(1 - H) \right] \tag{5-3}$$

其中：

$$G_A = \sum_{k=1}^{K} S_k^2 - \sum_{k=1}^{K} x_k^2$$

从形式上看，γ 和 γ' 的区别在于对总体地理集中度指数 G、G_A 的定义不同。实质上，γ' 直接源于概率选择模型，因此比 E-G 指数更有解释力。

E-G 指数和 M-S 指数的地理意义比较容易解释，如果企业间是独立随机分布的，则 γ、γ' 的期望值为零。如果某行业的 γ 或 γ' 值大于零，说明该行业的地理分布趋向集中，值越大，集中度越高。E-G 指数和 M-S 指数都将企业规模分配 H 作为影响参数之一，避免了因某行业的就业人数集中在少数相关性小的大型企业而得出该行业的生产具有地方化特点的片面结论，比前面两个指标更具有理论和实践意义。

4. 地区行业集中度

空间 Gini 系数和 E-G 指数可以反映整体旅游产业的地理分布不均的情形，但难以显示旅游产业在个别区域的集聚情况，因而也无法了解旅游经济活动较为密集的区域与利润率较高、创造就业机会多的区域是否同一。地区行业集中度是产业经济学中用以衡量市场结构的最常用指标，它是指行业内规模最大的前 n 位企业的有关数值（如产值、产量、销售额、职工人数、资产总额等）占整个市场或行业的份额。旅游产业空间集聚程度也可以通过计算旅游产业规模最大的 n 个省区的占比来衡量，其计算如下：

$$\mathrm{CR}_n = \sum_{i=1}^{n} X_i \bigg/ \sum_{i=1}^{N} X_i$$

其中，CR_n 为旅游产业中规模最大的前 n 个省区所占的比例，n 的取值可以根据计算的需要确定（邓宏兵等，2007）。

5. K 函数、L 函数、D 函数、M 函数

基于距离的多空间尺度方法实质是将区域内的企业看作点，通过分析这些点的分布状态来了解区域产业的分布情况。这类方法源于 Ripley 于 1976 年提出的 K 函数，Besag 等（1977）、Diggle 和 Chetwynd（1991）、Marcon 和 Puech（2009）在此基础上加以修正，发展成 L 函数、D 函数、M 函数，使之逐渐完善。

Ripley 的 K 函数的提出基于以下定义与假设：区域内每个企业看成一个点，以 i 点为中心，半径 r 范围内点的个数 f_{isr} 定义为该点的邻居 $N(i, r)$，所有点的平均邻居数为 $N(r)$。若企业间是独立的且分布在任何点的概率相等，区域内企业的平均密度是一个常数 λ，r 半径范围内企业的个数为 $\lambda\pi r^2$，这种情况称为完全空间随机（complete spatial randomness，CSR）分布，并将其作为比较的基准。

现实中企业间是相互影响的，因此其实际分布肯定会偏离 CSR 状态而趋于集中或分散，Ripley（1976）用 K 函数来衡量这种偏离：将 K 函数定义为 r 距离内所有点的平均邻居数与随机独立分布时的密度 λ 的比值，记为 $K(r)$：

$$K(r) = N(R)\bigg/\lambda = \int_{\rho=0} g(\rho) 2\pi\rho\mathrm{d}\rho$$

其中，$g(\rho)$ 为径向分布函数，在方向不变的前提下，只与点之间的距离有关，记为 $g(r)$。由于 r 可以取任意值，K 函数使得同时分析经济活动在不同空间尺度的集中情况成为可能。但 K 函数测度产业集聚需要将每一次计算结果与 πr^2 进行比较，因此，Besag 等（1977）对 K 函数进行了修正，以零作为比较基准，将之发展成 L 函数，即

$$L(r) = \sqrt{K(r)/\pi} - r$$

$L(r)$ 的含义是 r 范围内的点在区域平均密度为 λ 时，分布的范围 $r'(\sqrt{K(r)/\pi})$ 与实际范围 r 的差值。$L(r) > 0$，说明某行业的地理分布在 r 范围是集中的，$L(r) < 0$，则分散。可以通过计算不同半径范围的 $L(r)$ 值发现某行业在不同尺度地理区域内

的分布特征。地理空间作为复杂区域，$K(L)$函数存在实际应用上的困难，因此在经济地理学中的应用并不多。K函数在计算产业地理集中度时假定点在区域内是均匀、随机分布的，这与区域地理特征往往是复杂的、非均质地域的实际是不符合的，另外 Ripley 将每个企业看成一个点，没有考虑企业规模对集中度的影响，$K(L)$函数将完全随机空间分布作为比较的基准，将密度 λ 作为一个常数，这样处理得到的实际价值不大。

Diggle 和 Chetwgnd（1991）在非均匀分布的前提下，对 K 函数进行了改进，提出了 D 函数。D 函数与 L 函数的不同之处是运用了一个对照组，并将其定义为除了研究行业的其他行业的个数，计算如下：

$$D(r) = K_{\text{cases}}(r) - K_{\text{controls}}(r)$$

其中，$K_{\text{cases}}(r)$ 和 $K_{\text{controls}}(r)$ 分别为研究行业和对照组的 K 函数。D 函数的实际含义是研究行业相对于对照组是更集中还是更分散。若 D 值大于零，说明研究行业的地理分布趋于集中，反之，趋于分散。

Feser 和 Sweeney（2002）对 D 函数加以修正，将职工就业人数作为每个点的权重，并对两种结果进行对比。D 函数的对照组在不同半径范围内的分布密度是不同的，实质是考虑了空间的非均质性，解决了边界效应问题，与 $K(L)$ 函数相比，更符合实际情况。但 D 函数反映的是某行业与其他行业的 $K(r)$ 值之差。不同行业的企业数量是不一样的，因此计算出的不同行业的 D 值没有可比性，而且这种方法也没有考虑企业规模分布的影响。

Marcon 和 Puech（2009）对 D 函数加以改进，提出了一个新的基于距离的测度产业地理集中度的函数，即 M 函数。Marcon 和 Puech 首先假设研究区 A 分布有许多制造业，定义：f_{iSr} 为 r 半径范围内 S 行业每个企业的邻居（属于 S 行业）个数；N_S 为 A 区域 S 行业的全部企业数；e_{iSr} 为以 S 行业的 i 企业为中心，r 半径内属于 S 行业的邻居的就业人数；e_{ir} 为以 S 行业的 i 企业为中心，r 半径内属于全部行业的邻居的就业人数；E_S 为 A 区域内 S 行业的全部就业人数；E 为 A 区域内全部行业的全部就业人数。

上述条件下，Marcon 和 Puech 的 M 函数为

$$M(r, S) = \frac{\sum_{i=1}^{N_S} \dfrac{e_{iSr}}{e_{ir}} \Big/ N_S}{E_S / E}$$

分子的含义是以 S 行业每个企业为中心，r 半径内 S 行业的就业人数与全部行业就业人数之比的平均值；分母是 A 区内 S 行业的就业人数与全部行业就业人数的比值。其地理意义是 r 范围内 S 行业相对于全部行业的分布特征。随机分布条件下，$M=1$；$M>1$ 表示 r 半径范围内 S 行业的空间分布是集中的，M 越大，集中程度越高；$M<1$ 说明 r 半径范围内 S 行业的空间分布是分散的。M 函数还可

以反映两个产业（S_1, S_2）间的空间邻近分布情况，此时，iSr 为以 S_1 行业的企业为中心，半径 r 范围内 S_2 行业的就业人数，则公式为

$$M(r, S_1, S_2) = \frac{\sum_{i=1}^{N_{S_1}} \dfrac{e_{iS_2r}}{e_{ir}} \Big/ N_{S_1}}{E_{S_2} / E}$$

$M(r, S_1, S_2)$ 的值依赖于 S_1 和 S_2 行业的分布，值越大，两个行业空间分布的一致性越强。M 函数相较于 K 函数、L 函数、D 函数，将全部行业作为比较基准，使得不同行业的 M 值具有可比性，同时还考虑了企业规模，计算出的集中度更符合实际，将某行业邻居的就业人数与同范围内所有行业就业人数进行比较，消除了边界效应的影响，可以用于任意复杂区域的测算，因此是一种更优越的方法。

6. 区位熵

刘佳等（2013）通过区位熵测度旅游经济活动或产业要素在一定区域或空间单元集中的状态和过程，采用旅游收入区位熵（K_1）表征旅游产业的规模集聚水平，旅游从业人员区位熵（K_2）表征旅游产业劳动力要素的集聚水平，旅游创新指数（K_3）表征旅游集聚发展的创新程度。其中旅游收入区位熵：

$$K_1 = \left(e_i \Big/ \sum_{i=1}^{n} e_i \right) \Big/ \left(E_i \Big/ \sum_{i=1}^{n} E_i \right)$$

其中，i 为第 i 个区域；e_i 为各地区旅游总收入；$\sum_{i=1}^{n} e_i$ 为各地区国民生产总值；E_i 为全国旅游总收入；$\sum_{i=1}^{n} E_i$ 为全国国民生产总值。

旅游从业人员区位熵：

$$K_2 = \left(e_i \Big/ \sum_{i=1}^{n} e_i \right) \Big/ \left(E_i \Big/ \sum_{i=1}^{n} E_i \right)$$

其中，i 为第 i 个区域；e_i 为区域旅游从业人数（星级饭店+旅行社）；$\sum_{i=1}^{n} e_i$ 为区域全社会就业人数；E_i 为整个国家旅游从业人数；$\sum_{i=1}^{n} E_i$ 为整个国家全社会就业人数。

区位熵指标可以确定在国家、区域层面可能存在的旅游产业集聚现象，确定旅游产业集聚水平，其大小及变化揭示了区域旅游产业集聚程度与态势。当区位熵指数大于 1 时，表明旅游产业在区域的集聚水平较高，在该区域形成了优势产

业；当区位熵指数小于 1 时，表明旅游产业在区域内集聚水平比较低，处于产业竞争中的劣势地位。

7. θ 指数

李太平等（2007）提出通过计算某产业在某区域上分布的不均匀程度来测算产业区域集聚程度，即产业区域集聚程度测度的 θ 指数。

假设共有 n 个产业和 m 个地理区域，第 i 个产业的区域集聚程度 θ_i 定义为

$$\theta_i = \frac{\sum_{j=1}^{m}\sqrt{(X_{ij} - \overline{X_i})^2}}{2\sum_{j=1}^{m}X_{ij}} \times \frac{m-k}{m}, \quad i = 1,2,3,\cdots,n, \quad j = 1,2,3,\cdots,m$$

其中，X_{ij} 为 i 产业在 j 区域的从业人员人数；k 为 i 产业中大于平均从业人员的区域个数；$\overline{X_i} = \sum_{j=1}^{m}X_{ij}\Big/m$ 为 i 产业在每个区域的平均从业人员人数。

$\sum_{j=1}^{m}\sqrt{(X_{ij} - \overline{X_i})^2}$ 是用绝对值表示的 i 产业的区域分布不均匀程度（偏离度），该值越大，意味着 i 产业在地域分布上越不均匀，即表明该产业主要分布在某几个区域内，有明显的集聚现象；如果该值为 0，则意味着 i 产业在地域上分布绝对均匀，即该产业均匀地分布在各个区域内，没有明显的集聚现象。

根据产业地理集聚度 θ 指数可知，θ_i 的取值范围为 $0 \leqslant \theta_i \leqslant 1$。$\theta_i$ 取值越大，表示产业集聚程度越高；反之，则表示产业集聚程度越低。

5.2.2　京津冀区域旅游产业集聚水平测度

1. 数据来源

本书的研究区域为京津冀区域，具体包括北京市、天津市、河北省三个省（直辖市），根据数据的可获得性、可衡量性，分别以星级饭店、旅行社和旅游景区的就业人数与旅游收入为主要数据指标作为旅游产业规模和收入的代表指标，选取区域就业人数、GDP 来衡量区域经济整体发展水平。选取 1995～2014 年 20 年间的年度数据，对经济区域旅游产业集聚程度进行分析与评价。数据来源包括《中国旅游年鉴》、《中国旅游统计年鉴》、《中国旅游统计年鉴·副本》和《中国统计年鉴》（1996～2015 年）数据。为了使统计口径前后一致，本书所指的旅游企业包括星级酒店、旅行社和旅游景区，其中酒店不包括社会旅馆、个体旅馆。此外，由于《中国旅游统计年鉴》《中国旅游统计年鉴·副本》中的数据有部分缺失值，本书使用缺失值前后两年数据的平均值对其进行了修正。

本书综合前人研究成果,选取反映产业在一定区域内集聚水平的产业 Gini 系数、区位熵指数和产业区域集聚度指数对京津冀区域旅游产业集聚度进行测算。首先通过区位熵指数和产业 Gini 系数分别测算京津冀区域旅游产业集聚水平;其次分别计算旅游产业各行业的区位熵指数和产业区域集聚度指数,分析京津冀区域旅游产业各行业的集聚水平。

2. 区位 Gini 系数

区位 Gini 系数为 0~1,G 越接近于 1,该产业集聚特征越强。一般认为 Gini 系数在 0.2 以下表示产业分布高度平均;0.2~0.3 表示产业分布相对平均;0.3~0.4 表示产业分布较为合理;0.4~0.5 表示产业分布有所集中;0.5 以上表示产业分布出现集聚。

图 5-2 和图 5-3 分别是 1995~2014 年 20 年间基于就业的京津冀区域旅游产业 Gini 系数变化趋势和基于产值的京津冀区域旅游产业 Gini 系数变化趋势。

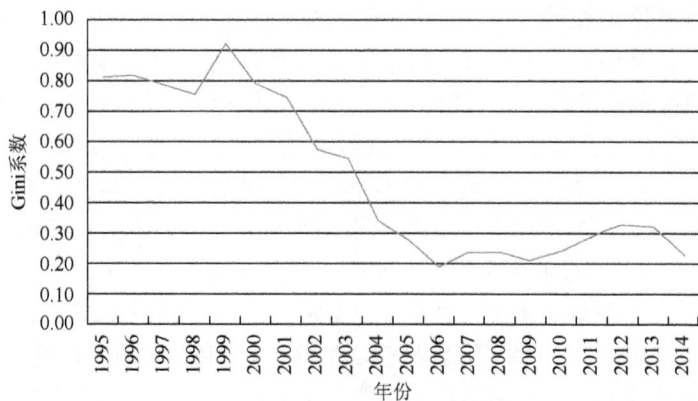

图 5-2　基于就业的京津冀区域旅游产业 Gini 系数

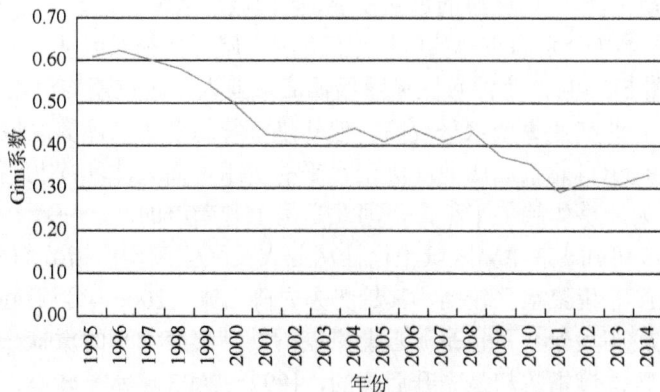

图 5-3　基于产值的京津冀区域旅游产业 Gini 系数

根据图 5-2，从旅游就业来看，旅游产业 Gini 系数在 2003 年之前，均大于 0.5，呈现高度集聚特征，2004～2014 年 Gini 系数在 0.19～0.34 徘徊，呈现产业分布相对平均的状态。

根据图 5-3，从旅游收入来看，旅游产业 Gini 系数在 1999 年之前，均大于 0.5，呈现高度集聚特征，2004～2008 年 Gini 系数在 0.3～0.4，表示产业分布仍有集中，而 2009 年之后，Gini 系数则下降至 0.4 以下，呈现产业分布相对平均的状态。

总体而言，京津冀区域旅游产业 Gini 系数自 1995 年开始逐年下降，目前已处于产业分布较为合理的状态，集中性并不明显。

3. 区位熵

以下从旅游从业人员区位熵（K_2）、旅游产值区位熵（K_1）来分析京津冀区域旅游产业集聚程度。

1）旅游从业人员区位熵

根据京津冀区域旅游从业人员区位熵指数（图 5-4）的计算，可以看到总体上京津冀区域旅游从业人员区位熵均值指数均大于 1，可见京津冀区域旅游产业集聚水平较高，根据邴振华和高峻（2010）的测算，全国旅游区位熵在 2007 年为 0.907，小于 1，所以京津冀区域的旅游产业集聚水平是高于全国的平均值的，在国内具有比较优势。但是，需要指出的是，根据京津冀区域的比较，北京旅游从业人员区位熵指数远远高于天津和河北，20 年内平均水平为 4.09，而天津和河北的平均值仅为 0.55 和 0.37，甚至低于全国平均水平，可见从旅游产业集聚的角度来看，京津冀区域旅游发展严重不平衡。然而，从趋势上来看，北京旅游从业人员区位熵指数呈逐年下降趋势，在 1999 年达到 6.02 的峰值，但到 2014 年，已经下降至 2.92；而河北的旅游从业人员区位熵指数则呈现逐年上升趋势，从 0.15 上升至 0.53，上升趋势明显；天津的旅游从业人员区位熵指数在 20 年间存在波动，但总体稳定在 0.5 上下，这与近些年国内旅游的迅猛发展、热门旅游区域的承载力饱和不无关系。

图 5-5～图 5-7 分别为京津冀区域星级酒店、旅行社和景区从业人员区位熵指数变动。根据图 5-5 可知，京津冀区域星级酒店从业人员区位熵均值指数均大于 1，京津冀区域酒店业产业集聚水平较高，但却呈下降趋势。京津冀区域酒店业较高的集聚水平也是源自北京酒店业高集聚水平的贡献，而天津和河北酒店就业集聚水平均较低，天津整体趋势平稳，但河北是呈上升趋势的。

根据图 5-6 可知，京津冀区域旅行社从业人员区位熵均值指数均大于 1，京津冀区域旅行社产业集聚水平较高，其趋势为先降后升，2006 年为谷底。京津冀区域旅行社行业较高集聚水平也是源自北京旅行社高集聚水平的贡献，天津地区旅行社从业人员区位熵指数却是先升后降的，1997～2003 年水平较高，河北地区旅行社从业人员区位熵指数则一直是较低水平。

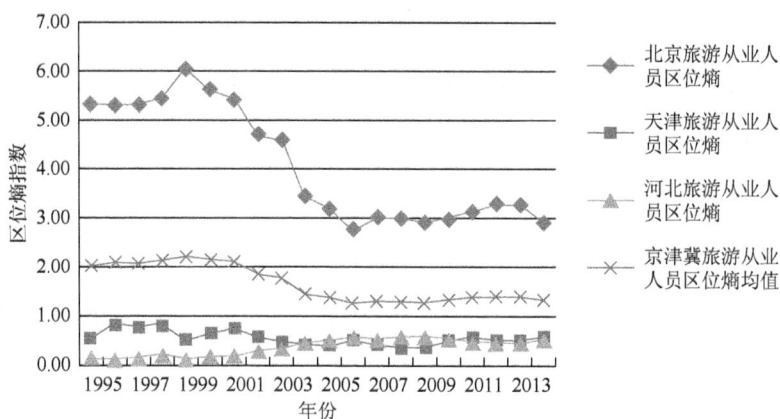

图 5-4　京津冀区域旅游从业人员区位熵

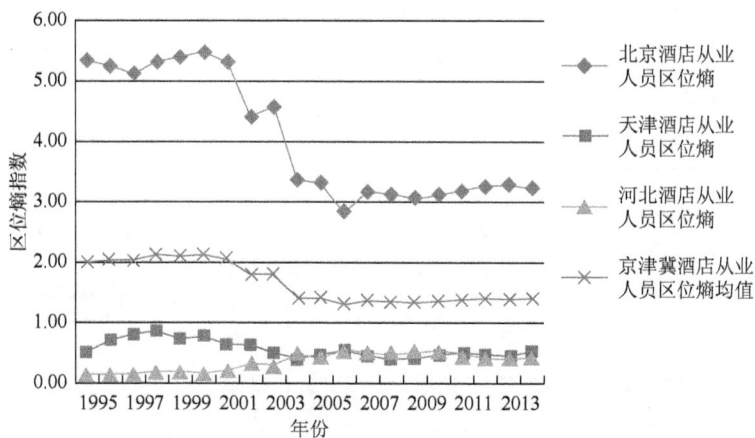

图 5-5　京津冀区域星级酒店从业人员区位熵

根据图 5-7 可知，京津冀区域景区从业人员区位熵均值指数大于 1，2006 年之前变动幅度较大，但 2006 年之后基本稳定在 1 的水平上。其中，北京景区产业集聚水平在 2006 年之前非常高，且变动幅度较大，但 2006 年之后基本稳定在 2 的水平上。值得注意的是，河北景区产业集聚水平虽然仍不到 1，但一直呈上升趋势。

2）旅游产值区位熵

以下从产值的角度对京津冀区域旅游产值区位熵指数进行测算和分析。图 5-8 为京津冀区域旅游产值区位熵变动情况。京津冀区域旅游产值区位熵均值基本在 1 的水平上，说明旅游业已经形成了集聚优势。其中，北京地区旅游产值区位熵指数很高，而天津和河北均在 0.5 以下，这两个地区并未形成产业优势。图 5-9、

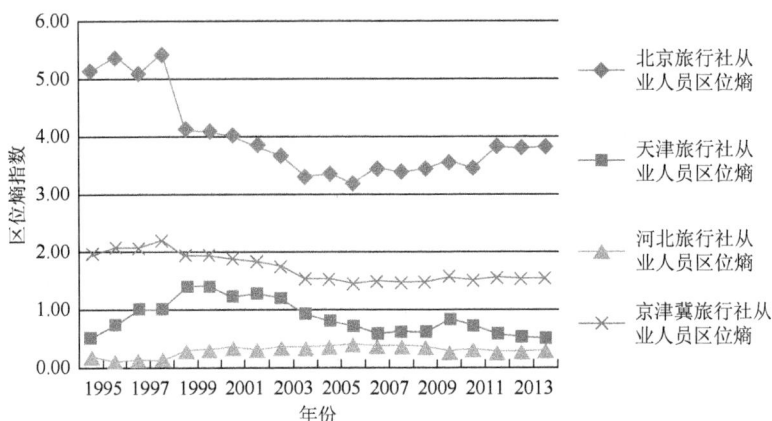

图 5-6 京津冀区域旅行社从业人员区位熵

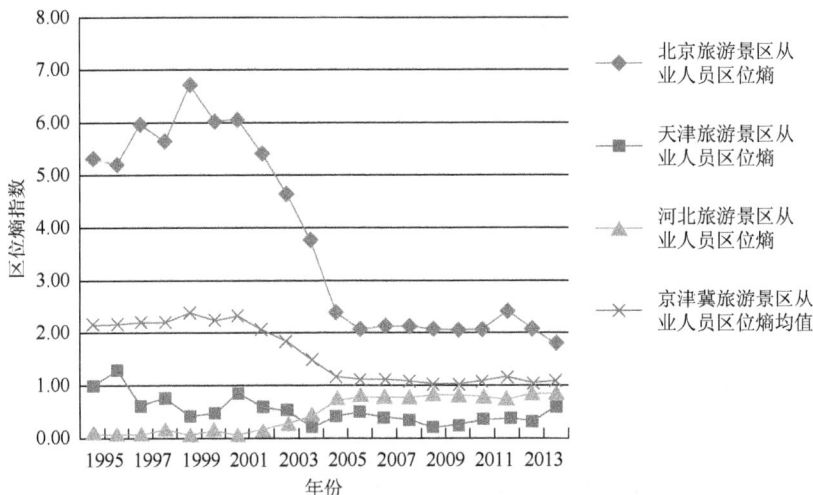

图 5-7 京津冀区域旅游景区从业人员区位熵

图 5-10 分别为京津冀区域星级酒店和旅行社产值区位熵指数变动情况,其趋势与旅游行业整体情况基本一致。由于数据限制,景区收入仅为 2010～2014 年五年间,趋势变动不明显, 如图 5-11 所示。

4. 区域旅游集聚度 θ 指数

区域旅游集聚度 θ 指数通过计算旅游业中子产业在区域上分布的不均匀程度来测算区域旅游产业集聚程度。θ 的取值范围为 0～1,取值越大,表示产业集聚程度越高;反之,则表示产业集聚程度越低。图 5-12 为 1995～2014 年 20 年间京津冀区域星级酒店、旅行社和景区的区域集聚指数变化。

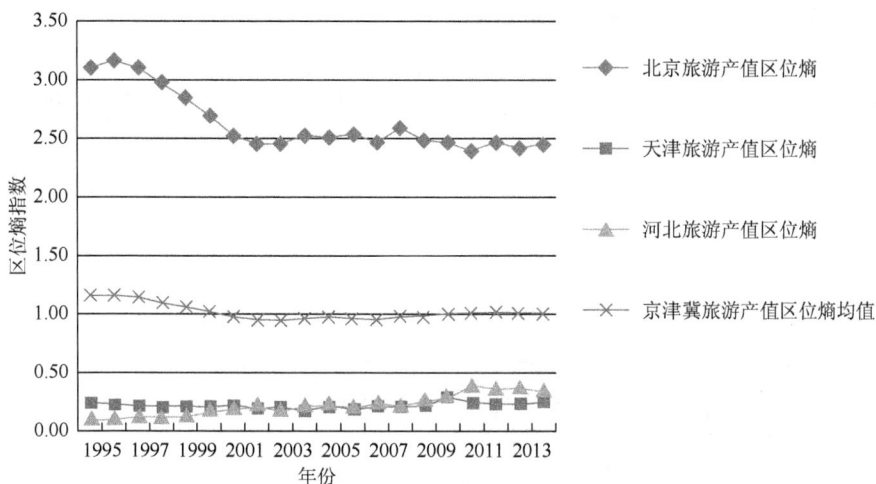

图 5-8　京津冀区域旅游产值区位熵

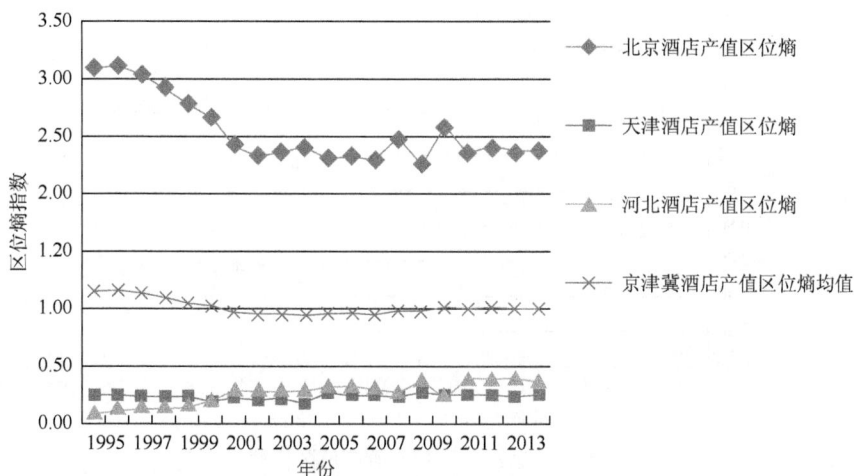

图 5-9　京津冀区域酒店产值区位熵

根据图 5-12 中星级酒店、旅行社和景区的产业区域集聚度指数趋势对比，可知，旅游业的三大子行业的产业集聚度变动较大。2000 年之前，三大行业集聚水平相差不大，2000～2005 年，景区集聚度明显高于星级酒店和旅行社，在此期间，星级酒店和旅行社变化幅度非常大，急剧下降。景区集聚度自 2000 年开始迅速下降，到 2005 之后趋于稳定。目前的基本情况是，旅行社高于星级酒店，高于旅游景区。

5. 主要结论

根据区域旅游产业集聚的主要理论，引用区位 Gini 系数、区位熵、区域集聚

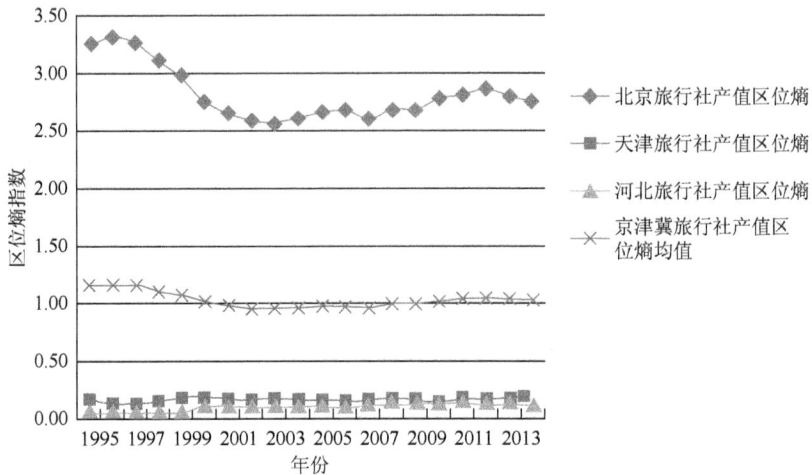

图 5-10　京津冀区域旅行社产值区位熵

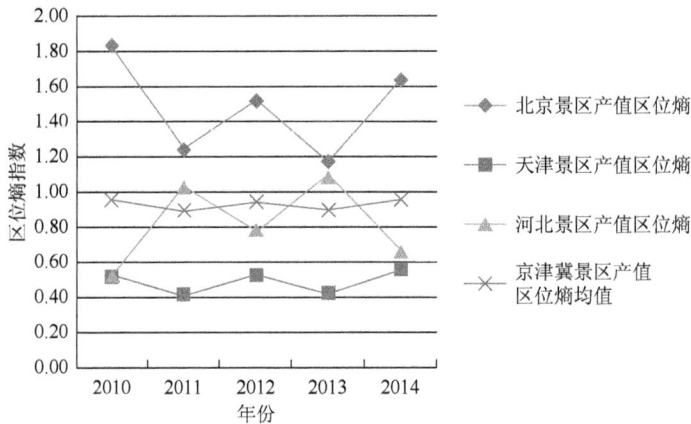

图 5-11　京津冀区域旅游产值区位熵

度 θ 指数对京津冀区域 1995～2014 年 20 年间的旅游产业集聚度进行了实证研究，综合三项指数，主要结论如下。

（1）京津冀区域旅游产业整体集聚水平较高，但呈逐年下降趋势。

（2）京津冀区域内产业集聚水平差异极大，发展严重不均衡。京津冀整体的高产业集聚水平主要得益于北京地区旅游产业的高集聚水平。天津和河北旅游产业集聚水平均较低，其中河北最低。

（3）从发展趋势来看，北京旅游产业集聚水平逐年下降，且下降趋势明显，天津与河北旅游产业集聚水平总体呈上升趋势，其中河北上升趋势较为明显。

（4）京津冀区域旅游产业三大行业（酒店、旅行社、景区）集聚度变动均较大。目前总体上旅行社产业集聚水平最高，酒店次之，景区的产业集聚水平最低。

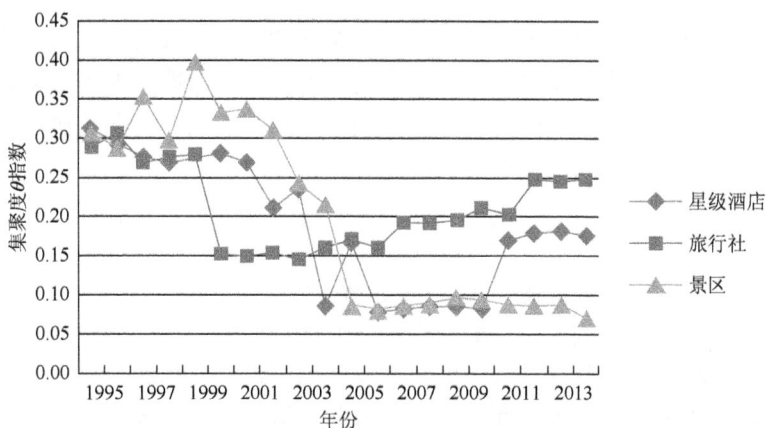

图 5-12　京津冀区域旅游集聚度 θ 指数

5.3　京津冀区域旅游产业协同发展研究

5.3.1　产业协同概述

1. 产业协同的基本概念

协同的概念最早由安索夫在 1965 年提出，指在资源共享的基础上形成的、相对于各独立部分简单加总更为出色的企业群的整体业务表现，强调价值创造是企业协同的核心。联邦德国理论物理学家哈肯在 20 世纪 70 年代创立了协同学，系统提出了协同理论。他认为，协同是指各子系统在复杂的大系统内通过协同行为产生的超出各要素自身的单独作用，从而形成整个系统的联合作用。该定义强调在外部能量和物质输入的条件下，在相互作用的过程中形成序变量，从而促使不同要素组合在一起自行延边发展，并在宏观尺度上不断发展为更加有序的结构和整体功能。康宁从系统进化的视角将协同定义为自然或社会系统中两个或两个以上子系统、子要素或人之间通过相互依赖形成的联合效应。从企业角度来说，产业协同是指该产业集群内的企业在采购、生产、营销、管理、销售、技术等方面的相互配合与协作以形成高度的一致性或和谐性，即通过协同实现比企业单独运营绩效总和更高的收益。从产业角度来说，产业协同的目的是促进产业分工，是产业或产业群在经济、政治、技术等因素作用下彼此协调合作形成的一种结构有序的过程，是多个产业及相关子产业在发展过程中相互配合和协调，以在复杂的网络分工中解决好产业协调发展的问题。从投入产出的角度来说，区域内的产业协同意味着区域内各子系统能够形成一个比较完备的生产系统，在此系统内，大多数过程需求和最终需求能够得到较好的满足，并最终形成一个整体参与竞争。

从广义来看，产业协同的主体不局限于企业和产业，政府机构与事业单位、高校与科研机构、金融风险投资机构等也能够作为产业协同发展的主体。从实现路径上看，产业协同包括三个途径，一是同一产业内跨企业之间的协同，二是跨产业间的协同，三是产业主体间的协同。

2. 产业协同与集群竞争优势

良好的产业协同能够取得 1+1＞2 的效果，从而建立集群的竞争优势。对类似于京津冀旅游产业这种具有市场关联性的产业集群而言，良好的产业协同能够通过共享投入品牌和客源降低采购成本与客运费用；通过共享城市品牌和广告降低广告成本，强化地区旅游形象和声誉；通过共享营销推广资源降低营销和销售成本；通过共享市场开发资源降低市场研究成本和营销费用；通过共享销售渠道和销售团队提供多样化服务，为顾客提供一站式旅游产品，降低销售渠道辅助性设施的建设成本；通过共享服务网络提高区域内的服务一致性和响应性，降低服务成本。

良好的产业协同能够发挥集群竞争优势，相反，如果集群内的个体之间缺乏顺畅有效的信息沟通方式与渠道，缺乏强有力的利益共享机制和积极价值观的引导，产业协同就会向反方向发展，形成负协同，且往往表现为假冒伪劣、欺诈、恶意竞争、搭便车、恶性寻租等。在集群内合同外契约和政府规制缺位的推动下，负协同会逐渐演变成与各种信息不对称构成的恶性循环。受集群内各企业间固有的溢出效应和学习效应的影响，负协同将快速成为集群的主流协同方式。负协同不仅会致使集群之间不再具有因产业关联而可能获得的竞争优势，还会为集群带来竞争劣势，如产品低质、品牌劣质、产品升级乏力、缺乏外部吸引力、与市场机制和政府目标冲突等。李刚等（2012）基于产业集群的理论视角，提出以旅游文化产业集群化来推进京津冀旅游文化产业的协同发展。

3. 产业协同发展的度量

对产业协同的度量能够为确定发展程度、监测发展效果和制定发展决策与规划提供依据。实践中用以度量产业协同发展程度的方法主要有两种：一是通过比较区域内的投入量和产出量，确定区域内各产业或地区之间的影响关系，找出影响力系数和感应度系数较大的产业或地区，该方法需要进行大量的报表编制工作，但结果较为精确；二是采用指标度量的统计学方法，通过选择和设定评价指标体系与权重，分别计算规划初期与规划末期的总得分，通过二者之间的差值，并结合区域内各产业或地区之间的相互影响作用确定协同发展的程度，该方法对统计数据的要求较低，适合进行宏观判断。

孙虎和乔标（2015）在对京津冀产业协同发展的研究中利用德尔菲法选取了五大指标，度量三地区域协同发展水平和公平程度（表5-1）。

表 5-1　京津冀产业协同发展指标体系

一级指标	二级指标	注释
产业竞争力指标	第三产业占 GDP 的比例	衡量产业高级化程度
	生产性服务业占服务业的比例	
	高新技术产业占比	
	对外出口总量及增长率	衡量竞争力
	全员劳动生产率	
发展公平性指标	收入 Gini 系数	衡量区域内各地区的差距能否缩小
	塞尔指数	衡量区域内和区域间差距能否缩小
	区域内各地区经济增速对比	衡量能否共同发展
	区域内各地区投入产出对比	衡量资本增值能力能否趋同
市场化指标	劳动力市场化水平	是否形成统一市场
	区域内各地区储蓄及贷款总额对比	落后地区能否获得发展资金
	知识产权保护	创新资源和产品能否交易
	行业集中度	兼并没有受到政府干预下的水平
	产业同质化指数	区域内各地区产业雷同是否改善
资源环境指标	区域大气指标	重点衡量各地区产业污染能否得到有效治理、产业能否得到升级，能否在不污染的情形下实现产业经济快速增长
	流域水污染指标	
	生态丰度	
	区域内各地区能耗、水耗综合水平	
	区域内各地区能耗、水耗差别指标	
区域创新发展指标	专利	衡量区域创新能力、创新对产业发展的驱动能力
	科技投入	
	创新成果转化率	
	创新对经济增长的贡献率	

　　陈晓永和阴明州（2015）立足于京津冀区域的七座主要旅游城市，开发了度量三地旅游产业协同发展程度的区域旅游合作评价指标体系（表 5-2），并采用专家意见法确定了四个二级指标的权重。

表 5-2 区域旅游合作评价指标体系

一级指标	二级指标	三级指标
整体性	规模	游客接待区域集中度
		旅游收入区域集中度
		游客接待人数年均增长量
	发展质量	旅游业第三产业贡献指数
		旅游经济效益贡献指数
		游客人均旅游支出
		游客平均逗留天数
		旅游单位固定资产效益
		新增旅游业就业人数
内部和谐性	关联性	区域公路网密度
		区域铁路网密度
		旅游产业结构相似指数
	协同性	旅游收入均衡指数
		旅游市场集中度
		旅游收入增长离散指数

4. 区域协同创新

协同创新是指不同创新主体的创新要素通过复杂的非线性组合而产生整体效应的最优协同过程（杨耀武和张仁开，2009）。区域协同创新是以技术创新等单维度创新带动整个区域治理的综合创新过程，是一种高效的创新（张玉臣，2009），能够为创新主体带来目标驱动、要素聚合、组织机制强化和优势互补等协同效应（当代上海研究所，2009）。区域协同创新有狭义和广义之分。狭义的区域协同创新特指区域科技创新的协同，即通过打造区域科技创新平台实现区域内科研机构、科研人员和科研项目的协同合作，从而实现区域科技创新效益的最大化和科技创新能力的提升。广义的区域协同创新是由创新主体子系统（包括企业、高校、科研院所、科技中介机构、金融机构及政府）、创新资源子系统（包括资金、技术、信息、人才等要素）、创新功能子系统（包括知识创新、技术创新、制度创新以及知识流动等）和创新环境子系统（包括物质与技术基础设施、政策与法律、市场环境与创新文化等）通过非线性相互作用形成的有机体系（贺灵，2013），是区域协调发展的高级阶段，是区域内各地区在经济、社会、人口、环境等方面的全面协调合作，目的在于协调地区间发展和缩小地区间差异，进而实现整个区域的效益最大化（王志宝等，2013）。研究发现，集群吸收能力以及知识流动性等是区域创新网络发展的重要因素（Giuliani，2002），并据此促进区域经济与社会的发展（盖文启和王缉慈，1999）。陈丹宇（2009）研究了江浙沪地区的区域协同创新系统，发现虽然江浙沪三省内部各自的市场化水平和省级创新系统都具有较高的有序度，但跨省区的创新系统则因各类创新要素难以协调而导致其协同度较低。

5.3.2　京津冀区域旅游产业协同发展现状

1. 京津冀区域旅游产业协同发展阶段

2014 年 2 月，京津冀协同发展工作座谈会召开，京津冀协同发展上升为国家重大战略。2015 年，《京津冀协同发展规划纲要》（以下简称《纲要》）正式通过审议，明确了三地在协同发展中的差别定位。从《纲要》出台发展至今，京津冀都市圈在旅游产业上的合作仍处于初期发展阶段（陈晓永和阴明州，2015）。虽然在京津冀区域内有比较丰富的旅游资源，区域位置和游客的进入性较好，且三地旅游产业协同发展的方向已被三地广泛接受，但在具体实施上仍只限于在旅游线路规划等方面进行一些简单的基础性合作，区域内部关联性和产品对接性仍然较低，区域旅游一体化的发展尚未实质性展开。

2. 京津冀区域旅游产业协同发展成效显著

京津冀三地的旅游合作可以追溯到成立于 1985 年的京东旅游区。2007 年 4 月，三地签订《京、津、冀旅游合作协议》，明确三地将成立区域旅游协作会议制度，设计并发布使用统一的旅游宣传口号，联合开发若干精品旅游线路和旅游产品，建立联动机制，完善应急救援机制，对旅游市场进行综合规范整顿。经过数十年的发展，尤其是近十年来，得益于中央高层对环渤海地区和京津冀协同发展所作的明确指示，三地立足自身资源、差异定位、优势互补、错位发展、相辅相成，在区域旅游产业的协同发展方面取得了重大进展。

（1）北京市。《纲要》将北京市定位于全国政治中心、文化中心、国际交往中心和科技创新中心。北京拥有丰富的旅游资源，对外开放的旅游景点达 200 多处，有众多世界闻名的名胜古迹。2008 年，北京市发起"9 + 10"区域旅游合作，打开了以京津冀为基础的环渤海及北方腹地旅游产业更广泛的协同发展新局面，先后签署《环渤海旅游合作框架协议》和《京、津、冀合作协议》等促进区域旅游产业协同发展的重要推进文件。2013 年举办的第五届区域旅游合作会议还成立了包括入境旅游、旅游媒体、旅游研究机构和旅游投资在内的四大联盟，从而为区域旅游产品的设计开发、传播推广、智力支持和资本优化带来了更加紧密与难得的合作机遇。

（2）天津市。《纲要》将天津市定位于全国先进制造研发基地、北方国际航运核心区、金融创新运营示范区和改革开放先行区。作为拱卫首都的海上门户，天津具有优越的港口旅游资源和新兴旅游业态资源。早在 2005 年，天津市就推动成立了包括天津、河北和辽宁三省（直辖市）的环渤海港口城市旅游合作组织，由环渤海的 16 个港口城市共同商定港口旅游合作开发。2012 年，该组织共同签署《区域联合共谋发展》旅游合作协议，对环渤海诸城未来的邮轮航线、房车和低空飞行旅游等新业态展开协同合作。

（3）河北省。《纲要》将河北省定位于全国现代商贸物流重要基地、产业转型升级试验区、新型城镇化与城乡统筹示范区和京津冀生态环境支撑区。从旅游资源上看，河北省地域广阔，自然景观丰富，在三地之中最具发展休闲度假观光游览的潜力。2008 年，河北省开始实施《河北省环京津旅游休闲产业带发展规划（2008—2020）》，并相继组织开展"河北旅游进京津""京津自驾车游河北"系列宣传活动。2010 年，河北省提出环首都经济圈的构想，并在 2011年将休闲度假观光列入其环首都 13 县 1 圈 4 区 6 基地中服务首都对接北京部署的一部分。

3. 京津冀区域旅游产业协同发展中的问题凸显

1）京津冀三地对推进区域旅游产业协同发展的动力不一

区域旅游产业的协同发展需要各区域在自身资源和条件的基础上进行差异化定位与互补性开发，其中必然涉及各地政府在财政税收、城市形象、招商引资等各方面的利益矛盾。例如，在协同中扮演主要客源地的地区将面临旅游收入的净流出，而作为旅游目的地的地区则会实现旅游收入的净流入。在三地的旅游协同发展中，天津与河北更加看重来自北京的优质客源市场，着眼点在于利用本地区的旅游资源和邻近北京的区位优势吸引北京当地居民和以北京为主要目的地的外省或外籍游客前来观光消费。对北京而言，坐拥全国政治、经济与文化中心的传统地位，对天津和河北的旅游需求则更多地体现为消费市场需求。除此之外，作为客源市场，来自北京的游客往往具有高收入、高学历、高质量需求的三高特征，其对旅游目的地的选择范围更加广泛，尤其是对一些优质旅客来说，长途国内游和出境游已经成为其每年必备的出行日程，相较之下，津冀旅游市场的吸引力势必受到影响。基于上述原因，天津和河北具有发展区域旅游产业协同的更大动力，而北京虽然也具有一定意愿，但在资源、基础设施、市场和品牌协同等方面并没有考虑具体的协同发展战略，发展动力相对不足。

地方利益的各自为政使各地政府在区域旅游产业协同发展的推进和实施中动力不足，推动协作的纽带作用没有充分发挥，使区域协同难以真正落到实处，现有合作呈现重形式轻实质、重研讨轻执行、重宣言轻制度、重宣传轻营销的局面，许多观念停留在地区旅游行政管理层面上，实质性进展缓慢，成果难以尽如人意（白长虹和妥艳嫄，2014）。

2）旅游企业在区域旅游产业协同发展中的参与度较低

区域产业的协同发展归根结底要落实到各地区旅游企业之间的分工协作，例如，旅行社负责旅游产品的推广传播和管理客源市场，而旅游目的地的餐饮、酒店、城市交通、景区景点、休闲娱乐和购物企业则负责相关产品与服务的设计、开发、实施、维护和管理等工作。客源地旅行社与目的地旅行社合作开发旅游产品就是区域旅游产业协同发展在旅游企业之间进行的一种典型且最为广泛的合作模式。然而，从三地区域旅游协同发展的现状来看，进行的努力多集中在方案规划、制度建设和地方政府协调等方面，而对旅游产业的主体，即各旅游企业在区域产业协同中应当发挥的作用及如何发挥作用的关注尚显不足，且相较于研究界和政府机构，在制定协同发展规划时，对来自业界的声音倾听也较少，从而使协同发展的措施在可行性和操作性方面缺乏有力支撑。

3）旅游产业内各细分行业间及与其他产业间协同难度较大

旅游产业是跨行业的综合产业，涵盖吃、住、行、游、购、娱、信息、公共服务等多个相关行业。游客对某次旅行体验的整体感知并不仅仅取决于其对某一个旅游景区或某一个旅行社的满意程度，而是从其产生旅行动机开始，贯穿于行前准备、出行游览和行后反馈的全过程，涉及信息搜集、产品预订与采购、出游体验、过程分享、游后持续关注、口碑传播、故地重游等多个环节。从游客在公开媒体上发表的游记内容可以看出，景区质量、旅行社、餐饮、住宿、交通、目的地环境与城市形象、目的地智慧旅游与信息化水平、目的地公共服务水平等都是游客重点关注的领域，而各行业之间的内部协同能够产生正向的协同效应，提高游客对本次出行的整体感知和满意度，进而带来积极的口碑传播和更多的故地重游。就京津冀三地目前相关行业的发展水平来说，三地在餐饮、住宿、城市交通、目的地公共服务、智慧旅游与信息化水平等方面的发展存在较大差距。且由于缺乏统一的行业管理制度和通行的服务标准，加之受限于行政区划的空间限制和财政体制的条块分割，区域内不同行业之间的协同与相同行业跨区域的资源整合难度较大，表现为京津两地相关行业的发展水平和行业标准较河北更加成熟与严格，相关行业的成熟业态与投资资金更热衷于涌入京津两地，造成河北省相关行业发展的动力不足，从而加重地区间行业发展的不平衡性，制约区域旅游产业的协同发展。

从旅游产业与其他产业的关系上看，京津冀地区并非传统的旅游大省，旅游产业也不是三地的支柱产业，其受其他主导产业的影响较大，三地旅游市场的繁荣程度很大程度上取决于地方主导产业的发展水平。加之旅游产业所具有的强烈的社会属性，其发展必须获得其他产业，尤其是当地主导产业的支持。然而，无论是在第三产业相对发达的京津两地，还是在制造业发达的河北地区，旅游产业与农业、制造业和其他服务产业的协同还处于起步阶段。不同产业之间的利益诉求、管理与经营模式、行业发展标准等存在较大差距，更增加了其与旅游产业协同的难度。例如，旅游产业的发展希望三地居民拥有更完整和更多的带薪休假时间，而带薪休假制度在其他产业之中的推进则因需要其他企业克服重重困难且可能带来的人力成本增加而举步维艰。

5.3.3　京津冀区域旅游产业协同发展框架

1. 建立基于差异化定位的区域旅游大市场

从旅游资源上看，京津冀三地虽然都具有丰富的旅游资源，但独立来看，三地无论在资源体量还是在资源规模上都并不占优势，作为单独旅游目的地的吸引力相对较弱。从总体上看，三地旅游资源类型齐全且富有特色，旅游产品比较丰富，在空间方面的整休性十分突出：北京突出历史资源和首都文化，天津以近代风貌和港口风情闻名，河北则有自然生态和秀美风光，三地在产品定位和特色方面形成了有效的互补，在设计互补性的旅游产品和精品线路等方面具有天然优势。例如，可以将北京的明十三陵、故宫博物院、圆明园、颐和园与河北省的清东陵、清西陵等拥有皇家背景的资源联合起来，开发皇家文化游览线路；将北京的茶馆、胡同、天桥、京剧，天津的戏曲、相声、年画、泥人，河北的秧歌、杂技、皮影戏等民间艺术资源联动起来，开发体验性民俗游览线路。总之，三地无论在人文资源还是在自然资源方面，相互结合互补就能形成合力，相互分离就很容易造成割裂。

从京津冀三地面向的主要游客市场来看，目前国内存在三大主要客源市场，分别是以粤深为核心的珠三角客源市场，以沪宁杭为核心的长三角客源市场和以京津为核心的环渤海客源市场。其中北京既是全国最大的游客输出城市，也是最大的旅游目的地。在京津冀旅游产业的协同发展中，北京作为客源地的角色更加突出，因为与其他两地相比，北京常住人口的旅游消费需求和市场购买力都更加突出。未来无论在消费趋势还是在旅游活动空间的扩散规律方面，区域内部市场都将成为主流。随着京津冀区域一体化交通网络的基本形成，三地游客在区域内从事旅行消费所需支付的时间成本、交通成本和经济成本都将大幅降低，常规化、短距离、高频次的旅游消费将逐渐成为区域内旅游消费的新常态，各类旅游企业也将获得稳定持续的收入来源。

在目前的区域内市场中，北京成为最重要的客源地，度假休闲产品是北京游客对周边地区最大的旅游消费需求。针对此需求,津冀两地可以围绕其特色的曲艺、餐饮、农业、民俗等资源建立相当规模的旅游服务产业体系,从乡村景观保护、观光农业、乡村度假、森林休憩,到自驾游服务、游乐主题公园和中高端旅游地产,环北京休闲度假基地体系有极大的发展空间(吴必虎,2014)。

除了进行差异化的定位和分工,通过智慧旅游工程建立统一的信息服务平台,以实现三地旅游信息的无缝对接也是建立区域旅游大市场的必要条件。三地旅游产业的协同既需要组成旅行体验的吃、住、行、游、购、娱等细分行业跨地区的协同,也需要这些行业进行跨行业的协同,而能够打通行业藩篱的便是旅游服务信息的共享。三地之间资源信息、游客信息和行业信息的共享能够降低由于信息不对称所带来的机会成本和公共管理成本,从而使借助大数据分析技术,根据初始游客信息整合区域内所有资源,为游客提供最优的旅游产品和出行体验成为可能。除此之外,旅游服务信息共享也是三地建立统一的旅游突发事件应急机制、设立统一的相关行业管理标准以及进行旅游市场公共管理的必要基础。

2. 建立健全统筹京津冀区域旅游产业协同发展的管理机构

旅游产业的跨地区性和跨行业性使得地方政府在推动区域旅游产业协同发展的过程中扮演着至关重要的作用。在游客从客源地出发到结束行程返回客源地的整个旅途中,游客会经过两个以上的地区,其在每一个地区的体验都会影响对本次出行的整体感知,而游客地区体验的一个重要方面就是该地区的旅游公共服务水平,如旅游城市形象、公共交通、公共安全、信息便利性、旅游志愿者等。公共服务在营利模式上的特殊性使得地方政府成为公共服务的推进、建设和整合主体,缺乏地方政府的有力支持,各地区的旅游公共服务建设便无法顺利进行。

除了跨地区性,跨行业性也是旅游产业的一项重要特征。游客的整个旅途过程包括吃、住、行、游、购、娱的全方位体验,还需要与旅行社、餐厅、酒店、出租车、景点、商场、休闲娱乐场所等几乎所有旅游企业打交道。对游客来说,其所感知到的区域旅游产业的协同归根结底还是与其打交道的各类旅游企业的协同,而将不同类型企业所代表的不同细分行业进行配合与融汇,除了市场这只“看不见的手”的力量,政府这只“看得见的手”也需要发挥积极的推动作用。

在地方利益的驱动下,各地政府,尤其是旅游收入净流出的地区往往没有足够的动力去推动和落实区域旅游产业的协同发展规划与措施,因此建立一个将三地旅游产业视为一体的、统筹区域旅游产业总体发展的组织机构很必要。一方面,该机构需要协调和督促地方政府与旅游主管部门在三地旅游产业的协同发展中发挥主导作用,建立以区域内旅游企业为主体和核心的旅游产品开发营销联盟;另一方面,该机构需要探索适合三地实际情况的旅游产业增量利益分配与共享机制,在风险共担、收益共享的原则下开展双边或多边的工作分工与协作。

3. 建立以旅游企业为主体的充满活力的市场环境

区域协同创新理论研究发现区域集群创新网络会历经由企业创新到产业创新再到产业集群创新的演进过程,由此可见,企业创新是区域协同创新的起点。与以企业为主体的市场活力充沛的长三角和珠三角不同,京津冀地区的产业主体多为具有国家或政府背景的大型企业和企业集团,政府部门会通过指导、税收、财政、投融资等渠道直接或间接地影响企业经营决策。从历史上看,这种"政府+企业"的模式确实带动了地方经济的发展,但也造成了企业对政府过度依赖、市场敏感性不足、行业产能过剩等问题,这在钢铁、化工、水泥、玻璃等产业中尤其明显。与这些行业不同的是,旅游企业的分布较为分散,规模大小不一,政府背景较少,经营方式也更加多元化。除了少数几家国字头旅游企业,很多企业的发展都是建立在上下游企业的联系之上,市场竞争较为充分,与供给群体和消费群体之间易于形成广阔而复杂的社会网络,对市场机会和风险的敏感性更高,且更易于形成健康的价格和竞争机制。

京津冀区域旅游产业的协同在三地旅游战略和功能布局上需要政府主导的顶层设计和官方管理机构的统筹规划与协调,但在规划实施和旅游市场培育与发展中还是需要充分发挥旅游企业的主体作用,建立充满活力的、健康的市场竞争环境。在三地旅游产业协同发展的过程中,政府与旅游企业的关系应逐步由"政府主导+企业配合"过渡到"企业主导+政府支持"。政府在主导工作的实施中,也应尽可能避免采用直接干预的方式,而是通过公共服务体系建设、交通疏导、城市形象传播等方式,引导区域内旅游企业根据经营环境和顾客群体的变化调整经营策略,从而逐渐使自身的经营业态和主营业务与三地旅游产业协同发展的整体规划趋同,逐步培育起一批以智慧旅游和信息技术为基础的、实力雄厚、竞争力强的综合性和专业化的大型旅游企业与企业集团,重点引导和推动知名餐厅、饭店及旅行社打破地域限制,整合市场品牌,逐步向网络化、集团化和品牌化的方向发展。同时,三地政府和主管部门在进行区域旅游产业协同规划与研讨时,也应着重听取旅游企业的意见和建议,从而实现政府、科研机构和旅游企业的良性互动,实现政策制定、理论研究和落地实施的统一,既确保了顶层设计的科学性和可行性,也减少了政策推行的难度,保证了执行的效率和效果,从而使京津冀区域旅游产业的协同发展逐步由政府推动的产业规划发展成企业自发进行的市场行为。

4. 建立旅游产业与其他产业良性互动的协同发展机制

旅游产业所具有的跨行业性和广泛的社会属性使其与其他产业的发展密不可分。在与旅游相关的产业中，文化产业与旅游市场的融合居于首位。一方面，旅游产业是文化产品商品化的重要载体和主要渠道，另一方面，文化产业的加盟也使旅游产品蕴涵了更多的文化元素和文化基因。无论是《印象刘三姐》之于桂林山水，还是《长恨歌》之于华清池，抑或是以文化遗产之称闻名于世的热门景点布达拉宫和江南三大名楼，都是将文化与旅游融合的典范。相较于自然资源，京津冀地区的文化资源更加丰富，从春秋战国时期的燕赵文化，到封建社会顶峰的明清文化，再到波澜曲折的民国文化，都是京津冀地区共有的深厚且丰富的文化底蕴，是三地作为整体进行文化旅游目的地开发与营销的基础。进一步梳理、挖掘和利用区域内的文化资源，从三地共同的文化底蕴着手，通过历史、艺术等多种分类方式将三地旅游资源进行重新梳理与整合，开发主题鲜明的访古之旅、文物之旅、艺术之旅、创意之旅、城市文化之旅、乡村文化之旅、土著文化之旅、流行文化之旅等文化旅游产品，同时将三地繁荣的常规化的文艺演出产品整合到文化旅游产品之中，借助现代化的数字和信息技术，将文化旅游进行更加可视化、可感化、智慧化和可体验化的优化设计，在繁荣区域旅游市场、增加旅游收入的同时，也实现对传统文化的保护和发扬，提升区域的文化感及整体层次，实现文化与旅游产业的协同发展。

除了与文化产业的互动，旅游产业也需要与区域内的农业、制造业、高新技术产业等建立良性互动的协同发展机制。不同于旅游资源丰富的国内主要目的地，旅游产业并非京津冀地区的支柱产业和主导产业，因此需要与三地主导产业进行配合，发展特色旅游产品和旅游业态，同时把握区域内旅游发展的进程与进度，不对主导产业发展所需的资源，如道路交通、基础设施等公共服务资源进行挤占，实现区域内主导产业带动特色旅游产业，旅游产业宣传并推动主导产业发展的产业间良性循环互动。例如，打造依托天津港的特色港口旅游、面向京津人群周末度假消费的短途乡村体验游都能够较好地实现旅游产业与主导产业的良性互动。总之，要积极借助三地多方力量，极力促成区域内相关产业部门，特别是主导产业部门对旅游产业协同发展的认可、配合和支持，例如，通过主导产业的发展提高居民的可支配收入水平，提供更加灵活的休假安排，与旅游企业合作开展农业旅游、工业旅游、港口旅游等多种新型旅游业态。

5. 建立区域旅游产业整体营销与传播系统

旅游业作为全国战略性支柱产业地位的确定带来了各地发展旅游产业的浪潮，凭借出众的自然景观和独具特色的人文资源，国内已涌现出多个具备强劲竞争实力的综合旅游目的地，这对京津冀区域的区域吸引力和竞争力提出了全面挑战。在这一背景下，要想形成产业协同合力，提升区域旅游产业在国内旅游市场中的竞争力，就要将三地作为整体进行统一的营销推广和传播。早在 2003 年 9 月，京津冀三地旅游局就曾在北京的中华世纪坛广场举办过京津冀旅游宣传周活动；2007 年三地签署的《京、津、冀旅游合作协议》也明确三地要设计并发布使用统一的旅游宣传口号；2009 年，三地景区还共同推出了旅游年票，将三地旅游资源进行打包销售。虽然三地进行了一些联合营销的工作，但总的来说，毗邻北京这座世界级的旅游目的地和客源地，津冀却鲜有旅游景区被纳入北京世界级旅游目的地的整体营销格局（吴巧红，2014）。

对京津冀区域旅游产业进行整合营销，必须要遵循客户视角，即明确游客眼中的京津冀旅游应当是什么样的，游客希望在京津冀获得何种旅游体验。明确了顾客的需求，并以此为出发点和根本落脚点，进行旅游产品的设计、开发、营销、传播等一系列活动。

在营销战略的制定过程中，首先要对旅游市场进行内外部区分。对区域内部市场，以三地资源禀赋为基础，在差异定位的基础上针对目标客户进行精准营销，并从客户需求研究着手进行旅游产品的设计与开发。例如，针对京津市场，河北省可以在其特色农业资源的基础上着力打造面向京津游客周末居家休闲度假的乡村体验游和采摘游；针对京冀市场，天津可以打造以租界遗址和曲艺美食为特色的近代寻迹游和吃喝玩乐游；而针对津冀市场，北京则可以充分突出其厚重的历史文化资源，开发历史访古游。在营销平台的选择上，三地主流媒体、互联网、以高铁为代表的三地主要交通工具都是不错的选择。对区域外部市场而言，京津冀需要作为整体进行营销推广，建立统一的视觉识别（visual identity，VI）和企业识别（corporate identity，CI）系统，有统一的城市宣传材料和宣传口号。在营销平台上，除了广播、电视等传统主流媒体，还可以借助北京作为全国和国际重要交通枢纽的便利条件，在机场、火车站、主要地铁线路进行旅游推广和城市形象广告的投放。针对国内远途游客和国际游客，还可以以联合组团参展的方式参加国内外旅游展览、交易会和大型国际活动，提升区域旅游的整体形象和知名度。此外，在互联网与新媒体上，还可以通过网络直播、自媒体等更加活泼多样的方式进行旅游形象的传播。

6. 建立区域旅游产业协同发展共赢指标体系

京津冀区域旅游产业的协同发展不应仅局限在某一个具体行业或产业集群，要实现的建设目标也不应当只是旅游收入这一个经济指标，而应当是一个多元目标。通过旅游产业协同实现的共赢，不仅是京津冀三地的共赢，还应当是产业间的共赢，是经济效益与社会效益的共赢，是经济发展与环境保护的共赢。事实证明，单一的区域发展价值取向会损害区域的整体利益，近年来持续升温的雾霾天气便是过去数十年过分强调经济发展而忽略生态环境保护所付出的代价。对旅游发展而言，学界和业界关注重点从旅游开发到旅游适度开发的转变意味着平衡经济效益与社会效益、实现旅游产业的健康可持续发展已经成为共识。对三地旅游产业的协同发展而言，这意味着在旅游产业发展的目标设定上，旅游收入的结构将比总额更加重要，这也是顺应国家稳增长、调结构的供给侧改革的必然选择。结合京津冀地区的具体情况，通过不断优化旅游体验来提高单位投入上的旅游收入，逐步增加吃、住、购、娱的消费比重，同时减少大量游客进入时对区域生态环境、卫生安全、道路交通等可能带来的负面影响。

第6章 京津冀旅游产业一体化管理创新研究

6.1 基于部分财务指标的京津冀旅游协同现状

京津冀是与珠三角、长三角并称的三大旅游圈之一。京津是山水相连的两大直辖市，而河北环绕京津，是其天然纵深腹地。京津冀三地文脉相通、山川相连，具有发展区域旅游的良好环境。

从自然和人文旅游资源来看，京津冀三地的旅游资源丰富，且各有特色，具有很强的互补作用。北京拥有丰富的人文景观和一些自然景观，是我国的旅游热点。天津毗邻北京，历史上就是一个工商业城市，富有人文特色，特别是商业特色的旅游资源与北京恢宏的大景观和河北的自然风景、乡土风貌有很强的互补性，如天津的曲艺、特有商业和港口城市风貌等。而河北省地处华北，毗邻渤海，内环京津，是全国唯一的兼有海滨、平原、湖泊、丘陵、山地、高原的省份，地形地貌种类非常齐全，气候四季十分分明，并且拥有一批国家级的历史文化名城和风景名胜区，辅之以丰富的北方民风民俗，可以弥补京津两地在清新的自然景观和北方风土人情方面的一些不足。总之，京津冀旅游资源丰富独特、景物类型繁多、品味等级较高、区域特色浓厚、旅游功能齐全，这为其区域旅游业的发展提供了有利的基础条件。

根据国家统计局数据，本书通过对京津冀限额以上住宿业、餐饮业、旅游业外汇外入等旅游业主要财务指标对京津冀旅游协同情况进行初步诊断，三地主要指标的描述统计如表6-1所示。

表6-1 主要指标描述统计分析表

	样本数量	值域	最小值	最大值	均值	标准差	方差
住宿收入北京	8	112.9	263.7	376.6	327.675	38.237 0	1 462.068
住宿收入河北	8	33.20	49.60	82.80	66.400 0	11.855 44	140.551
住宿收入天津	8	13.70	27.70	41.40	35.825 0	4.681 80	21.919
餐饮收入北京	18	502.83	40.77	543.60	260.625 0	198.623 53	39 451.308
餐饮收入河北	18	49.69	3.61	53.30	21.876 7	16.717 94	279.490
餐饮收入天津	18	96.29	7.05	103.34	50.054 4	35.684 40	1 273.376

续表

	样本数量	值域	最小值	最大值	均值	标准差	方差
外汇北京	20	3 512.46	1 903.54	5 416.00	3 697.113 5	1 130.091 63	1 277 107.082
外汇河北	20	512.22	73.56	585.78	272.165 0	169.142 31	28 609.121
外汇天津	20	3 146.20	151.91	3 298.11	1 035.986 0	1 012.041 90	1 024 228.802
国际游客北京	19	5.20	0.00	5.20	3.464 2	1.299 08	1.688
国际游客河北	18	1.01	0.28	1.29	0.683 3	0.287 28	0.083
国际游客天津	19	1.66	0.00	1.66	0.715 8	0.409 92	0.168

6.1.1　限额以上住宿业企业的主营业务收入及其协同现状分析

2008～2015 年，京津冀三地在限额以上住宿业企业的主营业务收入（亿元）上有很大的差异（图 6-1），其中：北京市收入在[263.7，376.6]波动，均值为 327.675，标准差为 38.237 0；天津市收入在[27.7，41.4]波动，均值为 35.825，标准差为 4.681 8；河北省收入在[49.6，82.8]波动，均值为 66.40，标准差为 11.855 4。北京市的这项收入远高于天津市和河北省。

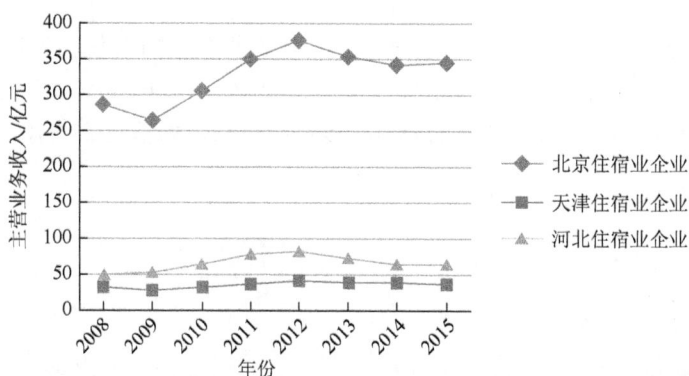

图 6-1　京津冀限额以上住宿业企业的主营业务收入时序图（2008～2015 年）

对京津冀限额以上住宿业企业的主营业务收入进行相关分析，得到 Pearson 相关系数表如表 6-2 所示（注意：*表示在 $\alpha = 0.05$（双尾）的水平下显著，**表示在 $\alpha = 0.01$（双尾）的水平下显著，后面表格中若无特殊说明，*和**的含义与此相同）。从表 6-2 中可以看出：北京市的限额以上住宿业企业的主营业务收入与河北省和天津市这项收入两两相关且有较高的相关度，北京-河北这项收入的相关系数为 0.894、北京-天津这项收入的相关系数为 0.986、天津-河北在这项收入上的相关系数为 0.823。因此，京津冀地区在限额以上住宿业企业主营业务收入这一指标上表现出一定的协同发展现象。

表 6-2　京津冀限额以上住宿业企业的主营业务收入相关系数表

		北京住宿收入	河北住宿收入	天津住宿收入
北京住宿收入	显著水平（双尾）	1	0.894**	0.986**
			0.003	0.000
	样本数量	8	8	8
河北住宿收入	显著水平（双尾）	0.894**	1	0.823*
		0.003		0.012
	样本数量	8	8	8
天津住宿收入	显著水平（双尾）	0.986**	0.823*	1
		0.000	0.012	
	样本数量	8	8	8

6.1.2　限额以上餐饮业企业主营业务收入及其协同现状

1998～2015 年，京津冀三地在限额以上餐饮业企业的主营业务收入（亿元）上有很大的差异（图 6-2），其中：北京市收入在[40.77, 543.6]波动，均值为 260.625，标准差为 198.6235；河北省收入在[3.61，53.30]波动，均值为 21.8767，标准差为

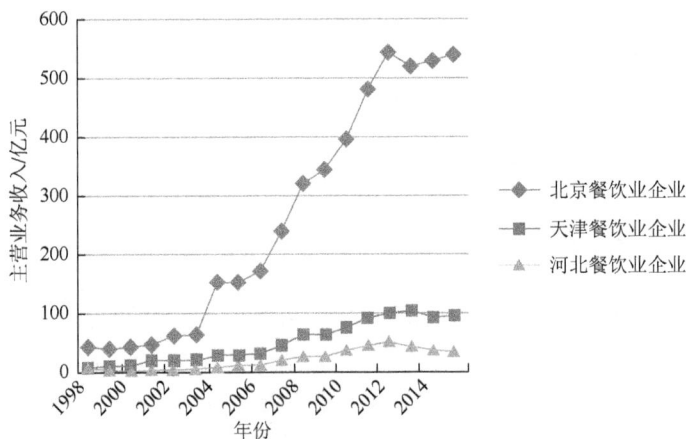

图 6-2　京津冀限额以上餐饮业企业的主营业务收入时序图（1998～2015 年）

16.7179；天津市收入在[7.05，103.34]波动，均值为 50.0544，标准差为 35.6844。北京市的这项收入也远高于天津市和河北省。

对京津冀限额以上餐饮业企业的主营业务收入进行相关分析，得到 Pearson 相关系数表如表 6-3 所示。从表 6-3 中可以看出：北京市的限额以上餐饮业企业的主营业务收入与河北省和天津市这项收入两两相关且有较高的相关度，北京-河北这项收入的相关系数为 0.973、北京-天津这项收入的相关系数为 0.996、天津-河北在这项收入上的相关系数为 0.980。因此，京津冀地区在限额以上餐饮业企业主营业务收入这一指标上表现出一定的协同发展现象。

表 6-3　京津冀限额以上餐饮业企业的主营业务收入相关系数表（1998～2015 年）

		北京餐饮收入	河北餐饮收入	天津餐饮收入
北京餐饮收入	显著水平（双尾）	1	0.973**	0.996**
			0.000	0.000
	样本数量	18	18	18
河北餐饮收入	显著水平（双尾）	0.973**	1	0.980**
		0.000		0.000
	样本数量	18	18	18
天津餐饮收入	显著水平（双尾）	0.996**	0.980**	1
		0.000	0.000	
	样本数量	18	18	18

为了进一步分析京津冀限额以上餐饮业企业的主营业务收入之间协同关系的时序特征，根据时年特征将数据分为四组，其中：1998～2000 年为 G_1，2001～2005 年为 G_2，2006～2010 年为 G_3，2011～2015 年为 G_4。对京津冀这一指标之间的协同关系进行分组对比如表 6-4～表 6-7 所示。

表 6-4　京津冀限额以上餐饮业企业的主营业务收入相关系数表（1998～2000 年）

		北京餐饮收入	河北餐饮收入	天津餐饮收入
北京餐饮收入	显著水平（双尾）	1	0.032	−0.030
			0.980	0.981
	样本数量	3	3	3
河北餐饮收入	显著水平（双尾）	0.032	1	0.998*
		0.980		0.039
	样本数量	3	3	3

		北京餐饮收入	河北餐饮收入	天津餐饮收入
天津餐饮收入	显著水平（双尾）	−0.030	0.998*	1
		0.981	0.039	
	样本数量	3	3	3

表 6-5　京津冀限额以上餐饮业企业的主营业务收入相关系数表（2001～2005 年）

		北京餐饮收入	河北餐饮收入	天津餐饮收入
北京餐饮收入	显著水平（双尾）	1	0.949*	0.998**
			0.014	0.000
	样本数量	5	5	5
河北餐饮收入	显著水平（双尾）	0.949*	1	0.948*
		0.014		0.014
	样本数量	5	5	5
天津餐饮收入	显著水平（双尾）	0.998**	0.948*	1
		0.000	0.014	
	样本数量	5	5	5

表 6-6　京津冀限额以上餐饮业企业的主营业务收入相关系数表（2006～2010 年）

		北京餐饮收入	河北餐饮收入	天津餐饮收入
北京餐饮收入	显著水平（双尾）	1	0.965**	0.994**
			0.008	0.001
	样本数量	5	5	5
河北餐饮收入	显著水平（双尾）	0.965**	1	0.983**
		0.008		0.003
	样本数量	5	5	5
天津餐饮收入	显著水平（双尾）	0.994**	0.983**	1
		0.001	0.003	
	样本数量	5	5	5

表 6-7　京津冀限额以上餐饮业企业的主营业务收入相关系数表（2011～2015 年）

		北京餐饮收入	河北餐饮收入	天津餐饮收入
北京餐饮收入	显著水平（双尾）	1	−0.049	0.484
			0.938	0.409
	样本数量	5	5	5

续表

		北京餐饮收入	河北餐饮收入	天津餐饮收入
河北餐饮收入	显著水平（双尾）	−0.049	1	0.388
		0.938		0.519
	样本数量	5	5	5
天津餐饮收入	显著水平（双尾）	0.484	0.388	1
		0.409	0.519	
	样本数量	5	5	5

表 6-4～表 6-7 依次是按时序划分的 4 组样本的京津冀餐饮企业主营业务收入的 Pearson 相关系数表。在表 6-4 中，只有河北-天津的相关系统通过了检验，但是由于这一组的样本数量过少（只有三个），本组结果暂且忽略。2001～2010 年的情况如表 6-5 和表 6-6 所示，其结果与不分时间段的总体结果基本一致。2011～2015 年的情况如表 6-7 所示，值得注意的是，表 6-7 结果显示：京津冀地区在这五年间，限额以上餐饮业企业的主营业务收入不具有显著相关关系。

6.1.3　国际旅游外汇收入及其协同现状

1996～2015 年，京津冀三地在国际旅游外汇收入（百万美元）上有较大的差异（图 6-3），其中：北京市国际旅游外汇收入在[1903.54，5416.00]波动，均值为 3697.1135，标准差为 1130.09；天津市国际旅游外汇收入在[151.91，3298.11]波动，均值为 1035.986，标准差为 1012.04；河北省国际旅游外汇收入在[73.56，585.78]波动，均值为 272.165，标准差为 169.1423。北京市和天津市的这项收入远高于河北省。

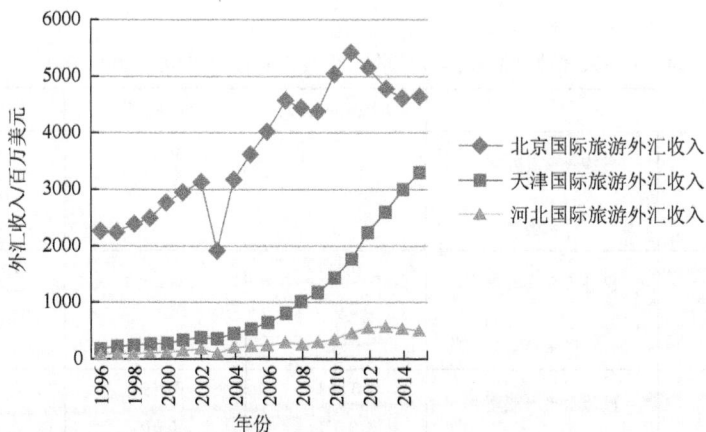

图 6-3　京津冀国际旅游外汇收入时序图（1996～2015 年）

对京津冀国际旅游外汇收入进行相关分析，得到 Pearson 相关系数表如表 6-8 所示。从表 6-8 中可以看出：北京市的国际旅游外汇收入与河北省和天津市这项收入两两相关且有较高的相关度，北京-河北这项收入的相关系数为 0.892、北京-天津这项收入的相关系数为 0.768、天津-河北在这项收入上的相关系数为 0.948。因此，京津冀地区在国际旅游外汇收入这一指标上表现出一定的协同发展现象。

表 6-8　京津冀国际旅游外汇收入相关系数表（1996～2015 年）

		北京国际旅游外汇收入	河北国际旅游外汇收入	天津国际旅游外汇收入
北京国际旅游外汇收入	显著水平（双尾）	1	0.892**	0.768**
			0.000	0.000
	样本数量	20	20	20
河北国际旅游外汇收入	显著水平（双尾）	0.892**	1	0.948**
		0.000		0.000
	样本数量	20	20	20
天津国际旅游外汇收入	显著水平（双尾）	0.768**	0.948**	1
		0.000	0.000	
	样本数量	20	20	20

为了进一步分析京津冀国际旅游外汇收入之间协同关系的时序特征，根据时年特征将数据分为四组，其中：1996～2000 年为 G_1，2001～2005 年为 G_2，2006～2010 年为 G_3，2011～2015 年为 G_4。对京津冀这一指标之间的协同关系进行分组对比如表 6-9～表 6-12 所示。

表 6-9　京津冀国际旅游外汇收入相关系数表（1996～2000 年）

		北京外汇收入	河北外汇收入	天津外汇收入
北京外汇收入	显著水平（双尾）	1	0.927*	0.898*
			0.023	0.038
	样本数量	5	5	5
河北外汇收入	显著水平（双尾）	0.927*	1	0.959**
		0.023		0.010
	样本数量	5	5	5
天津外汇收入	显著水平（双尾）	0.898*	0.959**	1
		0.038	0.010	
	样本数量	5	5	5

表 6-10　京津冀国际旅游外汇收入相关系数表（2001～2005 年）

		北京外汇收入	河北外汇收入	天津外汇收入
北京外汇收入	显著水平（双尾）	1	0.988**	0.622
			0.002	0.262
	样本数量	5	5	5
河北外汇收入	显著水平（双尾）	0.988**	1	0.666
		0.002		0.220
	样本数量	5	5	5
天津外汇收入	显著水平（双尾）	0.622	0.666	1
		0.262	0.220	
	样本数量	5	5	5

表 6-11　京津冀国际旅游外汇收入相关系数表（2006～2010 年）

		北京外汇收入	河北外汇收入	天津外汇收入
北京外汇收入	显著水平（双尾）	1	0.917*	0.774
			0.028	0.125
	样本数量	5	5	5
河北外汇收入	显著水平（双尾）	0.917*	1	0.820
		0.028		0.089
	样本数量	5	5	5
天津外汇收入	显著水平（双尾）	0.774	0.820	1
		0.125	0.089	
	样本数量	5	5	5

表 6-12　京津冀国际旅游外汇收入相关系数表（2011～2015 年）

		北京外汇收入	河北外汇收入	天津外汇收入
北京外汇收入	显著水平（双尾）	1	−0.502	−0.970**
			0.389	0.006
	样本数量	5	5	5
河北外汇收入	显著水平（双尾）	−0.502	1	0.353
		0.389		0.560
	样本数量	5	5	5
天津外汇收入	显著水平（双尾）	−0.970**	0.353	1
		0.006	0.560	
	样本数量	5	5	5

　　表 6-9～表 6-12 依次是按时序划分的 4 组样本对应的 Pearson 相关系数表。在表 6-9 中,其结果与不分时间段的总体结果基本一致,且相关程度更高。2001～2010 年的表 6-10 和表 6-11 显示:只有北京-河北的国际旅游外汇收入具有很强的相关性,北京-天津、天津-河北之间均不具有显著的相关性。值得注意的是,2011～2015 年的情况如表 6-12 所示,结果显示:京津冀地区在这五年间,国际旅游外汇收入这一指标,北京-天津之间具有很强的负相关关系,两地显示了很强的竞争性或疏解性。

6.1.4　接待入境国际游客及其协同现状

　　1997～2015 年,京津冀三地在接待入境国际游客(百万人次)上有较大的差异(图 6-4),其中:北京市接待入境国际游客人数在[1.85, 5.20]波动,均值为 3.46,标准差为 1.299;天津市接待入境国际游客人数在[0.28, 1.66]波动,均值为 0.72,标准差为 0.4099;河北省接待入境国际游客人数在[0.28,1.29]波动,均值为 0.6833,标准差为 0.2873。天津市与河北省接待入境国际游客人数接近,北京市接待入境国际游客人数远高于河北省。

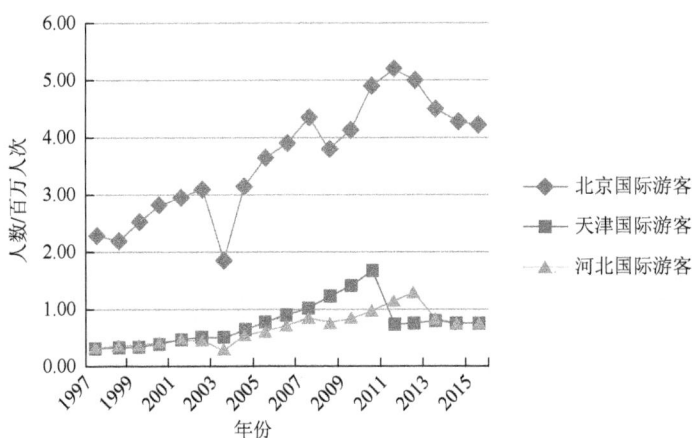

图 6-4　京津冀国际游客时序图（1997～2015 年）

　　对京津冀入境国际游客人数进行相关分析,得到 Pearson 相关系数表如表 6-13 所示。从表 6-13 中可以看出:北京市的入境国际游客人数与河北省和天津市这项收入两两相关且有较高的相关度,北京-河北这项收入的相关系数为 0.963、北京-天津这项收入的相关系数为 0.743、天津-河北在这项收入上的相关系数为

0.632。因此，京津冀地区在入境国际游客人数这一指标上表现出一定的协同发展现象。

表 6-13　京津冀接待入境国际游客人数相关系数表（1997～2015 年）

		北京入境国际游客	河北入境国际游客	天津入境国际游客
北京入境国际游客	显著水平（双尾）	1	0.963**	0.743**
			0.000	0.000
	样本数量	19	18	19
河北入境国际游客	显著水平（双尾）	0.963**	1	0.632**
		0.000		0.005
	样本数量	18	18	18
天津入境国际游客	显著水平（双尾）	0.743**	0.632**	1
		0.000	0.005	
	样本数量	19	18	19

为了进一步分析京津冀入境国际游客人数之间协同关系的时序特征，根据时年特征将数据分为四组，其中：1997～2000 年为 G_1，2001～2005 年为 G_2，2006～2010 年为 G_3，2011～2015 年为 G_4。对京津冀这一指标之间的协同关系进行分组对比如表 6-14～表 6-17 所示。

表 6-14　京津冀接待入境国际游客人数相关系数表（1997～2000 年）

		北京入境国际游客	河北入境国际游客	天津入境国际游客
北京入境国际游客	显著水平（双尾）	1	0.968*	0.924
			0.032	0.076
	样本数量	4	4	4
河北入境国际游客	显著水平（双尾）	0.968*	1	0.985*
		0.032		0.015
	样本数量	4	4	4
天津入境国际游客	显著水平（双尾）	0.924	0.985*	1
		0.076	0.015	
	样本数量	4	4	4

表 6-15　京津冀接待入境国际游客人数相关系数表（2001～2005 年）

		北京入境国际游客	河北入境国际游客	天津入境国际游客
北京入境国际游客	显著水平（双尾）	1	0.964*	0.960**
			0.036	0.009
	样本数量	5	4	5
河北入境国际游客	显著水平（双尾）	0.964*	1	0.864
		0.036		0.136
	样本数量	4	4	4
天津入境国际游客	显著水平（双尾）	0.960**	0.864	1
		0.009	0.136	
	样本数量	5	4	5

表 6-16　京津冀接待入境国际游客人数相关系数表（2006～2010 年）

		北京入境国际游客	河北入境国际游客	天津入境国际游客
北京入境国际游客	显著水平（双尾）	1	0.951*	0.677
			0.013	0.210
	样本数量	5	5	5
河北入境国际游客	显著水平（双尾）	0.951*	1	0.867
		0.013		0.057
	样本数量	5	5	5
天津入境国际游客	显著水平（双尾）	0.677	0.867	1
		0.210	0.057	
	样本数量	5	5	5

表 6-17　京津冀接待入境国际游客人数相关系数表（2011～2015 年）

		北京入境国际游客	河北入境国际游客	天津入境国际游客
北京入境国际游客	显著水平（双尾）	1	0.922*	−0.991**
			0.026	0.001
	样本数量	5	5	5
河北入境国际游客	显著水平（双尾）	0.922*	1	−0.891*
		0.026		0.042
	样本数量	5	5	5
天津入境国际游客	显著水平（双尾）	−0.991**	−0.891*	1
		0.001	0.042	
	样本数量	5	5	5

表 6-14～表 6-17 依次是按时序划分的 4 组样本对应的 Pearson 相关系数表。表 6-14 结果显示：在 1997～2000 年，入境国际游客北京与河北具有显著的正相关关系，其相关系数为 0.968；入境国际游客河北与天津具有显著的正相关关系，其相关系数为 0.985；北京与天津的入境国际游客人次之间的相关性没有通过检验。考虑到样本数量较少，这一结果暂时忽略。2001～2005 年的表 6-15 显示：北京接待国际游客人数与天津、河北均具有显著很强的相关性，其相关系数依次为 0.960、0.964；天津与河北接待国际游客人数不具有显著相关性。2006～2010 年的表 6-16 显示：只有北京-河北的接待国际游客人次具有很强的相关性，北京-天津、天津-河北之间均不具有显著的相关性。2011～2015 年的情况如表 6-17 所示，结果显示：京津冀地区在这五年间，接待国际游客人数这一指标北京-河北之间具有显著很强的正相关关系，但是北京-天津和河北-天津之间具有很强的负相关关系，天津市与京冀两地均显示了很强的竞争性或疏解性，这一结果与国际旅游外汇收入指标的结果基本一致。

6.1.5 初步结论

综上所述，总体而言，京津冀地区旅游业发展整体上呈现了一定程度的协同性。但是，考虑到不同时期的特点，京津冀地区旅游业发展近年来的协同程度有所下降，如限额以上餐饮业企业的主营业务收入，甚至在接待入境游客人数及旅游外汇收入方面，三地出现了较强的竞争性和疏解性。

6.2 京津冀旅游产业一体化制度机制创新研究

由国家发改委牵头制定的京津冀一体化发展规划正在进行最后一轮修改，此举标志着京津冀一体化发展战略将正式跃升到国家层面。京津冀地区的旅游产业不仅资源类型齐全，基础设施比较完备，客源地覆盖广，而且对服务贸易贡献明显，对区域产业结构调整的拉动力强，完全有条件成为区域一体化进程中的先导产业和重点领域，旅游产业一体化也因此有望成为推动京津冀一体化的引擎和突破口。

6.2.1 京津冀旅游产业一体化具备一定的先天优势

1. 地缘紧密相接，旅游资源互补性强

京津冀虽为三地，实际上都是在河北省这一省级行政区的怀抱之内的。北京

的传统人文旅游资源在国内首屈一指，天津曾经是近代中国北方最大的通商口岸，中西合璧的建筑与设施是其旅游资源中的亮点。对照《旅游资源分类、调查与评价》（GB/T1 8972—2003）所划分的地文景观、水域风光、生物景观、天象与气候景观、遗迹遗址、建筑与设施、旅游商品和人文活动 8 个旅游资源主类，可以发现河北省都有具体的旅游资源分布其中。

2. 文化血脉相连，具有清晰的延续性

京津冀的历史文化可以上溯到春秋战国时期的燕赵文化，1153 年金朝建中都于北京地区，使之成为中国北方的政治文化中心，1267 年元朝将北京地区建成元大都，此后 600 多年除明朝建立初期的 50 多年，北京一直是中国的政治文化中心。在明朝迁都北京的第二年，即 1404 年明成祖朱棣传谕旨"筑城浚池，赐名天津"，1860 年天津成为通商口岸后，西方多国在此设立租界，很快成为中国北方开放的前沿和近代中国洋务运动的基地。由天津开始的军事近代化，以及铁路、电报、电话、邮政、采矿、近代教育、司法等方面的建设，均开中国之先河。河北、北京、天津的历史和文化同根同源，在发展过程中各自形成了自己独特的风格和侧重点，而这些差异正是京津冀旅游产业一体化的文化基础和前提条件。

3. 政治渊源相融，历史上行政隶属关系复杂

在历史上，北京和天津均曾做过河北省的首府。1659 年清政府在河北设立直隶省，后设直隶总督署于保定。天津开埠后，新政渐起，从 1870 年起直隶总督兼领北洋通商大臣，一年之中，除海河封冻季节回保定处理公务，其余时间分驻天津，直到 1902 年直隶总督衙门正式迁入天津。进入民国，1913 年北洋政府将直隶省省会设于天津，1928 年国民党政府决定，设立天津特别市，改直隶省为河北省，省会迁往北平（即北京），两年后河北省政府又由北平迁回天津；1935 年河北省省会迁往保定，天津改为行政院辖市。1949 年中华人民共和国成立后，北京定为首都，天津定为直辖市；1958 年中央政府将天津由直辖市改为河北省省辖市，同年河北省省会由保定迁到天津，直到 1967 年中共中央决定天津市恢复为直辖市，河北省省会再次迁往保定，后又迁至石家庄。

6.2.2　制约京津冀旅游产业一体化的因素分析

1. 行政区划体制下的利益博弈

在我国，区域利益和区域调控的主体是地方政府，其职能和地位决定了地方政府要以利己作为一项重要的行动指南。为了突出政绩、提升经济实力或强化区

域竞争优势，地方政府通常会采取地方性保护，对成长型或高景气产业在规划布局和招商引资等方面提供优惠条件，从而使产业特色雷同、资源配置有效性降低。在这种行政区划体制下的利益博弈中，京津冀三地政府都存在封闭式发展旅游的思维，致使利用、整合相邻行政区的旅游资源非常困难，区域旅游联动发展机制更是难以建立。

2. 相关法律和制度不健全

2013 年颁布实施的《中华人民共和国旅游法》中明确规定"禁止行业垄断和地区垄断"，并且要求"采取措施推动区域旅游合作，鼓励跨区域旅游线路和产品开发"。国务院发布的《国务院关于加快发展旅游业的意见》表明，政府主导是国内旅游发展最成功的经验之一，因此，京津冀旅游产业一体化离不开区域内政府间的合作，只有建立一个依法有效的制度框架，才能打破自家一亩三分地的思维定式，实现区域旅游公共管理相互协作、旅游产业规划优势互补、旅游资源开发因地制宜、旅游收入利益均沾。

但是在实践中可以发现，我国区域旅游产业一体化建设方面可以依据的法律法规还不够健全，现行的《宪法》和《中华人民共和国地方各级人民代表大会和地方各级人民政府组织法》虽然对地方政府在国家政治经济生活中的地位与作用作出了规定，但是在约束地方保护主义和破除区域市场分割，以及地方政府之间如何发展对等关系等方面没有相关的法律条文，至于各级地方政府在区域经济合作中所建立的跨区域管理机构更是没有明确的法律地位。

3. 旅游产业发展的非均衡障碍

旅游产业的发展是一个系统、综合性工程，不仅旅游资源的自身特点影响着外部对其开发利用的程度，而且旅游资源分布地的社会经济发展水平、自然环境和交通运输条件等也在很大程度上影响着区域旅游资源的开发动力。京津冀三地的旅游资源虽然各具特色，但是旅游资源禀赋存在着比较大的差异，北京属于旅游资源富集、区位优势明显且经济发达的地区，天津则属于旅游资源相对有限、区位优势和经济活力快速提升的地区，而河北省已开发的旅游资源主要分布在距北京约 300 千米的环首都经济带，省内其他地区的旅游资源开发比较缓慢，且区域经济发展不平衡，目前产业结构调整和经济转型压力比较大。这种局面导致了经济发达地区不愿意自身的游客资源外输，旅游发达地区不愿做扶贫式的旅游合作。

4. 整体旅游形象定位缺失，个性化旅游产品稀缺

京津冀三地对各自旅游形象的塑造均非常重视，北京各个区都在设计自己的

旅游宣传口号，天津围绕"天天乐道，津津有味"，积极打造"近代中国看天津"、"都市博览游"、"滨海休闲游"、"山野名胜游"和"海河风光游"五大旅游品牌，河北省的主要城市也通过各自的旅游宣传语突出亮点。但是，与京津冀旅游产业一体化相适应的区域整体形象的建构，还缺乏统一的认识和协调一致的措施，从而导致京津冀缺少一个能够反映该区域旅游资源整体特色和魅力的旅游形象。

此外，目前跨京津冀三地的旅游产品主要针对的是团队观光型游客，各旅行社自行设计、开发的旅游线路大多以周游型线路为主，只是把几个邻近的景区或景点简单地串联起来，内容构成比较单一，互补性不强，京津冀三地未能主动联合打造出成系列的、个性化的旅游精品，统一规划的旅游市场网络建设尚未启动。

6.2.3　京津冀旅游产业一体化进程中制度创新与机制创新的理论基础

1. 制度创新的主体

制度创新，是指创新者通过对现存制度的变革为自身或利益关联方获取最大利益。新制度经济学者戴维斯（Davis）和道格拉斯·诺斯（Douglass C. North）认为，经济社会之所以会产生制度创新，是因为在现有的制度框架内人们失去获利的能力和获利的机会，制度对经济发展有着至关重要的影响，"有效率的经济组织是经济增长的关键；一个有效率的经济组织的发展正是西方兴起的原因所在"。

戴维斯等指出，制度创新的主体可以是单个人、自愿合作的个人组成的集团或政府，其中政府的强制性安排能产生更大的收益，因为政府可以使它的强制权力产生效用，并将它的决定强加给参与者，这一切是自主性的安排所无法实现的。制度创新的主体采用的形式可以是暂时的，也可以是永久的；可以是正式的，也可以是非正式的。但它必须至少实现以下目标中的一个：实现一种制度结构，在这个结构中它的成员可以得到收入，这些收入在这个结构之外是不可能获得的；实现一种机制，这种机制不仅能影响法律和所有权的改变，而且能影响个人或集团合作或竞争方式的改变。由此可见，虽然政府主导型旅游发展战略在我国取得了成功，但是要解决行政区划体制下的利益博弈，依靠传统的某一行政区划政府是难以奏效的，京津冀旅游产业一体化进程中制度创新的主体也应该是创新的，它的权威性要保证京津冀三地在一种制度框架和机制调控中，各自的旅游产业发展都能够获得可接受的收益。

2. 制度创新的条件分析

戴维斯和诺斯认为，以政府为主体的制度创新活动一般需要具备以下三种条件之一：首先是政府的内部结构和职能比较完善，政府组织可以间接地创造利润，而在现有的市场机制下企业或公民却不能直接地产生或获取这些利润；其次是大量的外部收益在现存的所有制下很难实现；最后是现有的利益分配模式可能会对某些组织或个人不公平，从而使利益分配变得困难。联系京津冀旅游产业一体化的制约因素，上述三种条件中，第一种条件可以通过体制改革与创新来满足；第二种条件的具备，需要进行所有制的顶层设计，以京津冀旅游产业一体化的影响力现阶段还不足以推动；第三种条件目前已经显现，即京津冀旅游产业的非均衡发展，使得利益的产生与分配过程中存在矛盾。

由此可见，构建京津冀旅游产业一体化格局不仅需要制度创新，而且应该通过机制创新为制度创新创造条件。具体而言就是京津冀三地的旅游行政主管部门要破除行政区划的框界，以政府名义进行合作，通过谈判协商形成组织对口、信息共享、政策联动的区域合作机制，在这种从屏蔽效应向中介效应的转化过程中，间接利润就比较容易产生了。

3. 制度创新的切入点

构建京津冀旅游产业一体化格局的实质是开展旅游领域的区域深度合作，随之而行的一系列制度创新，首先应该是建立在一定的法律框架内的，这也是依法治国理念的要求，因此，必须通过制定区域合作的法律法规来保证相关政策的一致性和连续性，同时也使地方政府在处理区域关系时有法可依。这是国外市场经济国家通行的做法，以德国为例，在《德意志联邦共和国基本法》第 72 条中明确规定："在联邦领域内建立等值之生活关系。"也就是说国家必须保持各地区人民生活条件的一致性。此外，德国还分别颁布实施了《联邦区域整治法》《改善区域结构共同任务法》《联邦空间布局法》等，为本国区域经济协同发展提供法律保障。

6.2.4　建议

以共赢思维确立大旅游、大产业、大区域、大市场的发展理念是构建京津冀旅游产业一体化格局的关键。京津冀三地要遵循旅游市场发展规律，倡导区域协作精神，通过协调管理，优势互补，建设内涵丰富的旅游产品群，使京津冀旅游产业实现合作、联动、互惠。

1. 以行政法规的形式为区域旅游产业合作提供法律依据

适用于区域经济合作与发展协调的法律应该属于国家层面的立法。按照《中华人民共和国立法法》的规定，当中所涉及的财政、税收、海关、金融和外贸等基本经济制度问题必须由全国人民代表大会常务委员会进行立法。但是，目前我国的区域经济合作仍处于探索阶段，许多问题还需要实践的检验，其立法程序比较复杂、立法周期比较长，现阶段不适宜由全国人民代表大会常务委员会进行立法。

目前，积极推动旅游产业一体化的区域，除了京津冀，跨省域的还有长三角地区，省域内倡导区域旅游产业一体化的有广东珠三角地区、广西北部湾地区以及武汉城市圈等多个地区，可见相关立法是具有普遍意义的。因此，可根据《宪法》第九十条"各部、各委员会根据法律和国务院的行政法规、决定、命令，在本部门的权限内，发布命令、指示和规章"和《中华人民共和国立法法》第六十五条"国务院根据宪法和法律，制定行政法规"的规定，由中华人民共和国全国人民代表大会授权国务院直属的国家旅游局先行制定有关区域旅游合作的行政法规。这是因为国家立法机关制定法律的条件不成熟，而实践中又迫切需要对一些新的改革措施加以统一规范，且旅游产业涉及的领域比较广，通过国家旅游局出台低位阶的法律规范（行政法规）并试行，可以积累立法经验，并有效解决立法权限问题。

2. 加强政府导向，引导市场流向

当前，京津冀旅游产业合作在政策层面动作还比较迟缓，主要是广义的旅游产业是从消费需求角度定义的，在现实的旅游经济活动中不存在单一的产品供给者，在政府行政管理层面工商、交通、卫生、环保等部门与旅游产业相关，在国民经济核算体系中交通运输、住宿餐饮消费等行业是旅游经济活动不可或缺的组成部分，因此仅靠地方旅游局（委）之间的合作与协调是不够的，应加强多个政府部门之间的沟通与合作，打破行政区划体制的禁锢，建立由京津冀三地旅游局（委）联合牵头的跨部门、跨行业旅游联席会议机制，形成政府关联部门、关联行业协会共同参与的旅游经济协商制度，实现政府对区域旅游合作的政策引领和宏观指导。

3. 建立具有规划权和仲裁权的旅游合作组织

构建京津冀旅游产业一体化格局，需要在政府层面建立具有一定权威性和影响力的旅游合作组织。合作组织要有完整的合作章程，依法签订各种合作协议来保证政府行为，对一体化进程中所出现的利益冲突行使仲裁权。同时，将旅游资源视为区域的共有财富，合理规划、机会均等、利益均沾、共享发展。由合作组织牵头，聘请专家对区域内旅游资源进行考察论证，本着大旅游、大产业、大区域、大市场的理念编制京津冀区域旅游规划。对于区域内旅游资源的开发要实行一个统一规划，多个实施主体，这样既节省了制作规划的成本，又保证了区域内旅游资源开发的完整性、协调性和系统性。

4. 建立信息共享机制

为了优化区域内的旅游资源配置，各地区的旅游经济政策、相关统计数据、旅游规划调整信息和行业管理措施等要尽可能公开，以此增加旅游合作中的透明度和可预测性，最大限度地降低由信息不对称而导致的合作风险。因此，必须尽快建立京津冀区域内旅游关联信息的共享机制，并通过多种传媒渠道定期规范详尽地发布出来，接受区域范围内公众的监督、质询和评价。这样既可以防止地方保护主义，又可以分享行业管理经验，进而促进京津冀旅游产业一体化的政策创新。

5. 建立利益补偿机制

旅游产业一体化的本质不是以消除旅游经济差异为目的，而是以寻求区域旅游利益最大化为目标。在京津冀旅游产业一体化进程中，合作各方都希望利益最大化和冲击最小化，其表现就是在利己主义的驱使下于己有利就积极参与，于己不利就消极对待，甚至设障拖延。以京津冀区域旅游交通为例，由于公路规划和建设安排未协调一致，京津冀三地之间仅断头路就有 18 条，长达 2300 千米，此外还有 24 条瓶颈路，造成这一局面的一个重要的原因，就是在区域交通网络的建设规划中存在短视而狭隘的地方保护主义，以及只想独占不愿共赢的零和思维惯性。要解决这类矛盾，可以通过建立利益平衡机制，将区域旅游合作建立在互利互惠的基础之上，一方面通过联合发行京津冀旅游惠民卡，把区域内那些旅游吸引力明显但知名度不高的旅游景区（点）纳入其中，帮助其推广市场；另一方面，经济发达且旅游消费力强的城市可以对代理这些旅游景区（点）的旅行社，在质量保证金缴纳额度方面给予优惠政策，降低其代理成本。此外，还可以通过技术转移、项目投资或人才培养等多种形式平衡区域内旅游产业的收益。

6. 加强旅游形象整合

区域整体旅游形象是对外营销、打造世界级旅游产品的基础，特色鲜明的旅游形象宣传口号有利于区域对外宣传。目前，京津冀区域内的各城市大都有旅游形象宣传口号，但作为整体对外的旅游形象宣传口号暂时没有，因此，应结合京津冀区域内的旅游资源特色，创造出寓意丰富的旅游形象宣传口号，塑造独特的旅游形象，给旅游者留下深刻的第一印象，进而实现游客资源共享、区域内营销成本降低。

6.3　京津冀一体化背景下的区域旅游教育合作初探

2015 年 4 月 30 日，中央政治局会议审议通过了《京津冀协同发展规划纲要》，会议指出，"推动京津冀协同发展是一个重大国家战略"。"要坚持协同发展、重点突破、深化改革、有序推进"。"要大力促进创新驱动发展，增强资源能源保障能力，统筹社会事业发展，扩大对内对外开放。要加快破除体制机制障碍，推动要素市场一体化，构建京津冀协同发展的体制机制，加快公共服务一体化改革。要抓紧开展试点示范，打造若干先行先试平台"。为了深入贯彻京津冀协同发展的国家发展战略，提升京津冀高校区域协调发展能力，在2015～2016年京津冀三地的高校陆续成立了各种形式的京津冀协同发展创新联盟。这些联盟涵盖了三地各类型高校、各行业特色的高校教育资源，例如，京津冀信息服务协同创新共同体、北京高科大学联盟、京津冀工科类高校协同创新联盟、京津冀农林高校协同创新联盟、京津冀高等医学教育协同发展战略合作框架协议、京津冀纺织品服装产业协同创新高校联盟、京津冀建筑类高校协同创新联盟等，其目的是突破京津冀协同发展的体制机制壁垒。

　　旅游人才作为旅游业发展的第一资源已成为共识。旅游人才的培养离不开旅游教育的发展。旅游教育要完成这一任务，就必须克服制约自身发展的一切不利因素，以自身的行动保持与外部环境变化的平衡，并主动对社会环境进行优化，在人才的供给上保持与当地旅游经济建设的协调增长，进而把旅游经济建设依靠教育的宗旨落在实处。京津冀地区的旅游教育经过多年的发展，取得了令人瞩目的成就，各院校和科研机构建立起来的师资队伍与物质技术基础赢得了社会青睐，但各教育单位各自为政，在全球经济一体化的形势下，单体旅游教育单位竞争举步维艰。同时在京津冀一体化进程中，扮演人才支持和智力支撑重要角色的京津冀高等教育协同发展问题备受关注。作为推动社会创新和社会发展的重要动力，京津冀高等教育的协同发展日益凸显出重大的战略意义和深刻的社会意义。因此，区域旅游教育合作势在必行。

6.3.1　区域旅游教育合作的内涵

　　区域经济的一体化发展，为区域内旅游教育的合作与互动提供了现实需求。区域经济一体化指在一定区域范围内，地理位置毗邻的若干国家或地区，通过一系列协议和条约建立的协调机构，制定统一的经济贸易政策，消除相互间的贸易壁垒，逐步实现区域内共同的协调发展和资源的优化配置，以促进经济贸易发展。中共十八届三中全会以来，在全面深化改革的大背景下，京津冀一体化协同创新发展上升到国家战略层面，有望在交通运输、产业结构、财税金融、公共服务、文化教育和科技创新等方面实现协同创新发展的突破，其中，高等教育作为推动经济、社会发展的动力源泉，在促进科技创新、培养高素质人才方面发挥着重要且不可替代的作用。旅游业作为区域特色，成为具有核心竞争力的产业，客观上刺激着区域内旅游教育的主动适应和重新构建，从而形成的教育规模、类型、层次结构等与区域内旅游经济发展相适应。通过资源共享、人才交流、技术转让等途径，为区域旅游经济的发展提供人才支持和技术服务。区域内旅游教育的整合，是区域内旅游经济一体化的必然选择。区域旅游教育合作指跨区域的旅游教育合作主体基于自身的需求或社会利益点，利用各自的教育资源（包括人力资源、物质资源、信息资源及政策等）围绕教育活动开展的互利共赢的社会活动。区域旅游教育合作是区域旅游教育模式的转变，是一种教育资源的新配置方式。区域旅游教育的合作是多主体（包括学校、政府、科研机构、教育中介、旅游企业等）参与的一个复杂系统，形成一个系统结构，各主体发挥各自的功能。本书主要阐述的是旅游院校的教育合作。

6.3.2　京津冀一体化背景下的旅游教育合作驱动机制

京津冀地缘相邻，人文环境相近，利益相关，在全球经济一体化的环境下，单个旅游教育主体很难完成既定的教育目标，在国际竞争中取胜，因此应该整合该区域内的教育资源，使各旅游教育主体达到共赢，从而提升旅游人才的竞争力。就其合作动力来看，主要分为外在推动力和内在牵引力。

1. 京津冀经济一体化形成的外在推动力

政府提出的经济一体化是一种强制的外在推动力量，并且是一股主导力量。政府通过制定一系列的区域发展政策，要求区域内各主体必须严格执行各项安排，从而维护国家的发展利益。从 20 世纪 80 年代至今，国务院制定了一系列京津冀协作文件，京津冀区域一体化初步形成，为区域旅游合作铺平了道路，从而也推动了京津冀区域内旅游教育的整合。

最早追溯到 20 世纪 80 年代，1986 年，时任天津市市长的李瑞环倡议召开环渤海地区经济联合市长联席会。2004 年，国家发改委正式启动了京津冀都市圈区域规划编制。2005 年 6 月签订了《京津冀人才开发一体化合作协议书》，协议指出了区域内的人才共享、人才优势互补、人才政策互惠互认，共同提高人力资源开发利用的能力，从而提高区域竞争力的发展目标。2009 年京津冀都市圈列入优先开发区域，京津冀三地政府开始积极探讨高等教育协同发展问题，并达成了一系列合作协议：《河北省与京津两市教育行政部门洽谈就区域教育合作内容达成初步协议》（2009 年 3 月）、《〈天津市人民政府河北省人民政府关于加强经济与社会发展合作备忘录〉工作分工方案》（2009 年 4 月）、《京津冀教委（厅）就地区高等教育发展达成六项合作意向》（2009 年 11 月），同年 11 月，首届京津冀高等教育合作发展论坛举行，京津冀高等教育综合改革试验区作为论坛的重要成果开始建设，为区域旅游教育合作搭建了平台。2010 年，国务院 46 号文件《国务院关于印发全国主体功能区规划的通知》将京津冀地区确定为国家层面的优先开发区域。虽然合作口号是 20 世纪就提出的，但是多年来，京津冀一体化却没有实质性的进展。早期三地合作主要是由一些企业领头，各企业都基于自身的利益而考虑，因此合作的规模小、层次低、随意性较强，在政府间也只停留在"对话"层面。2012 年，教育部出台《教育部关于全面提高高等教育质量的若干意见》中提到，建设优质教育资源共享体系，建立高校与相关部门、科研院所、行业企业的共建平台，促进合作办学、合作育人、合作发展。一方面有利于加快提升我国高校的整体质量和水平，另一方面也有利于克服单个高校自我发展、单打独斗的资源约束，探索新形势下大学合力建设优质高等教育资源共享体系的新路径。

真正取得实质性进展是从 2013 年开始的，京津冀三地签署了一系列合作框架协议，为了加强执行力，国务院还成立了合作领导小组及相应的办公室，由国务院常务副总理张高丽任组长。2014 年 2 月 26 日，习近平总书记听取了京津冀协同发展工作情况汇报，京津冀一体化被提至国家战略层面。同年 10 月京津冀三省（直辖市）教育部门共同签署了《积极推进教育领域合作促进经济社会发展合作协议》。2015 年 3 月京津冀区域合作首次写入总理政府工作报告，中央正试图加强顶层设计和统筹协调，实现京津冀优势互补，促进环渤海区域经济发展，京津冀区域协同发展正面临前所未有的强力推动。

2015 年 10 月出台《京冀两地教育协同发展对话与协作机制框架协议》和《京冀大学生思想政治教育工作协作方案》等，包括建立高等教育主管部门协调工作机制、定期组织高等教育合作发展论坛、加强人才培养合作、建立高校干部交流挂职制度、推进京津冀高等教育综合改革试验区建设、推动资源数据网上共享、产学研合作与对外交流、科研成果推广等政策措施。当前，京津冀三地政府都在积极探索高等教育合作发展的结合点和最适合模式。这些政策为京津冀一体化创造了条件，为区域旅游合作奠定了基础，从而推动了旅游教育的合作。

2. 旅游教育内在的牵引力

经过 30 多年发展的中国旅游业取得了巨大的成就，旅游教育也取得了快速的发展，培养了大批量的旅游人才，形成了一定规模和相应的教学与科研体系。然而旅游企业人才缺失问题并没因旅游管理毕业生数量的增加而得到缓解，造成这种差距的原因是多方面的，课程体系建设滞后无疑是其原因之一。从目前京津冀各院校旅游管理专业的设置看，大多数院校的旅游管理专业衍生于地理、中文、历史、外语、经济、管理等传统学科，例如，天津师范大学和河北师范大学的旅游管理专业衍生于历史专业；北京第二外国语大学的旅游管理专业衍生于外语专业；天津商业大学的旅游管理专业衍生于餐饮专业。其课程的设置也深受该学科师资、科研的影响，因校设课、因师设课这种现象广泛存在，导致旅游专业课程缺乏系统性和完整性。课程体系对社会需求也缺乏相应的反映，各院校自我盲目发展，教师不求变、不求新。目前旅游管理教学材料建设看起来很繁荣，许多大学出版了自己的教材，但事实上很多教材注重理论，忽略了实践，继承前人的观点而缺乏创新。旅游专业课程目前对学生的差异关注度不够，同一学校的学生人才培养方案是一样的，开设的专业选修课有限；同时，在跨学科、跨专业自主选课时同样受到制约；虽然各院校课程重合度低，但目前院校间缺乏课程资源共享机制，因此跨校选修也不能实现。

京津冀区域内旅游院校各自为政，都建设有自己的实验配套设施，如为了导游课程设置的模拟导游实训室，投资上百万，仅天津地区就有好几家：天津师范大学、天津商业大学及正在筹建中的几所院校。天津商业大学合作学院已建成完善的餐饮操作实训室，仅天津区域内，很多旅游院校又陆续建成了几乎同样的餐饮实训室。天津职业大学、中华职专、北京劳动关系学院等都建设有自己的酒店。这样的重复建设，当该校没课时资源闲置，造成很大的浪费。因此，京津冀区域内的旅游院校没有统一的课程目标，没有统一的课程设置，培养的毕业生也深深地打上了该校的烙印。各校的老师学科背景不同，培养的学生也是各有所长，但终究不能称其为全才，因此也达不到旅游业人才，特别是高端人才的需求。

6.3.3　京津冀一体化背景下的旅游教育合作模式

区域旅游教育整合起来，加大优势领域投入，走上"短板有人补，优势更突出"道路，实现规模大、功能全、高质高效的目标，是区域旅游教育发展的方向。

1. 资源共享

2015 年 7 月，由京津冀三地医科高校、医疗科研机构共同发起成立京津冀心血管疾病精准医学联盟。该联盟是以精准医学的模式，集合京津冀三地优势资源，以北京市心血管重大疾病协同创新中心为依托，实现京津冀区域协同，建立心血管疾病精准医学研究体系。这种资源的整合与优化，极大地推动了京津冀区域心血管疾病临床诊疗，带来一场新的医疗革命，并深刻影响未来医疗模式。这些成功的示例，为京津冀高校教育资源共享的发展提供了宝贵的经验。由于目前京津冀地区旅游教学资源丰富，但闲置浪费现象严重，可以探索区域内旅游教育资源的共享模式。

首先是校内外实验基地的共享，将各合作院校的国家实验建设资金集合在一起，建设一个规模大、技术含量高的综合实验室，正确合理地选址，各旅游院校错开时间排实训课。对于已经建成的实训室，可以对合作单位开放，收取适量的佣金，这些都需要一个领导者来统筹协调，因此三地的教育委员会可以成立一个领导小组，对区域内的旅游资源配置进行宏观调控。这样既能防止重复建设、资源浪费，又能集中力量建成实验中心，不管在规模上，还是结构上、功能上，在国际国内市场都具有强大竞争力。这样最大限度地降低办学成本，破除各院校的孤岛效应，将会收到事半功倍的效果。

其次是学术资源的共享，其主体是各类文献资料。虽然现在区域内文献共享已取得了一些成就，如图书馆间的文献传递、天津市市域内的电子文献共享以及馆际互借，但还是有些问题需要完善。北京、天津各院校馆藏图书非常丰富，特别是北京的院校，虽然可以文献传递，但是传递的资料有限并且费用较高，老师传递资料时虽然有一定的补贴，但金额有限，当需要大量文献传递时，有时也处于尴尬的局面，更别说没有补贴的学生了，因此很多学生只能放弃。如果京津冀区域内的旅游院校图书馆间合作，给予合作主体的师生外借图书证，同时各馆的电子阅览室对合作方开放，实现电子文献共享，这样就能真正实现图书信息资料共享。同时，还存在一个问题是各旅游院校都在二级学院或系设有独立的旅游资料室，但目前都不向校外单位外借，这么庞大而丰富的资源，利用率不高是一大浪费，如果各方合作，将此资料室对合作方开放，无疑对提高旅游文献资料的利用率，扩大其社会影响具有积极意义。

最后是建立网络平台。可以将各旅游院校现有的语音、视频、图像、文字、动画、多媒体课件等教学资源存放在网络平台的公共数据库中，师生可以共享公共数据库中的教育资源。在共享网络平台中，教师可以通过选择相关的教学资源（可以是公共的，也可以是个人的）编写教案、对信息进行有效的处理，然后通过发布教案，实现教学信息的传递，进行正常的教学活动。特别是对于跨校上课的师生，这个平台具有相当大的作用。教学通过在网络教学平台中发布课程通知、课程公告等，对教学活动进行管理与引导，引导学生利用现有的教学信息，完成本课程的教学任务。各院校学生可以利用这个网络平台与各院校的老师交流，老师间也可以通过这个平台时常交流教学方法和手段。共享网络平台解决了时间与空间上的距离问题，实现了实时和非实时的交流。

2. 人员交流互动

校际交流是促进优秀教育思想及实操方法有效传播的重要方式，以往三地的学校在地理位置上虽然接近，但却比很多位置遥远省市的学校还要生疏。在上述的大背景下，在行政部门的倡导下，三地的校际交流也在蓬勃开展。

21世纪是知识和技术创新频率不断加快、社会深刻变革为主要特征的时代。教师要为这个时代培养全面发展的、具有创新精神和实践能力的人才，就必须面临社会发展对教育形成的多方面的挑战，面临日益复杂而艰巨的任务，承担起时代赋予的职责，因此必须具备研究能力、信息能力、终身学习的能力及反思教育的能力。为了提高京津冀区域内旅游专业教师的这些能力，区域内可以设立旅游专业教师培训中心，培训中心面向全区域旅游专业教师开放，教师可以自愿去教学技能培训中心以提高教学水平。京津冀区域旅游教育合作委员会可以聘请行业内和企业技术部门的负责人、学者和专家，担任客座教授，组成专业指导与合作委员会，定期或不定期来学校，对学校的专业建设、课程改革、实习基地建设等出谋划策。京津冀区域内有旅游专业的院校不乏 211 工程、985 工程院校，这些院校集中了大量的优秀人才，包括海归、高级职称人员等，他们可以到地方院校作为兼职教授、导师等，甚至作为青年教师的导师，青年教师不仅可以从导师那里学到实用的知识，而且导师的思维方式、评价标准、个人自信都会对青年教师产生潜移默化的影响，有助于青年教师教学水平的提高。一个导师可以带几个学校的青年教师，主要从事一门学科的教学和某个旅游领域的科研工作。

各合作旅游院校间还可以采取管理层交换培训、师资交换培训、交换生培养、留学生联合培养等形式，整合区域内的优秀教师、优质课程，对合作各方开放。对于学生在校际间的选课可以采用教育券制度。1955 年，美国经济学家米尔顿·费里德曼首次在《政府在教育中的角色》中提出了教育券制度。教育券是指政府把教育经费折算成一定数额的有价证券发给学生，学生可自主选择收费标准不同的跨校课程，用教育券支付所选课程的学费，或用来支付学生参加的教育实践项目。不足部分自己支付，不再受学区或学校类别的限制，而学校把收集的教育券向政府兑换现金，用以支付办学费用。

学校作为教学思想和方法具体的实践场，它们之间的切实交流能使三地的教育教学水平真正走向均衡。

3. 科研交流合作

中共十八届三中全会《中共中央关于全面深化改革若干重大问题的决定》提出了加强中国特色新型智库建设，建立健全决策咨询制度。近年来，习近平同志两次对智库建设作出重要批示，指出智库是国家软实力的重要组成部分，要高度重视、积极探索中国新型智库的组织形式。京津冀一些高校应充分利用其独特的人才、信息、学科等方面的资源优势，组成跨学科、跨专业的课题组，积极承担或申报上级部门的重点课题，深入研究和回答重大的现实问题，总结实践经验，提升理论概括，增强对策建议的针对性和有效性，为各级党委政府及部门提供重要决策咨询服务。

京津冀区域内的旅游教育部门可以定期举办旅游教育论坛，为各方在旅游教育领域的研究与合作搭建平台，可以每年召开一次，每次突出旅游教育领域的一个主题。主题可以是旅游教育发展遭遇的问题，也可以是旅游热点问题。论坛邀请国内外旅游专家参加，共同探讨解决问题的方法，鼓励各旅游教育合作单位的师生积极参与讨论，发表论文。

旅游教育的合作还可以体现在科研的交流合作方面，区域内现有高校每年都申报多项国家级、省部级项目，申报时大都各自为政，其合作者虽然有外校成员，但大都是私人关系，做不到真正的校际官方合作。各校都具有自己的特色资源，因此可以优势互补，共同开展课题研究，打破空间距离分割，共同申报、共同研究项目、共同发表成果、共享成果。这样不仅申报项目容易，完成起来也较轻松，特别对非重点院校的老师来说，这是一个很好的学习锻炼机会。

为了更好地落实创新驱动发展战略，提高产业发展的技术支撑水平，区域高校需要进一步加强合作，联合建设服务指向具体明确的高水平产业创新中心、产业技术研发基地、产业技术创新战略联盟等科技平台，提高校际协同创新的规模和水平；进一步提升校际科技创新资源和成果的开放共享程度；根据围绕产业链部署创新链的需求，进一步整合优化区域内各类科技资源。

6.3.4　结论

京津冀一体化，虽然科技、污染防治、卫生协作、海关、交通建设等领域先行，但旅游业作为该区域内的支柱产业，旅游经济作为区域经济的一部分，势必得到快速发展。区域旅游经济的发展决定了区域旅游教育的发展。在一体化的背景下，京津冀区域应该避免旅游教育的封闭发展、重复发展与恶性竞争，形成与该区域旅游经济格局相适应的区域旅游教育合作局面。各旅游院校要在借鉴中改革，在改革中创新，避免各自为政，应冲破传统束缚，互惠互利、优势互补，通过资源共享、人才交流、科研合作等途径实现京津冀区域旅游教育资源的整合。

6.4　基于管理创新视角的区域旅游合作机制与路径

6.4.1　建立科学的区域旅游合作机制

国内的区域经济合作方兴未艾，不仅谋求区域内的合作，而且谋求区域间的合作。区域经济的合作，也必然推动区域旅游的合作。旅游活动的规律表明，旅游者总是流向具有吸引力的目的地。旅游者本身和旅游目的地处于某种行政管理的区划之中，而旅游者在进行旅游决策和实际旅游时，并不关心目的地的行政归属，而是跟着自己的感觉走，从这一意义上说，旅游活动是无边界行为。这就决定了区域旅游合作将成为旅游产业可持续发展的重要组成部分。

在区域经济合作的大背景下，旅游作为带动经济发展的一个重要产业和很多地区经济发展的新增长点，其发展的区域一体化正成为区域经济合作的一个重要方式。而旅游区域的合作是区域旅游一体化的具体表现形式，正在受到各区域各地方（城市）越来越多的关注。

区域间和区域内的竞争是各个地区与城市一直以来都关注的问题,竞争是永恒的。但是,随着竞争的日趋激烈以及经济发展的日渐成熟,在对抗性竞争和过度竞争带来严重的区域阻隔从而不利于各地旅游资源充分利用以及旅游目的地形象打造的背景下,在竞争中合作、合作中竞争的区域旅游竞合正成为各地实现旅游级数增长的重要方式,通过竞合的方式来实现旅游资源的优化组合、经典旅游产品的组合与区域旅游目的地品牌的打造。

事实表明,区域合作主要受制于资源、资本、技术、市场和交通等因素,很明显,区域合作面对的是一个复杂的系统,如何使系统运行取得高效和可持续性的运转,更新理念和强化管理创新成为其中的重要方面,区域旅游合作也不例外。研究认为,管理创新是管理主体为适应社会系统(社会组织)的外部环境并结合自身内部条件的发展变化而在管理理念、管理方法、管理手段、管理体制等方面进行的变革。管理创新作为一种最新的管理实践、流程、结构或者技巧的发明与应用,有助于组织目标的实现。管理创新的根本目的在于解决组织运行问题以实现更有效地利用资源及持续提升组织效率与绩效,而非仅追求差异化,从而使得管理创新成为主流。

基于管理创新视角,应研究建立科学的区域旅游合作机制,构建全方位的区域旅游合作创新体系。各地区区情的差异性要求运用创新的思维来解决合作过程中的各种问题。构建全方位的区域创新体系是加快推进区域旅游合作的持久动力源。区域创新体系应包括观念、制度、组织、体制等方面的全方位创新。而观念创新是其他方面创新的前提和基础。各旅游区域在合作的道路上应力求探寻新思路,结合各地区区情,在借鉴成熟区域旅游圈的经验基础上,找到适合各自区域合作的发展道路,取长补短、扬长避短,这样在全国才能真正形成各具特色的合作模式,发挥合作机制的长效作用。从根本上说,构建区域创新体系可有效地解决制约区域旅游合作的各种障碍因素,例如,我国的"9+10"区域旅游合作框架,将有助于在发展特色旅游的基础上,建立"9+10"区域品质旅游联盟。

区域旅游合作的实现不是一蹴而就的,需要在构建完整的区域旅游合作创新体系的基础上,建立政府引导、企业主导的,既充分发挥竞争作用又兼顾公平的一体化区域合作体系,推动区域旅游合作机制的进一步完善。

1. 交互联动机制

区域旅游合作要进一步向纵深发展,合作关系要得以巩固,首先需要在各不同区域之间建立旅游的互动关系。区域旅游合作机制的建立,首先要做的是整合各个旅游区域之间的各类旅游,形成一个综合性的旅游数据库,建立交互机制,设立平台。通过建立交互机制,达到联动表现区域旅游资源的多样性和互补特色,形成对旅游者有吸引力的目的;交互机制的建立,有利于推广组织区域性旅游线路，形成区域旅游客流，促进各旅游区旅游目的地的共同发展，有利于在世界范围内推广各区域鲜明的联合旅游形象，树立国际性旅游区域品牌，在国际主要旅游客源市场中形成强大的推广之力。旅游平台同时是政务化在旅游行业的具体实施，是地方性区域政策公开的重要渠道。互动，特别是地方性局部区域政策的公开是建立区域旅游合作机制的基础性措施。

2. 组织协调机制

区域旅游合作会遇到来自经济、社会、观念等方面的阻碍，为推动旅游合作的进行，为区域旅游合作提供制度保障，实现区域旅游合作机制的制度化、长期化，有必要建立统一的合作机构和协调机制。这个机制包括旅游政策协调机制和旅游业危机管理协调机制等。通过建立各层级的旅游发展联席会议，建立区域旅游合作联合体等协调机构，统一制定本区域旅游业发展的方针政策，消除区域间旅游发展的明显政策差异；制订旅游发展与动态监控方案，策划重大旅游节庆活动，实现区域联合、产销联合、政策协调。

3. 人才交流机制

旅游合作，人才为先，旅游合作说到底还是人才的合作。因此，应建立人才合作交流机制，为实现人才资源共享、实现人才流动合作无障碍，提供人才支持和保障。通过旅游人才资质互认、建立各层次培训合作机制、完善区域旅游人才网络等手段，为区域旅游业的发展提供智力支持和人才保证。

4. 行为约束机制

为了防止区域旅游合作中的机会主义行为，保障区域旅游合作关系的健康发展，需要建立一种区域旅游合作的行为约束机制，规范合作的权利与义务，约束参加合作各方的行为。这种机制应包括：在区域旅游合作协议中，明确区域合作各方在合作关系中应遵守的规则、违反区域旅游合作条款后应承担的责任、对违反区域合作规则所造成的经济和其他方面损失应作的经济赔偿规定；建立一种区域旅游合作冲突的协调组织，如旅游质监合作联合体，负责解决区域旅游合作中的矛盾和冲突；政府通过相关的政策和法规对区域旅游合作关系进行规范，对区域旅游合作中的不规范行为作出惩罚性的制度安排。实践证明，政府是区域合作关系的倡导者、区域合作政策的制定者、区域经济利益的协调者，在解决行政区划分割所主导的四大壁垒方面起到了一个关键甚至是决定性的作用。加强和突出政府在合作机制建立过程中组织、协调与引导的作用，可从根本上打破地区封锁的格局，彻底改变各个行政区相对独立、各自为政的局面，为区域旅游合作营造一个更为宽松的环境。

5. 政府政策支持

政府应用政策手段对区域旅游合作给予鼓励和支持，例如，对区域旅游合作开发项目、跨区域的旅游企业给予政策倾斜、政策优惠、政策肯定。对于积极推进区域旅游合作的部门和领导的政绩评价也应通过量化指标予以认可，以鼓励区域旅游合作，保护区域合作，推动区域旅游合作。区域旅游合作过程中一些问题的解决，远远超过旅游行政管理部门的权限，需要政府的介入，即区域旅游合作不只是政府旅游主管部门的事，应由政府领导亲自抓。

6. 发挥旅游企业的主导作用

各地之间的旅游企业和行业合作，是区域旅游合作的必要基础。旅游企业合作的基础是共同的利益，合作的目标是实现共赢，如果没有旅游企业的参与或旅游企业的积极性不高、对合作的反应迟缓，那么合作就仅仅停留在宣言和协议上，而不是共同制约的合同文本上，更不是有关方面的具体行动上。区域旅游合作机制的建立并不只在于组织形式的设立，更重要的在于区域旅游合作机制的有效运行。

6.4.2　京津冀区域旅游合作的主要途径

京津冀区域旅游合作，应关注京津冀城市群旅游地域系统的发展规律，通过管理创新，探索多途径的发展路子。

1. 借力京津冀城市群，加强空间角度的区域旅游合作

京津冀城市群是由 2004 年国家发改委界定的京津冀都市圈衍化而来的，京津冀都市圈包括北京市和天津市两个直辖市，以及河北省的石家庄、保定、秦皇岛、廊坊、沧州、承德、张家口和唐山八座城市的区域。它与长三角城市群、珠三角城市群分别是华北、华东与华南三地区经济发展与社会进步的龙头，是我国未来大规模推进国际化的重点地区之一，在环渤海经济圈中，京津冀城市群无疑是其经济腾飞的主要驱动力之一。城市群发展必然伴随着城市群空间经济聚集的演化，由京津冀城市群旅游发展在地域系统、资源品级、产品结构、要素贡献、旅游影响上的典型性以及对环渤海经济圈的经济拉动作用等，引起的旅游产业集聚越来越成为推动上述区域经济社会发展的富有活力的空间经济聚集因素之一。应通过产品组合、线路连接，开发专项旅游产品系列，形成依托滨海的京津冀区域旅游合作体系。

2. 加快培育合作主体，推动区域旅游企业联合

一是加强财政、税收政策支持，进一步加大财政对旅游业发展的投入力度，加速本地区大型、品牌旅游企业集团的发展壮大，鼓励有实力的民营企业进入旅游业，尤其是对中小型旅游企业在税收方面给予一定优惠政策，培育有竞争力的市场主体；二是通过资本重组等一系列手段，大力推动京津冀三地旅游企业跨区域重组和联合，充分发挥各地区旅游企业优势，在资本运营、管理层次上相互渗透，形成良好的合作格局。

3. 联合开拓市场，促进要素流动

一是加强城市之间的互相推介，扩大合作规模。继续扩大区域内旅游城市之间互为旅游客源地、互为旅游目的地的推广活动，进一步扩大合作范围；二是联合营销，共树区域统一旅游品牌，联合参加国际重要旅游展览会，共同开展市场调研、制订促销宣传计划和方案，拓展国内外旅游市场，打造区域旅游品牌和形象；三是取消市场壁垒，促进要素自由流动。在旅游的经营上，创造条件、协调政策，通过各旅游企业相互参股，形成资金集中优势，加强旅游协作的紧密程度，形成具有竞争力的旅游经营体系。拓展市场化的旅游建设融资渠道，完善区域旅游从业人员管理标准，促进区域旅游人才自由流动。

参 考 文 献

白长虹，妥艳娟. 2014. 京津冀旅游一体化中的理论与实践问题——多中心治理理论的视角. 旅游学刊，29（11）：16-19.

白长虹，邢博，孟繁强. 2011. 京津冀区域旅游与文化产业协同发展研究——五力驱动、产业协同、滨海先行. 2011京津冀区域协作论坛论文集.

保继刚. 1999. 旅游地理学（修订版）. 北京：高等教育出版社.

保继刚，尹寿兵，梁增贤，等. 2011. 中国旅游地理学研究进展与展望. 地理科学进展，（12）：1506-1512.

北京市教育委员会. 2016. 京津冀教育一体化 重在找到协同发展结合点. 人民教育，（8）：48-49.

毕晋锋. 2012. 五台山文化旅游可持续发展的模型构建及评价研究. 武汉大学学报（哲学社会科学版），65（1）：138-144.

邴振华，高峻. 2010. 长三角区域旅游产业集聚水平研究. 旅游科学，24（1）：86-94.

蔡彩云，骆培聪，唐承财，等. 2011. 基于IPA法的民居类世界遗产地游客满意度评价——以福建永定土楼为例. 资源科学，33（7）：1374-1381.

蔡寅春，方磊. 2016. 非物质文化遗产传承与旅游业融合发展：动力、路径与实例. 四川师范大学学报（社会科学版），43（1）：57-62.

陈·巴特尔. 2015. 高等教育协同发展：京津冀一体化的重要推动力. 中国高等教育，（12）：15-17.

陈丹宇. 2009. 长三角区域创新系统中的协同效应研究. 杭州：浙江大学.

陈钢华. 2014. 旅游度假区的可持续发展——治理能力视角的思考. 旅游学刊，（3）：8-9.

陈红霞，李国平，张丹. 2011. 京津冀区域空间格局及其优化整合分析. 城市发展研究，18（11）：74-79.

陈静梅. 2014. 非物质文化遗产传承人制度反思与理论构建. 广西社会科学，（5）：54-58.

陈俊秀. 2015. 非物质文化遗产的生产性保护利用模式研究. 学习与实践，（5）：118-123.

陈玲玲，霍斯佳，范文静. 2011. 世界文化遗产地可持续发展研究——以北京明十三陵为例. 资源开发与市场，27（3）：228-231.

陈世明. 2017. 京津冀高校教育资源跨域治理模式的创新研究. 农业图书情报学刊，（1）：116-120.

陈淑兰，刘立平，付景保. 2011. 河南省旅游产业结构优化升级研究——基于文化创意视角. 经济地理，（8）：1392-1396.

陈思源. 2012. 区域旅游目的地竞争优势的空间聚类分析. 地域研究与开发，31（1）：85-88.

陈为毅. 2010. 以国家公园的理念建设海南国际旅游岛. 特区经济，（10）：139-141.

陈享尔，蔡建明. 2012a. 旅游客体真实性与主体真实性集合式关系探讨——以文化遗产故宫为例. 人文地理，（4）：153-160.

陈享尔，蔡建明. 2012b. 文化遗产原真性与旅游开发研究综述. 工程研究，4（1）：39-48.

陈晓永, 阴明州. 2015. 区域旅游发展协同度分析及评价模型构建——基于京津冀一体化的视角. 河北经贸大学学报（综合版）, 15（1）: 79-82.

陈岩, 武义青. 2014. 关于京津冀产业优化调整的思考. 河北经贸大学学报（综合版）, (4): 84-87.

陈耀, 陈梓, 侯小菲. 2014. 京津冀一体化背景下的产业格局重塑. 天津师范大学学报（社科版）, (6): 1-6.

陈振明. 2000. 评西方的"新公共管理"范式. 中国社会科学, (6): 73-82.

成淑敏, 高阳, 黄姣, 等. 2012. 京津冀及江浙沪经济圈生态足迹比较分析. 长江流域资源与环境, 21（4）: 433-441.

程绍文, 张捷, 徐菲菲. 2010. 自然旅游地居民自然保护态度的影响因素——中国九寨沟和英国新森林国家公园的比较. 生态学报, 30（23）: 6487-6494.

崔凤军. 2001. 中国传统旅游目的地创新与发展. 北京: 中国科学院研究生院（地理科学与资源研究所）: 10-11.

崔晶. 2012. 区域地方政府跨界公共事务整体性治理模式研究: 以京津冀都市圈为例. 政治学研究, (2): 91-97.

戴凡. 1994. 旅游持续发展行动战略. 旅游学刊, (4): 51-54.

戴学锋. 2014. 旅游协同发展——引领京津冀一体化的重要力量. 旅游学刊, 29（11）: 19-20.

当代上海研究所. 2009. 长江三角洲发展报告 2008——协同创新与科技发展. 上海: 人民出版社.

道格拉斯·诺斯, 罗伯特·托马斯. 2009. 西方世界的兴起. 厉以平, 蔡磊译. 北京: 华夏出版社.

邓冰, 俞曦, 吴必虎. 2004. 旅游产业的集聚及其影响因素初探. 桂林旅游高等专科学校学报, 15（6）: 53-57.

邓宏兵, 刘芬, 庄军. 2007. 中国旅游业空间集聚与集群化发展研究. 长江流域资源与环境, 16（3）: 289-292.

邓明艳. 2005. 世界遗产旅游基本问题研究. 东山师范学院学报, (10): 97-99.

丁健, 李林芳. 2004. 广州居民对旅游目的地的到访率研究. 地域研究与开发, 23（4）: 73-77.

丁敏. 2006. 基于长三角区域旅游一体化的深度协作. 南京财经大学学报, (6): 11-13.

董亮. 2011. 遗产地旅游者旅游动机差异的成因分析——以九寨沟、峨眉山和青城山三个世界遗产地为例. 旅游科学, 25（2）: 47-57.

董雪旺, 成升魁. 2015. 基于旅游消费技术的世界遗产地旅游体验满意度研究——以西湖和江郎山为例. 资源科学, 37（8）: 1578-1587.

范春. 2005. 我国区域旅游协作发展现状及对策. 商业时代, (33): 70-71.

范春. 2016. 基于系统保护视角下的非物质文化遗产保护探讨——以重庆走马民间故事为例. 中南民族大学学报（人文社会科学版）, 36（1）: 53-57.

范钧, 邱宏亮, 吴雪飞. 2014. 旅游地意象、地方依恋与旅游者环境责任行为——以浙江省旅游度假区为例. 旅游学刊, 1: 55-66.

冯灿飞. 2004. 可持续旅游与生态旅游刍议. 邵阳学院学报（自然科学版）, 1（3）: 113-116.

冯卫红. 2009. 旅游产业集聚的动因分析. 经济问题, 31（7）: 114-116.

冯学钢, 沈虹, 胡小纯. 2009. 中国旅游目的地竞争力评价及实证研究. 华东师范大学学报（社会科学版）, 41（5）: 101-107.

冯英杰, 吴小根. 2010. 旅游产业集聚程度的时空演变研究——以浙江省为例. 山东师范大学学报, 25（3）: 90-94.

傅文伟，顾德道. 1996. 旅游业的环境问题和非持续性发展. 旅游研究与实践，62（1）：5-7.

盖文启，王缉慈. 1999. 论区域创新网络对我国高新技术中小企业发展的作用. 中国软科学，（9）：102-106.

甘露，卢天玲，石应平. 2013. 世界遗产旅游开发与管理. 北京：清华大学出版社.

高燕，邓毅，张浩，等. 2017. 境外国家公园社区管理冲突：表现、溯源及启示. 旅游学刊，32（1）：111-122.

高扬元，孔德祥. 2015. 传统技艺非物质文化遗产之生产性保护探究. 重庆大学学报社会科学版，21（3）：158-163.

葛立成，邹益民，聂献忠. 2007. 中国区域旅游合作问题研究——基于主体、领域和机制的分析. 商业经济与管理，183（1）：70-75.

耿世刚. 2004. 浅谈可持续发展的内涵与系统特征. 中国环境管理干部学院学报，14（3）：12-14.

关发兰. 1992. 区域旅游系统网络结构分析与网络优化设计——以四川省为例//中国区域科学协会区域旅游开发专业委员会. 区域旅游开发与旅游地图学术研讨会论文集. 北京：旅游教育出版社.

桂榕. 2015. 重建"旅游——生活空间"：文化旅游背景下民族文化遗产可持续保护利用研究. 思想战线，41（1）：106-111.

郭海龙. 2013. 中国遗产旅游研究进展探讨. 现代商贸工业，12：5-7.

郭理蓉. 2014. 论我国非物质文化遗产的刑法保护及其完善. 贵州民族研究，（1）：9-12.

郭凌，王志章. 2015. 基于扎根理论的文化遗产地旅游解说系统游客感知研究. 学术论坛，（9）：104-108.

郭鲁芳. 2000. 关于我国旅游业国际竞争力的思考. 旅游科学，（2）：12-15.

郭为，何媛媛. 2008. 旅游产业的区域集聚、收敛与就业差异：基于分省面板的说明. 旅游学刊，23（3）：29-36.

郭秀锐，毛显强，冉圣宏. 2000. 国内环境承载力研究进展. 中国人口、资源与环境，10（3）：28-30.

郭宇航. 2013. 新西兰国家公园及其借鉴价值研究. 呼和浩特：内蒙古大学.

国家旅游局计划统计司. 1997. 旅游业可持续发展——地方旅游规划指南. 北京：旅游教育出版社.

国家旅游局数据中心. 2016. 2015 年中国旅游业统计公报. http://www.cnta.gov.cn[2016-10-18].

国家旅游局与发改委联合印发全国生态旅游发展十年规划. 2016. 中国旅游报，2016-09-08.

韩福文，佟玉权，王伟伟. 2010. 东北地区工业遗产旅游资源系统开发探讨. 改革与战略，（11）：122-126.

杭海，张敏新，王超群. 2011. 美、日、德三国区域协调发展的经验分析. 世界经济与政治论坛，（1）：147-157.

何效祖. 2007. 基于地域系统结构研究的旅游资源评价与旅游地实证分析. 兰州：兰州大学.

何颖. 2006. "泛珠—东盟"旅游合作的发展对策研究. 广西社会科学，138（12）：15-18.

贺灵. 2013. 区域协同创新能力测评及增进机制研究. 长沙：中南大学.

胡北明，雷蓉. 2012. "反公地悲剧"与我国遗产旅游地管理体制改革. 商业研究，（2）：183-188.

胡大立. 2006. 产业关联、产业协同与集群竞争优势的关联机理. 管理学报，3（6）：709-713.

胡惠林，王媛. 2013. 非物质文化遗产保护：从"生产性保护"转向"生活性保护". 艺术百家，

（4）：19-25.

胡晓晶. 2014. 基于生态文明的生态旅游竞争力评价. 福建林业科技，（2）：149-155.

黄健荣，杨占营. 2004. 新公共管理批判及公共管理的价值根源. 中国行政管理，（2）：64-70.

黄金火，吴必虎. 2005. 区域旅游系统空间结构的模式与优化——以西安地区为例. 地理科学进展，24（1）：116-125.

黄莉苹，侯学钢. 2015. 京津冀 旅游交通一体化的协同发展刍议. 城市发展研究，22（1）：11-15.

黄亮. 2006. 近十年国外遗产旅游研究述评. 安徽商贸职业技术学院学报，5（3）：28-31.

黄林沐，张阳志. 2015. 国家公园试点应解决的关键问题. 旅游学刊，30（6）：1-3.

黄曼慧，黄燕. 2003. 产业集聚理论研究述评. 汕头大学学报（人文社会科学版），19（1）：49-53.

黄泰，张捷，解杼，等. 2003. 基于区域城市体系的旅游地域系统空间组织研究——以江苏为例. 人文地理，（2）：49-54.

黄向. 2008. 基于管治理论的中央垂直管理型国家公园 PAC 模式研究. 旅游学刊，23（7）：72-80.

黄永林，谈国新. 2012. 中国非物质文化遗产数字化保护与开发研究. 华中师范大学学报（人文社会科学版），（2）：49-55.

霍孟茹，王晓君. 2017. 旅游景区开发和环境保护的协调发展. 知识经济，（6）：66-67.

贾生华，陈宏辉. 2002. 利益相关者的界定方法述评. 外国经济与管理，24（5）：13-18.

贾铁飞，张振国. 2006. 生态敏感区旅游资源开发的生态与环境适宜度研究——以内蒙古鄂尔多斯市东胜区为例. 资源科学，28（5）：134-139.

姜雪梅. 2013. 哈大高铁对区域旅游系统空间结构的影响及对策—— 基于协同理论的思考. 东方企业文化，（5）：219.

解学梅，曾赛星. 2009. 创新集群跨区域协同创新网络研究述评. 研究与发展管理，21（1）：9-17.

金波，王如渊，蔡运龙. 2001. 生态旅游概念的发展及其在中国的应用. 生态学杂志，20（3）：56-59.

金春梅，凌强. 2014. 日本发展可持续旅游的政策措施及其启示. 大连大学学报，2：111-115.

金序能，陈学光. 2007. 旅游集散中心：基于资源整合平台的解释. 价格理论与实践，（1）：72-73.

靳诚，徐菁，陆玉麒. 2006. 长三角区域旅游合作演化动力机制探讨. 旅游学刊，21（12）：43-47.

康继军，张宗益，傅蕴英. 2006. 经济增长中制度与管理创新的贡献. 财经科学，（7）：57-63.

郎玉屏. 2012. 旅游语境下世界遗产本真性价值解读及展现. 西南民族大学学报，（6）：132-136.

雷星晖，王则灵. 2007. 管理创新的有效化模型研究. 上海管理科学，（5）：1-5.

冷志明，张铁生. 2009. 我国世界遗产地的旅游研究进展及展望. 人文地理，6：111-115.

黎华群. 2005. 基于城市体系的长江三角洲旅游地域系统研究. 云南地理研究，（5）：47-51.

李波，李恒鹏，薛东前. 2000. 川南旅游地域开发时空模式探讨. 地域研究与开发，（1）：78-80.

李春晓，于海波. 2015. 国家公园——探索中国之路. 北京：中国旅游出版社.

李飞，宋金平，张宁. 2009. 廊道遗产旅游资源保护与开发理论研究. 地理与地理信息科学，（6）：96-100.

李刚，汪爽，王碧含. 2012. 京津冀区域旅游文化产业协同发展研究——基于产业集群理论的视角.中国旅游科学年会论文集.

李国平. 2014. 京津冀区域发展报告. 北京：科学出版社.

李红. 2009. 河北省旅游产业竞争力的培育与提升. 价值工程，（6）：47-50.

李经龙，郑淑婧，周秉根. 2003. 旅游对旅游目的社会影响研究. 地域研究与开发，22（6）：

80-84.

李婧梅. 2016. 三江源国家公园发展思路与建设路径探索——三江源国家公园生态保护与绿色发展学术会议综述. 青海社会科学，（4）：52-56.

李克强在十二届全国人大五次会议上作的政府工作报告（摘要）. 2017. 光明日报，2017-03-06.

李鹏飞. 2009. 旅游产业集群：理论与现实的探讨. 经济地理，29（7）：1209-1213.

李茜燕. 2016. 大数据背景下旅游信息与区域旅游合作的耦合研究. 情报科学，34（4）：129-132.

李如生. 2002. 保护世界遗产的四个有效途径. 旅游学刊，17（6）：5.

李若朋，荣蓉，吕廷杰. 2004. 基于知识交流的两种产业协同模式. 北京理工大学学报（社会科学版），6（3）：42-44.

李树民，陈实，邵金萍. 2002. 西安城市旅游竞争力的比较研究. 西北大学学报（哲学社会科学版），32（4）：103-106.

李爽. 2006. 区域旅游合作共赢性博弈机制探讨. 商场现代化，477（24）：189-190.

李太平，钟甫宁，顾焕章. 2007. 衡量产业区域集聚程度的简便方法及其比较. 统计研究，24（11）：64-68.

李天元. 2005. 生态旅游及其局限性：基于营销视角的认识与思考. 旅游学刊，20（4）：25-29.

李天元. 2014. 旅游学. 3 版. 北京：高等教育出版社.

李伟卓. 2011. 京津冀区域旅游合作问题与对策. 合作经济与科技，（21）：16-18.

李雪，董锁成，李善同. 2012. 旅游地域系统演化研究综论. 旅游学刊，（9）：46-51.

李亚男，张浩然，杜浩. 2014. 河北省非物质文化遗产保护性开发策略——以传统手工艺类项目为例. 河北大学学报（哲学社会科学版），（3）：124-128.

李彦丽，路紫. 2006. 京津冀旅游信息化合作模式及策略研究. 情报杂志，25（2）：112-114.

李永文，史本林. 2000. 区域旅游可持续发展初探. 地域研究与开发，19（3）：69-72.

李玉臻，徐宁蔚. 2016. 基于 CVM 的三峡国家公园利益相关者支付意愿研究. 商业研究，（10）：32-38.

李祗辉. 2011. 大型节事活动对旅游目的地形象影响的实证研究. 地域研究与开发，30（2）：10-12.

李子奈，鲁传一. 2002. 管理创新在经济增长中贡献的定量分析. 清华大学学报（哲学社会科学版），（2）：25-31.

梁维，李辉. 2015. 吉林省文化遗产旅游资源开发路径探析——基于文化遗产保护的视角. 长白学刊，（5）：139-140.

梁艺桦，杨新军，马小龙. 2004. 区域旅游合作演化与动因的系统学分析——兼论"西安咸阳旅游合作". 地理与地理信息科学，20（3）：105-108.

林龙飞，王华，杨斌. 2009. 革命历史文化遗产旅游资源模糊评价模型. 商业研究，（8）：177-180.

林晓桃. 2015. 我国遗产旅游地的价值认同及其影响机制. 社会科学家，（5）：89-93.

刘传喜，唐代剑，常俊杰. 2015. 杭州乡村旅游产业集聚的时空演化与机理研究——基于社会资本视角. 农业经济问题，（6）：35-43.

刘春济，高静. 2008. 中国旅游产业集聚程度变动趋势实证研究. 商业经济与管理，1（11）：68-75.

刘春霞. 2006. 产业地理集中度测度方法研究. 经济地理，26（5）：742-747.

刘德谦. 2014. 关于京津冀旅游协同发展的回望. 旅游学刊，29（11）：13-15.

刘惠敏. 2007. 基于 EG 模型的北京都市区生产性服务业地理集中研究. 地理与地理信息科学，

23（2）：56-60.

刘佳，赵金金，张广海. 2013. 中国旅游产业集聚与旅游经济增长关系的空间计量分析. 经济地理，33（4）：186-192.

刘静佳. 2017. 基于功能体系的国家公园多维价值研究——以普达措国家公园为例学术探索. 学术探索，（1）：57-62.

刘庆余，弭宁，张立明. 2008. 遗产旅游的概念与内涵初探. 国土与自然资源研究，（1）：75-85.

刘庆余，王乃昂，张立明，等. 2005. 中国遗产资源的保护与发展. 中国软科学，（6）：31-36.

刘社军，吴必虎. 2015. 非物质文化遗产的基因差异及旅游发展转型. 地域研究与开发，34（1）：76-80.

刘孝蓉. 2013. 文化资本视角下的民族旅游村寨可持续发展研究. 武汉：中国地质大学.

刘赵平. 1998. 再论旅游对接待地的社会文化影响——野三坡旅游发展跟踪调查. 旅游学刊，（1）：50-54.

刘振礼. 1992. 旅游对接待地的社会影响及对策. 旅游学刊，7（3）：52-55，51-60.

陆均良，陆诤岚. 2008. 自然景区旅游开发中的生态规划与设计模型探索. 北京第二外国语学院学报，（9）：65-69.

罗佳明. 2004. 中国世界遗产管理体系研究. 上海：复旦大学出版社.

罗颖. 2011. 世界遗产地旅游解说系统规划与构建研究——基于安阳殷墟的调查数据. 地域研究与开发，30（4）：104-107.

马凤华，刘俊. 2006. 我国服务业地区性集聚程度实证研究. 经济管理，（23）：10-13.

马海龙，刘焱. 2010. 区域治理：一个概念性框架. 环渤海地区区域演变及可持续发展学术研讨会.

马洪波. 2016. 对推进三江源国家公园体制试点的思考. 青海社会科学，（4）：47-51.

马晓冬. 2001. 区域旅游合作与发展简论. 光明日报，2001-02-01.

马晓冬，沈正平，丁正山，等. 2005. 基于区域合作的徐连旅游带建设. 人文地理，82（2）：57-61.

马晓河. 2014. 马晓河：京津冀一体化如何落子. 中国房地产业，（9）：40-43.

马晓龙，卢春花. 2014. 旅游产业集聚：概念、动力与实践模式——嵩县白云山案例. 人文地理，136（2）：138-143.

迈克尔·波特. 2002. 国家竞争优势. 李明轩，邱如美译. 北京：华夏出版社.

毛文永. 2003. 生态环境影响评价概论. 北京：中国环境科学出版社.

莫帮洪，史本凤. 2005. 浅析区域旅游合作. 商场现代化（区域经济），（453）：221-222.

穆瑞丽，黄志英. 2008. 京津冀旅游合作的依据分析与机制构建. 商场现代化，（5）：232-233.

纳尔逊·格拉本，彭兆荣. 2006. 旅游人类学家谈中国旅游的可持续发展. 赵红梅译. 旅游学刊，21（1）：54-59.

南瑞江. 2010. 旅游产业集群难以形成的原因探讨. 襄樊学院学报，31（1）：49-52.

牛斌武. 2010. 生态旅游不能只重旅游. 中国环境报，2010-04-22.

牛文元. 1994. 中国社会发展的战略构想. 中国人口·资源与环境，（4）：9-14.

潘运伟，杨明，刘海龙. 2014. 濒危世界遗产威胁因素分析与中国世界遗产保护对策. 人文地理，29（1）：26-34.

彭倩，周青. 2006. 游客超载对自然景区的环境生态效应. 生态经济，（10）：194-196.

祁桂芳. 2011. 撒拉族文化遗产的旅游开发与保护. 中国商贸，（21）：161-162.

秦学. 2004. 旅游业区域合作的一般模式与原理探讨——兼论粤港澳地区旅游业合作的模式. 商业经济文荟, (5)：40-44.

邱询昊. 2002. 可持续竞争力与阶段性发展对策. 沈阳师范学院学报：社会科学版, 26 (4)：8-11.

邱正英. 2013. 旅游文化遗产保护预警体系构建. 商业时代, (13)：117-118.

曲颖. 2012. 遗产性旅游景点开发和管理的逆营销思考. 旅游学刊, (4)：7-9.

全国教育科学规划领导小组办公室. 2016. "高等教育与京津冀区域协同发展的路径优化及效能提升研究"成果报告. 大学 (研究版), (11)：79-84.

伞锋. 2014. 推进京津冀三地协同发展. 宏观经济管理, (5)：38-40.

邵革军, 王贵清. 2014. 旅游目的地竞争力的评价指标选取. 农村经济, (1)：49-52.

邵佳, 冷志明. 2011. 世界遗产价值分析与旅游开发对策研究——以武陵源自然遗产为例. 资源开发与市场, 27 (2)：178-180.

申葆嘉. 1993. 市场经济与旅游区域协作. 旅游学刊, (1)：6-7.

沈清基. 2004. 规划环境影响评价及城市规划的应对. 城市生态研究, 28 (2)：52-56.

石丹. 2014. 基于生态位的区域旅游竞合发展理论与应用研究. 长春：吉林大学：46.

史春云, 张捷, 朱传耿, 等. 2006. 基于 WTTC 数据库的旅游竞争力测度与分析. 经济地理, 26 (2)：326-330.

世界环境与发展委员会. 1987. 我们共同的未来. 牛津：牛津大学出版社.

世界旅游理事会, 世界旅游组织, 地球理事会. 1997. 关于旅游业的 21 世纪议程——实现与环境相适应的可持续发展. 张广瑞译. 旅游学刊, (2)：50-54.

世界旅游组织 (UNWTO). 2017. why tourism. http: //cf.cdn.unwto.org/content/why-tourism[2017-03-13].

世界资源研究所. 1993. 世界资源报告 1992—1993. 张崇贤, 柯金良译. 北京：中国环境科学出版社.

世界自然保护联盟, 联合国环境规划署, 世界野生生物基金会. 1992. 保护地球——可持续生存战略. 北京：中国环境科学出版社.

宋金平, 杜红亮. 2005 大长江三角洲旅游区域协作研究. 地域研究与开发, 24 (5)：67-70, 96.

宋立中, 谭申. 2012. 复合型文化遗产旅游产品开发路径分析——以福建马尾船政文化为例. 旅游学刊, 27 (10)：93-101.

宋丽华, 董涛, 李万社. 2014. 非物质文化遗产分类的问题解析与体系重构. 国家图书馆学刊, 23 (3)：86-92.

苏明明. 2012. 世界遗产地旅游发展与社区参与. 旅游学刊, 27 (5)：9-10.

苏明明. 2014. 可持续旅游与旅游地社区发展. 旅游学刊, (4)：8-9.

苏伟忠, 杨英宝, 顾朝林. 2003. 城市旅游竞争力评价初探. 旅游学刊, 18 (3)：39-42.

苏杨. 2016. 国家公园建设：先补齐生态补偿制度短板并体现国家事权. 中国发展观察, (11)：47-49.

孙凤芝, 许峰. 2013. 社区参与旅游发展研究评述与展望. 中国人口资源与环境, (7)：142-148.

孙虎, 乔标. 2015. 京津冀产业协同发展的问题与建议. 中国软科学, (7)：68-74.

孙九霞. 2012. 旅游：世界文化遗产保护与发展的多赢平台. 中国旅游发展笔谈, 27 (6)：5-6.

孙九霞, 周一. 2015. 遗产旅游地居民的地方认同——"碉乡"符号、记忆与空间. 地理研究, 34 (12)：2381-2394.

孙久文. 2014. 寻找京津冀区域协同新方位. 投资北京, (7)：33-34.

孙久文, 原倩. 2014. 京津冀协同发展战略的比较和演进重点. 经济社会体制比较, (5)：1-11.

孙克勤. 2011. 中国的世界自然遗产战略管理研究. 中国人口·资源与环境, 21（3）: 547-550.

孙业红, 闵庆文, 成升魁, 等. 2006. 农业文化遗产旅游资源开发与区域社会经济关系研究——以浙江青田"稻鱼共生"全球重要农业文化遗产为例. 资源科学, 28（4）: 138-144.

覃建雄. 2015. 我国限制与禁止开发区旅游扶贫创新发展研究——以秦巴山区为例. 西南民族大学学报（人文社科版）, 286（6）: 137-141.

谭必勇, 张莹. 2011. 中外非物质文化遗产数字化保护研究. 图书与情报, （4）: 7-11.

谭申, 宋立中, 周胜林. 2011. 近十年境外文化遗产地游客动机研究述评. 旅游论坛, 4（2）: 17-23.

唐承财. 2013. 中国遗产地旅游景气指数测评及提升模式. 资源科学, 35（12）: 2344-2351.

唐承财, 钟林生, 成升魁. 2013. 旅游地可持续发展研究综述. 地理科学进展, （6）: 984-992.

唐剑武, 郭怀成, 叶文虎. 1997. 环境承载力及其在环境规划中的初步应用. 中国环境科学, 1701: 6-9.

唐美玉. 2006. 新世纪国内区域旅游合作研究进展. 济南职业学院学报, （5）: 33-36.

唐晓云. 2012. 工具理性与价值理性的平衡: 遗产旅游的可持续发展之路. 社会科学家, （10）: 83-86.

陶伟, 岑倩华. 2004. 国外遗产旅游研究 17 年——Annual of Tourism Research 反映的学术态势. 城市规划汇刊, 149（1）: 66-72.

陶伟, 戴光全. 2002. 区域旅游发展的"竞合模式"探索: 以苏南三镇为例. 人文地理, 17（4）: 29-33.

天津市旅游局. 2009. 近代中国看天津丛书: 风貌建筑 100 座. 天津: 天津古籍出版社.

田彩云. 2016. 旅游引领三山五园文化保护与发展的对策研究. 北京联合大学学报, 14（1）: 60-66.

田东娜. 2007. 区域旅游合作探讨. 大连民族学院学报, （4）: 78-81.

田汉族. 2016. 京津冀高等教育合作困境的制度分析. 首都师范大学学报（社科版）, （5）: 122-132.

田家莉, 张叶青. 2013. 论文化遗产多元旅游的开发——以喜峰口长城旅游发展为例. 人民论坛, （5）: 172-173.

田里, 李柏文, 周小坤. 2009. 旅游目的地竞争力: 重要性-绩效分析. 人文地理, （6）: 79-81.

田世政, 杨桂华. 2011. 中国国家公园发展的路径选择: 国际经验与案例研究. 中国软科学, （12）: 6-14.

田勇. 2003. 国外旅游景区门票价格特征及其启迪. 价格月刊, （5）: 38-40.

佟玉权. 1998. 区域旅游系统结构优化的理论研究. 辽宁教育学院学报, 15（2）: 28-30.

涂人猛. 1994. 区域旅游理论研究. 社会科学家, 49（5）: 83-88.

吐火加. 2016. 知识产权文化视角下的非物质文化遗产保护. 学术论坛, 39（6）: 74-78.

万本太. 2008. 建设国家公园: 促进区域生态保护和经济社会协调发展. 环境保护, （21）: 35-37.

汪德根. 2015. 国家公园"门票经济"的公益性回归与管理体制改革. 旅游学刊, 30（5）: 11-13.

王纯阳. 2009. 国外旅游目的地竞争力研究综述. 旅游科学, 23（3）: 28-34.

王纯阳, 黄福才. 2013. 基于多方博弈的村落遗产地旅游开发模式形成机理研究——以开平碉楼与村落为例. 数学的实践与认识, 43（1）: 14-24.

王芳, 朱大奎. 2012. 全球变化背景下可持续的滨海旅游资源开发与管理. 自然资源学报, 1:

1-16.

王会战. 2014. 非物质文化遗产管理模式创新研究. 广西社会科学, (5): 59-64.

王京传, 李天元. 2013. 国外旅游目的地治理研究综述. 旅游学刊, 28 (6): 15-25.

王婧, 吴承照. 2014. 遗产旅游真实性感知测量方法研究进展. 现代城市研究, (2): 110-120.

王镜. 2011. 基于问卷调查的遗产旅游体验研究. 技术经济与管理研究, (4): 90-94.

王凯, 易静. 2013. 区域旅游产业集聚与绩效的关系研究——基于中国 31 个省区的实证. 地理科学进展, 32 (3): 465-474.

王蕾, 庞宏伟. 2011. 民间文化遗产旅游资源设计与开发研究——以河北曲阳石雕为例. 安徽农业科学, (17): 10570-10571, 10574.

王庆生. 2015. 区域旅游开发与规划新论: 基于案例的分析. 北京: 中国铁道出版社.

王庆生. 2016. 旅游规划与开发. 2 版. 北京: 中国铁道出版社.

王庆生, 吴静. 2016. 我国区域旅游可持续与环境保护联动问题初探. 可持续发展, 6 (4): 257-260.

王庆生, 陈一静, 胡默言. 2005. 河南省地域旅游系统分析. 地域研究与开发, (4): 92-95.

王庆生, 刘涛, 刘文蕾. 2012. 天津 "五大道" 主题街区旅游开发对策. 当代旅游 (学术版), 10 (4): 104-106.

王庆生, 张丹, 梁怡. 2014. 湿地区域生态旅游开发模式探析: 以天津七里海湿地为例. 北京第二外国语学院学报, 36 (5): 1-10.

王庆生, 张亚州, 梁怡. 2015. 区域旅游可持续发展研究 "三元论". 天津商业大学学报, 35(5): 3-12.

王群, 陆林, 杨兴柱. 2014. 国外旅游地社会-生态系统恢复力研究进展与启示. 自然资源学报, 29 (5): 894-908.

王晓玲, 马先娜, 袁宁, 等. 2012. 基于 AHP 法的旅游资源评价及保护性开发研究——以武当山世界遗产地为例. 资源开发与市场, (10): 867, 938-940.

王晓梅, 邹统钎, 金川. 2013. 国外遗产旅游资源管理研究进展. 资源科学, 35 (12): 2334-2343.

王昕, 陈婷. 2009. 基于旅游行为的旅游目的地空间层次与管理. 人文地理, (6): 107-110.

王新越, 司武兴. 2016. 21 世纪海上丝绸之路国家旅游合作研究. 中国海洋大学学报 (社会科学版), (2): 41-45.

王兴明. 2013. 产业发展的协同体系分析——基于集成的观点. 经济体制改革, (5): 102-105.

王学典, 朱斌. 2016. 基于 "互联网+旅游" 的区域旅游合作模式. 市场周刊 (理论研究), (3): 38-39.

王永刚, 李萌. 2011. 旅游一体化进程中跨行政区利益博弈研究——以长江三角洲地区为例. 旅游学刊, (1): 24-30.

王铮, 王莹, 李山, 等. 2003. 贵州省旅游业区位重构研究. 地理研究, 22 (3): 313-323.

王志宝, 孙铁山, 李国平. 2013. 区域协同创新研究进展与展望. 软科学, 27 (1): 1-4.

魏丽华, 李书锋, 张健. 2014. 建立京津冀联合治污的协调机制. 开放导报, (1): 87-89.

魏小安. 2014. 京津冀旅游一体化的动力与推力. 旅游学刊, 29 (10): 13.

文魁, 徐则荣. 2013. 制度创新理论的生成与发展. 当代经济研究, (7): 52-56.

沃里克·弗罗斯特, C.迈克尔·霍尔. 2014. 旅游与国家公园——发展、历史与演进的国际视野. 王连勇, 等译. 北京: 商务印书馆.

乌兰. 2007. 协调发展背景下的区域旅游合作. 山东社会科学, 141 (5): 81-83.

乌永志. 2012. 文化遗产旅游解说与翻译: 评述与启示. 地域研究与开发, 31 (3): 93-97.

吴必虎. 2001. 区域旅游规划原理. 北京: 中国旅游出版社.

吴必虎. 2014. 弱行政化、强市场化与环北京旅游一体化. 旅游学刊, 29 (11): 15-16.

吴必虎, 李咪咪, 黄国平. 2002. 中国世界遗产地保护与旅游需求关系. 地理研究, 21 (5): 617-626.

吴承照. 1998. 从风景园林到到游憩规划设计. 中国园林, 59 (5): 10-13.

吴承照, 刘广宁. 2015. 中国建立国家公园的意义. 中国旅游发展笔谈, 6 (30): 14-16.

吴春晓, 冯明亮, 陈俊营. 2013. 旅游资源开发中文化遗产保护的问题对策研究——以城市文化遗产为例. 旅游纵览 (下半月), (3): 183-185.

吴国琴. 2015. 豫南大别山区旅游可持续发展能力评价. 地域研究与开发, 34 (4): 95-98.

吴泓, 顾朝林. 2004. 基于共生理论的区域旅游竞合研究——以淮海经济区为例. 经济地理, 24 (1): 104-109.

吴洪梅. 2010. 基于利益主体理论的区域旅游合作模式分析. 商业时代, (20): 122-123.

吴静. 2014. 生态视野下的旅游规划环境评价研究. 天津: 南开大学出版社: 107-109.

吴巧红. 2014. 创新京津冀文化旅游产品. 旅游学刊, 29 (11): 22-24.

吴文智, 赵磊. 2013. 美国公共景区政府规制经验评价及对我国的启示. 管理现代化, (2): 126-128.

吴兴帜. 2012. 文化遗产保护的生态学视角. 西南民族大学学报, (1): 30-34.

伍乐平, 肖美娟, 苏颖. 2012. 乡村旅游与传统文化重构——以日本乡村旅游为例. 生态经济 (中文版), (5): 154-157.

武玉英, 李俊涛, 蒋国瑞. 2014. 京津冀制造业协同创新理论模型及发展对策. 科技进步与对策, 31 (24): 36-40.

奚青梅. 2008. 中原城市群经济可持续竞争力问题研究. 当代经济, (1): 96-97.

肖金成. 2014. 京津冀: 环境共治 生态共保. 环境保护, 42 (17): 21-25.

谢燕娜, 朱连奇, 杨迅周, 等. 2013. 河南省旅游产业集聚区发展模式创新研究. 经济地理, 33 (11): 175-181.

熊德国, 鲜学福, 姜永东. 2003. 生态足迹理论在区域可持续发展评价中的应用及改进. 地理科学进展, (6): 618-626.

徐崇灏. 2013. 山东半岛蓝色经济区可持续旅游业发展方向与对策研究. 济南: 山东师范大学: 12-22.

徐虹, 李秋云. 2016. 府际间区域旅游合作的发展性评价框架研究. 未来与发展, (6): 60-67.

徐虹, 李秋云. 2017. 京津冀区域旅游合作效果影响因素研究. 天津商业大学学报, (2): 34-41.

徐嵩龄. 2003. 中国文化与自然遗产的管理体制变革. 管理世界, (6): 63-73.

徐永利, 赵炎. 2014. 京津冀协同发展: 河北省产业逆梯度推移策略. 河北学刊, (4): 214-217.

薛倍珍. 2017. 丝绸之路经济带陕甘段旅游空间结构研究——基于"点-轴"理论. 金融经济, (2): 54-55.

薛捷. 2011. 管理创新的概念内涵及其生成机制研究. 科学学与科学技术管理, (12): 53.

薛莹. 2001. 对区域旅游合作研究中几个基本问题的认识. 桂林旅游高等专科学校学报, 12 (2): 26-29.

闫红霞. 2013. 遗产旅游"原真性"体验的路径构建. 河南社会科学, 21 (10): 55-57.

杨经华. 2012. 侗族"款"文化遗产旅游资源的发掘构想——以贵州三穗款场为中心. 西南民族大学学报 (人文社会科学版), (4): 131-136.

杨军. 2016. 少数民族非物质文化遗产保护探究. 中南民族大学学报(人文社会科学版), 36(1): 58-62.

杨明. 2015. 非物质文化遗产保护的现实处境与对策研究. 法律科学, 33 (5): 135-147.

杨荣斌, 郑建瑜, 程金龙. 2005. 区域旅游合作结构模式研究. 地理与地理信息科学, 21 (5): 95-98.

杨新军, 马晓龙. 2004. 区域旅游: 空间结构及其研究进展. 人文地理, 19 (1): 76-81.

杨迅周, 谢燕娜, 沈晨. 2013. 旅游产业集聚区空间结构与管理模式研究. 河南科学, (7): 1104-1107.

杨阳, 黄远珍. 2016. "一带一路"背景下非物质文化遗产旅游开发的协作机制研究——基于鄂尔多斯地区的田野调查. 吉首大学学报 (社会科学版), (S2): 92-95.

杨耀武, 张仁开. 2009. 长三角产业集群协同创新战略研究. 中国软科学, (S2): 136-139.

杨勇. 2010. 中国旅游产业区域聚集程度变动趋势的实证研究. 旅游学刊, 25 (10): 37-42.

杨子江. 2011. 基于CAP方法的梅里雪山国家公园威胁评估与对策研究. 生态经济中文版, (1): 162-166.

姚宏, 李晓英. 2015. 基于游客感知的世界文化遗产地差异化开发——以敦煌莫高窟为例. 资源开发与市场, 31 (10): 1254-1258.

叶宗裕. 2010. 中国省际资本存量估算. 统计研究, 27 (12): 65-71.

佚名. 2016. 国家发改委、国家旅游局联合印发全国生态旅游发展十年规划. 中国旅报. 2016-069-08 (3版).

尹立军. 2012. 基于经济学和旅游学视角的文化遗产管理研究评述. 商业时代, (30): 144-145.

尹贻梅. 2004. 旅游空间竞争合作分析模型的构建. 江西财经大学学报, 26 (2): 66-71.

尹贻梅, 刘志高. 2006. 旅游产业集群存在的条件及效应探讨. 地理与地理信息科学, 22 (6): 98-102.

游勇. 2013. 国家公园社区参与旅游发展能力建设——以滇金丝猴国家公园喇古箐社区为例. 西南民族大学学报 (人文社科版), (5): 157-160.

于海波, 徐虹. 2015. 国家公园体制建设中的旅游公共管理. 旅游学刊, (6): 10-11.

袁立梅, 王敏, 刘阳. 2016. 京津冀旅游协同发展的现状与推进路径探索. 产业与科技论坛, 15 (15): 17-18.

约翰·伊特韦尔, 默里·米尔盖特, 彼得·纽曼. 1992. 新帕尔格雷夫经济学大辞典. 2卷. 许明月, 等译. 北京: 经济科学出版社.

臧学英, 于明言. 2010. 战略性新兴产业的选择与京津冀区域协调发展. 2010京津冀区域协作论坛.

曾珍香, 顾培亮, 张闽. 1998. 可持续发展的概念及内涵的研究. 管理世界, (2): 209-210.

曾宗永. 2000. 生态旅游的非持续特征. 环境保护, (6): 29-31.

詹一虹, 龙婷. 2015. 荆楚非物质文化遗产的生产性保护研究. 湖北民族学院学报 (哲学社会科学版), 33 (6): 5-11.

展永. 2015. 加强区域高校合作助推京津冀协同发展. 河北工业大学学报 (社科版), (12): 1-3.

张爱平, 侯兵, 马楠. 2017. 农业文化遗产地社区居民旅游影响感知与态度——哈尼梯田的生计影响探讨. 人文地理, (1): 138-144.

张朝枝. 2015. 国家公园体制试点及其对遗产旅游的影响. 旅游学刊, 30 (5): 1-3.

张朝枝, 保继刚. 2004. 国外遗产旅游与遗产管理研究——综述与启示. 旅游科学, 4 (18): 7-16.

张朝枝, 郑艳芬. 2011. 文化遗产保护与利用关系的国际规则演变. 旅游学刊, 26 (1): 81-88.

张东亮. 2006. 旅游目的地竞争力指标体系及评价研究. 杭州: 浙江大学.

张广海, 刘佳. 2007. 环渤海地区旅游产业集群构建与区域整合研究. 改革与战略, 162 (2):
　　80-83.

张贵, 梁莹, 郭婷婷. 2015. 京津冀协同发展研究现状与展望. 城市与环境研究, (1): 76-88.

张贵, 王树强, 刘沙, 等. 2014. 基于产业对接与转移的京津冀协同发展研究. 经济与管理,
　　28 (4): 14-20.

张海霞. 2010a. 国家公园的旅游规制研究. 上海: 华东师范大学.

张海霞. 2010b. 社会政策之于公共游憩供给: 兼议政府作为的载体. 旅游学刊, 25 (9): 20-26.

张海霞. 2012. 国家公园的旅游规制研究. 北京: 中国旅游出版社.

张海霞, 汪宇明. 2009. 基于旅游价值取向转移的旅游规制创新刍议. 旅游学刊, 24 (4): 12-18.

张海霞, 张旭亮. 2009. 国家级保护区体系的旅游规制探析. 生态经济中文版, (5): 109-112.

张海霞, 张旭亮. 2012. 自然遗产地国家公园模式发展的影响因素与空间扩散. 自然资源学报,
　　(4): 705-712.

张洪, 王先凤. 2013. 基于主成分与聚类分析的安徽省旅游目的地竞争力研究. 华东经济管理,
　　(12): 43-48.

张辉, 厉新建. 2004. 旅游经济学原理. 北京: 旅游教育出版社.

张金玲. 2011. 遗产管理与旅游视角中的原真性——兼论浙南海防遗址蒲壮所城的保护性开发.
　　四川师范大学学报, 38 (2): 51-57.

张晶, 吴绍洪, 唐炳舜. 2007. 地域系统研究进展与展望. 中国人口资源与环境, (4): 49.

张军, 章元. 2003. 对中国资本存量 K 的再估计. 经济研究, (7): 35-43.

张军, 吴桂英, 张吉鹏. 2004. 中国省际物质资本存量估算: 1952-2000. 经济研究, (10): 35-44.

张立新, 杨新军, 喻忠磊, 等. 2013. 城市遗产旅游资源的开发潜力-鲁棒性矩阵分析——以西
　　安市为例. 西北大学学报 (自然科学版), (5): 787-792.

张梦. 2006. 旅游产业集群化发展的制约因素分析——以大九寨国际旅游区为例. 旅游学刊,
　　21 (2): 36-40.

张世满. 2012. 遗产保护一大难点: 游客高峰的应对. 中国旅游发展笔谈, 27 (4): 9-10.

张涛. 2013. 河北力争七年打通京津二千三百公里"断头路". http://news. xinhuanet.com/fortune/
　　2013-09/24/c_117487020.htm[2013-09-24].

张新. 2007. 我国区域旅游合作发展研究. 中国市场, (1): 12-13.

张雪, 静丽贤, 孙晖, 等. 2015. 基于大学联盟视角的京津冀区域高等教育合作. 河北联合大学
　　学报 (社科版), (5): 88-95.

张亚林. 1989. 旅游地域系统及其构成初探. 地理学与国土研究, (5): 39-43.

张亚明, 刘海鸥. 2014. 协同创新博弈观的京津冀科技资源共享模型与策略. 中国科技论坛,
　　(1): 34-41.

张玉臣. 2009. 长三角区域协同创新研究. 北京: 化学工业出版社.

张玉钧. 2014. 可持续生态旅游得以实现的三个条件. 旅游学刊, 29 (4): 5-7.

张园园，路紫. 2013. 文物旅游地、遗产旅游地社区居民权利保障研究综述. 地域研究与开发，32（3）：61-71.

章晶晶，卢山，麻欣瑶. 2015. 基于旅游开发的工业遗产评价体系与保护利用梯度研究. 中国园林，（8）：86-89.

赵继敏，王洁. 2014. 新公共管理背景下国外国家公园管理改革的经验与启示. 世界林业研究，27（5）：44-49.

赵磊. 2011. 基于网络视角的区域旅游系统概念体系辨析. 北京第二外国语学院学报，（7）：15-25.

赵磊. 2013. 旅游产业集聚会影响地区收入差距吗？——基于中国省际面板数据的门槛回归分析. 旅游科学，27（5）：22-41.

赵磊，庄志明. 2008. 旅游目的地竞争力模型比较研究. 旅游学刊，23（10）：47-53.

赵黎明. 2011. 经济学视角下的旅游产业融合. 旅游学刊，（5）：7-8.

赵黎明，邢雅楠. 2011. 基于 EG 指数的中国旅游产业集聚研究. 西安电子科技大学学报（社会科学版），21（2）：43-48.

郑杰雄. 2015. 智慧旅游视阈下厦漳泉区域旅游合作路径研究. 漳州职业技术学院学报，17（2）：63-67.

郑荣富. 1997. 促进区域旅游与合作加速发展福建旅游业. 旅游学刊，（5）：19-21.

郑艳芬，张朝枝. 2014. 国际法对文化遗产旅游利用认识的演进. 旅游科学，28（1）：85-94.

郑燕，李庆雷. 2011. 国家公园：西部地区生态旅游发展模式创新. 改革与战略，27（7）：111-114.

郑耀星. 1999. 区域旅游合作是旅游业持续发展的新路. 福建师范大学学报（哲学社会科学版），（2）：34-37.

中国环境报社. 1992. 迈向 21 世纪——联合国环境与发展大会文献汇编. 北京：中国环境科学出版社.

钟林生. 2014. 可持续旅游发展历程与未来研究论题探讨. 旅游学刊，（3）：6-7.

钟行明，喻学才. 2005. 国外旅游目的地研究综述——基于 Tourism Management 近 10 年文章. 旅游科学，19（6）：1-9.

周国忠. 2007. 绍兴镜湖生态旅游开发与保护. 湖泊科学，19（5）：622-626.

周海林. 2006. 可持续发展原理. 北京：商务印书馆.

周睿，钟林生，刘家明. 2015. 乡村类世界遗产地的内涵及旅游利用. 地理研究，（5）：991-1000.

周耀林，叶鹏. 2014. 我国非物质文化遗产的保护机制与实现路径——基于文化与科技融合的视角. 学习与实践，（7）：127-133.

朱红兵，冯翔. 2014. 长三角区域旅游合作发展模式分类及评价研究. 地理与地理信息科学，（3）：108-113.

朱明芳. 2007. 关于旅游目的地竞争力测评方法的研究. 社会科学家，（2）：110-114.

朱青晓. 2007. 旅游目的地系统空间结构模式探究. 地域研究与开发，26（3）：56-60.

祝尔娟. 2014. 推进京津冀区域协同发展的思路与重点. 经济与管理，28（3）：10-12.

邹统钎，朱天松. 2004. 旅游目的地可持续发展. 中国旅游报，2004-12-01.

邹统钎，金川，王晓梅. 2013a. 中国遗产旅游资源管理体制的历史演变、问题及改革路径研究. 资源科学，35（12）：2325-2333.

邹统钎，高中，钟林生. 2013b. 旅游学术思想流派. 天津：南开大学出版社.

邹统钎，王小方，刘溪宁. 2009. 遗产旅游研究进展. 湖南商学院学报，1：72-76.

邹晓明，熊国保，马杰. 2004. 区域旅游合作谫论. 江西社会科学，（11）：231-234.

Becken S. 2014. 风险管理纳入可持续旅游研究. 陈洁译. 旅游学刊，29（3）：4-6.

Bédard F. 2013. 旅游规划的战略工具：全球可持续旅游目的地标准. 黄潇婷译. 旅游学刊，28（9）：6-8.

Haken H. 1984. 协同学. 徐锡申，陈式刚，陈雅深，等译. 北京：原子能出版社.

Lynn C. 2004. 国际旅游规划案例分析. 周常春，苗学玲，戴光全，等译. 天津：南开大学出版社.

Ritche J R B，Crouch G I. 2006. 旅游目的地竞争力管理. 李天元，徐虹，陈家刚，等译. 天津：南开大学出版社.

Adrianna K. 2014. Public perceptions of rural landscapes in land consolidation procedures in Poland. Land Use Policy，39：313-319.

Albrecht J. 2014. Networking for sustainable tourism—towards a research agenda. Journal of Sustainable Tourism，21（5）：639-657.

Anderson B. 2006. Imagined Communities：Reflections on the Origins and Spread of Nationalism. New York：Verso.

Ansoff H. 1987. Corporate Strategy（Revised edition）. New York：McGraw-Hill Book Company：35-83.

Baum J A C，Heveman H A. 1997. Love they neighbor？Differentiation and agglomeration in the Manhattan hotel industry，1898-1990. Administrative Science Quarterly，42（2）：304-339.

Bell V R. 2013. The politics of Managing a World Heritage Site：The complex case of Hadrian's Wall. Leisure Studies，3：115-132.

Bennett M. 1997. Heritage marketing：The role of information technology. Journal of Vacation Marketing，3：272-280.

Besag J E. 1977. Comments on Ripley's paper. Journal of the Royal Statistical Society，9（2）：193-195.

Bessa E，Goncalves-de-Freitas E. 2014. How does tourist monitoring alter fish behavior in underwater trails. Tourism Management，45：253-259.

Blanca M. 2014. Luxury sustainable tourism in small island developing states surrounded by coral reefs. Ocean & Coastal Management，98：86-94.

Blower J. 1985. National parks for developing countries. Proceedings of the World Congress on National Parks. Washington：Smithsonian Institution Press.

Brulhart M，Mathys N A. 2008. Sectoral agglomeration effects in a panel of European regions. Regional Science and Urban Economics，38（4）：348-362.

Bryce D，Curran R，O'Gorman K，et al. 2015. Visitors' engagement and authenticity：Japanese heritage consumption. Tourism Management，2：571-581.

Buhalis D. 2000. Marketing the competitive destination of the future. Tourism Tribune，21（1）：97-116.

Butler R W. 1980. The concept of a tourist area cycle of evolution：Implications for management of resources. Canadian Geographer，（24）：5-12 .

Bynum B. 2014a. Empowerment and resident attitudes towards tourism：Strengthening the theoretical foundation through a Weberian lens. Annals of Tourism Research, 49: 33-50.

Bynum B. 2014b. Measuring empowerment: Developing and validating the resident empowerment through tourism scale (RETS). Tourism Management, 45: 85-94.

Caldwell L K. 1984. Political aspects of ecologically sustainable development. Environmental Conservation, 11 (4): 299-308.

Castellani V, Sala S. 2012. Ecological footprint and life cycle assessment in the sustainability assessment of tourism activities. Ecological Indicators, 16 (2): 135-147.

Chhabra D. 2009. Proposing a sustainable marketing framework for heritage tourism. Journal of Sustainable Tourism, 17: 303-320.

Christian W.2014. The impacts of tourism development on perceptions and practices of sustainable wastewater management on the Placencia Peninsula, Belize. Journal of Cleaner Production, 1-12.

Chung W, Kalnin A S. 2001. Agglomeration effects and performance: A test of the Texas lodging industry. Strategic Management Journal, 22 (10): 969-988.

Coles T, Dinan C, Warren N, et al. 2014. Energy practices among small- and medium-sized tourism enterprises: A case of misdirected effort?. Journal of Cleaner Production, 111: 399-408.

Cooper C, Fletcher J, Gilbert D, et al. 1998. Tourism: Principles and Practice. New York: Addison Wesley Longman Publishing.

Corning P A. 1998. "The synergism hypothesis": On the concept of synergy and its role in the evolution of complex systems. Journal of Social & Evolutionary Systems, 21 (2): 133-172.

Crouch G I. 1992. Effect of income and price on international tourism. Annals of Tourism Research, 19 (4): 643-664.

Crouch G I, Ritchie J R B. 1999. Competitive tourism destinations: Combining theories of comparative and competitive advantage. CAUTHE National Research Conference Adelaide.

Crouch G I, Ritchie J R B. 2003. The Competitive Destination: A Sustainability Perspective. Wallingford: CAB International Publishing.

Daim M S, Bakri A F, Kamarudin H, et al. 2012. Being neighbor to a national park: Are we ready for community participation. Procedia - Social and Behavioral Sciences, 36: 211-220.

Davies S, Lyons B. 1996. Industrial Organization in the European Union. Oxford: Clarendon Press.

Davis L E, North D C.1971. Institutional Change and American Economic Growth. London: Cambridge University Press.

Diggle P J, Chetwynd A G. 1991. Second-order analysis of spatial clustering for inhomogeneous populations. Biometrics, 47 (3): 1155-1163.

Dong H. 2014. Geoconservation and Geotourism in Luochuan loess national geopark, China. Quaternary International, 334: 40-51.

Dwyer L, Kim C. 2003. Destination competitiveness: Determinants and indicators. Current Issues in Tourism, 6 (5): 369-414.

Dwyer L, Forsyth P, Rao P. 2002. Destination price competitiveness: Exchange rate changes versus domestic inflation. Journal of Travel Research, 40 (3): 328-336.

Dyer P, Aberdeen L, Schuler S. 2003. Tourism impacts on an Australian indigenous community: A

Djabugay case study. Tourism Management，24（1）：83-95.

Eduardo B，Eliane G. 2014. How does tourist monitoring alter fish behavior in underwater trails. Tourism Management，45：253-259.

Elise T，Leisen B. 1999. Managing stakeholders：A tourism planning model. Annals of Tourism Research，26：312-328.

Ellison G，Glaeser E L. 1997. Geographic concentration in U. S. manufacturing industries：A dartboard approach. The Journal of Political Economy，105（5）：889-927.

Emil J. 2014. The attitude-behavior gap in sustainable tourism. Annals of Tourism Research，48：76-95.

Enright M J，Newton J. 2004. Tourism destination competitiveness：A quantitative approach. Tourism Management，25（6）：777-788.

Feser E J，Sweeney S H. 2002. Theory，methods，and a cross-metropolitan comparison of business clustering. Industrial Location Economics：222-229.

Flowers J，Easterling K. 2006. Growing south Carolina's tourism cluster. Business and Economic Review，52（3）：15-20.

Forman R T T. 1990. Changing Landscapes：An Ecological Perspective. New York：Springer：261-278.

Frederickk J. 2014. Local and public heritage at a World Heritage Site. Annals of Tourism Research，44：143-155.

Freeman R E. 1988. Strategic Management：A Stakeholder Approach. Boston：Pitman：8.

Giuliani E. 2002. Cluster absorptive capability：An evolutionary approach for industrial clusters in developing countries. DRUID Summer Conference，Copenhagen：6-8.

Giuseppe I. 2013. From coastal management to environmental management：The sustainable eco-tourism program for the mid-western coast of Sardinia（Italy）. Land Use Policy，31：460-471.

Godfrey K B. 1998. Attitudes towards 'sustainable tourism' in the UK：A view from local government. Tourism Management，19（3）：213-224.

Gunn C A. 1988. Vacationscape：Designing Tourist Regions. New York：Van Nostrand Reinhold.

Haldrup M. 2015. The semiotics of heritage tourism. Annals of Tourism Research，50：178-179.

Hall C M，Shultis J. 1991. Railways，tourism and worthless lands：The establishment of national parks in Australia，Canada，New Zealand and the United States. Australian Canadian Studies，8（2）：57-74.

Hamilton K，Alexander M. 2013. Organic community tourism：A co-created approach. Annals of Tourism Research，7：169-190.

Hamin M E. 2001. The US national park service's partnership parks：Collaborative responses to middle landscapes. Land Use Policy，18：123-135.

Hardy A，Beeton R J S，Pearson L. 2002. Sustainable tourism：An overview of the concept and its position in relation to conceptualisations of tourism. Journal of Sustainable Tourism，10（6）：519-529.

Hassan S S. 2000. Determinants of market competitiveness in an environmentally sustainable tourism industry. Journal of Travel Research, 38（3）: 239-245.

Herbert D T. 1995. Heritage places, leisure and tourism.Heritage, Tourism and Society, 1: 1-20.

Heros A, Eleonora T. 2013. Projection of tourist scenarios onto fragility maps: Framework for determination of provisional tourist carrying capacity in a Brazilian show cave. Tourism Management, 35: 234-243.

Hobsbawm E. 1994. Age of Extreme: The Short Twenties Century 1914-1991. London: Abacus.

Horne J. 2006. The Pursuit of Wonder: How Australia's Landscape was Explored, Nature Discovered and Tourism Unleashed. Melbourne: Miegunyah.

Horng J S, Hu M L M, Teng C C C, et al. 2013. Development and validation of the low-carbon literacy scale among practitioners in the Taiwanese tourism industry. Tourism Management, 35: 255-262.

Hrvoje C. 2014. Ecotoxicological risk assessment of antifouling emissions in a cruise ship port. Journal of Cleaner Production, 121: 1-10.

Huang C. 2015. A rough set-based corporate memory for the case of ecotourism. Tourism Management, 47: 22-33.

Huang Y H, Stewart W P. 1996. Rural tourism development: Shifting basis of community solidarity. Journal of Travel Research, 34（4）: 26-31.

Huybers T, Bennett J. 2003. Environmental management and the competitiveness of nature-based tourism destinations. Environmental and Resource Economics, 24（3）: 213-233.

Idrissou L, Paassen A V, Aarts N, et al. 2013. Trust and hidden conflict in participatory natural resources management: The case of the Pendjari National Park(PNP)in Benin. Forest Policy and Economics, 27（2）: 65-74.

Jackson J. 2006. Developing regional tourism in China: The potential for activating business clusters in a socialist market economy. Tourism Management, 27（4）: 695-706.

Jackson J, Murphy P. 2006. Clusters in regional tourism an Australian case. Annals of Tourism Research, 33（4）: 1018-1035.

Jamrozy U. 2007. Marketing of tourism: A paradigm shift toward sustainability international journal of culture. Tourism and Hospitality, 1: 117-130.

Jhon E, Kornhauser E M, Sayers A. 1998. New Worlds from Old: 19th Century Australian and American Landscapes. Canberra: National Gallery of Australia.

Jin S. 2014. An operational method to supporting siting decisions for sustainable rural second home planning in ecotourism sites. Land Use Policy, 41: 550-560.

Kaltenborn B. 2013. World heritage status as a foundation for building local futures? A case study from vega in central Norway. Journal of Sustainable Tourism, 21（1）: 99-116.

Kerstetter D L, Confer J J, Graefe A R. 2001. An exploration of the specialization concept within the context of heritage tourism. Journal of Travel Research, 39: 267-274.

King L. 2014. Communicating the World Heritage brand: Visitor awareness of UNESCO's World Heritage symbol and the implications for sites, stakeholders and sustainable management. Journal of Sustainable Tourism, 225（5）: 768-786.

Korstanje M E. 2015. Heritage in the digital era: Cinematic tourism and the activist cause.Annals of

Tourism Research，55：186-187.

Kozak M. 2001. Repeaters' behavior at two distinct destinations. Annals of Tourism Research，2001，28（3）：784-807.

Laia R，Apen G. 1996. Sustainable competitive participation：A role for the federal government and the national laboratories. Technology in Society，8（4）：467 -476.

Laing J，Wheeler F，Reeves K，et al. 2014. Assessing the experiential value of heritage assets：A case study of a Chinese heritage precinct，Bendigo，Australia. Tourism Management，2：180-192.

Lankford S V，Howard D R. 1994. Developing a tourism impact attitude scale. Annals of Tourism Research，21（1）：121-139

Lee T. 2013. Influence analysis of community resident support for sustainable tourism development. Tourism Management，34：37-46.

Lee Y J. 2015. Creating memorable experiences in a reuse heritage site. Annals of Tourism Research，11：155-170.

Leiper N. 1995. Tourism Management. Melbourne：RMIT Press.

Le-Klähn D T，Gerike R，Hall C M. 2014. Visitor users vs. non-users of public transport：The case of Munich，Germany. Journal of Destination Marketing & Management，3：152-161.

Lu L，Chi C G，Liu Y. 2015. Authenticity，involvement，and image：Evaluating tourist experiences at historic districts. Tourism Management，10：85-96.

Mangion M L，Durbarry R，Sinclair M T. 2005. Tourism competitiveness：Price and quality. Tourism Economics，11（1）：45-68.

Marcon E，Puech F. 2009. Measures of the geographic concentration of industries：Improving distance-based methods. Journal of Economic Geography，10（5）：745-762.

Maria-Victoria G. 2014. Marine angling tourist behavior，non-compliance and implications for natural resource management. Tourism Management，45：59-70.

Massara F，Severino F. 2013. Psychological distance in the heritage experience. Annals of Tourism Research，7：108-129.

Maurel F，Sédillot B. 1999. A measure of the geographic concentration in french manufacturing industries. Regional Science & Urban Economics，29（5）：575-604.

Meadows D H. 1972. The Limits to Growth：A Report for the Club of Rome's Project on the Predicament of Mankind. New York：Universe Books.

Michael E P. 1998. Clusters and the new economics of competition. Harvard Business Review，76（6）：77-90.

Mihalič T. 2000. Environmental management of a tourist destination：A factor of tourism competitiveness. Tourism Management，21（1）：65-78.

Moira P，Mylonopoulos D. 2012. Regional tourism authorities and tourism policy monitoring：The case of greek RTOs. China-USA Business Review，11（5）：621-630.

Moscardo G. 1996. Mindful visitors：Heritage and tourism. Annals of Tourism Research，23（2）：376-397.

Moscardo G. 2001. Cultural and Heritage Tourism：The Great Debate. London：Continuam.

Moyle B. 2014. Tracking the concept of sustainability in Australian tourism policy and planning documents.Journal of Sustainable Tourism, 22（7）: 1037-1051.

Murphy P E. 1985. Tourism: A Community Approach. New York: Methuen.

Murzyn-Kupisz M. 2013. The socio-economic impact of built heritage projects conducted by private investors. Journal of Cultural Heritage, 14: 156-162.

Nash R. 1967. Wilderness and the America Mind. New Haven: Yale University Press.

Nash R. 1970. The American invention of national parks. American Quarterly, 22（3）: 726-735.

Newcomb R M. 1979. Planning the Past. Historical Landscape Resources and Recreation. Dawson: Archon Books.

Nicole E. 2015. Social science as a vehicle to improve dolphin-swim tour operation compliance. Marine Policy, 51: 40-47.

Niu W Y, Lu J J, Khan A A. 1993. Spatial systems approach to sustainable development: A conceptual framework. Environmental Management, 17（2）: 179-186.

O'Leary J T, Morrison A M, Alzua A. 1998. Cultural and heritage tourism: Identifying niches for international travelers. Journal of Travel and Tourism Studies, 9: 2-13.

Palmer C A. 1994. Tourism and colonialism: The experience of the Bahamas. Annals of Tourism Research, 21（4）: 792-811.

Petr C. 2015. How heritage site tourists may become monument visitors. Tourism Management, 12: 247-262.

Polyxeni M. 2012. Regional tourism authorities and tourism policy monitoring: The case of greek RTOs. China-USA Business Review, 11（5）: 621-630.

Poria Y, Butler R, Airey D. 2001. Clarifying heritage tourism. Annals of Tourism Research, 28（4）: 1047-1049.

Poria Y, Butler R, Airey D. 2003. The core of heritage tourism. Annals of Tourism Research, 30（1）: 238-254.

Poria Y, Reichel A, Cohen R. 2013. Tourists perceptions of world heritage site and its designation. Tourism Management, 4: 272-274.

Porter M. 1980. Competitive Strategy. NewYork: The Free Press.

Porter M. 1990. The Competitive Advantage of Nations. NewYork: The Free Press.

Prayag G, Ryan C. 2012. Antecedents of tourists' loyalty to mauritius: The role and influence of destination image, place attachment, personal involvement and satisfaction. Journal of Travel Research, 51: 342-356.

Prentice R. 1993. Tourism and Heritage Attractions. London: Routledge.

Puhakka R, Cottrell S P, Siikamäki P. 2014. Sustainability perspectives on Oulanka National Park, Finland: Mixed methods in tourism research. Journal of Sustainable Tourism, 22（3）: 480-505.

Ripley B D. 1976. The second-order analysis of stationary point processes. Journal of Applied Probability, 13（2）: 255-266.

Ritchie J R B, Crouch G I. 2003. The Competitive Destination: A Sustainable Tourism Perspective. Cambridge: CABI Publishing: 63.

Ritchie J R B, Crouch G I, Hudson S, et al. 2001. Developing operational measures for the components of a destination competitiveness / sustainability model: Consumer versus managerial perspectives. Consumer Psychology of Tourism，Hospitality and Leisure，2：1.

Sandra C，Gountas Y，Gilbert D. 1997. Tourism operators and destination sustainability. Tourism Management，18：425-431.

Simons M S. 2000. Aboriginal heritage art and moral rights. Annals of Tourism Research，27（2）：412-431.

Sofield T，Li S. 2011. Tourism governance and sustainable national development in China：A macro-level synthesis. Journal of Sustainable Tourism，19：501-534.

Spencer D M，Nsiah C. 2013. The economic consequences of community support for tourism：A case study of a heritage fish hatchery. Tourism Management，2：221-230.

Stefan G. 2014. Carbon labels in tourism：Persuasive communication. Journal of Cleaner Production，111：1-12.

Stefan G. 2015a. Inter-market variability in CO_2 emission-intensities in tourism：Implications for destination marketing and carbon management. Tourism Management，46：203-212.

Stefan G. 2015b. New performance indicators for water management in tourism. Tourism Management，46：233-244.

Stephen J，Calver S J. 2013. Enlightened hedonism：Exploring the relationship of service value，visitor knowledge and interest，to visitor enjoyment at heritage attractions. Tourism Management，12：23-36.

Strickland-Munro J K，Allison H E，Moore S A. 2010. Using resilience concepts to investigate the impacts of protected area tourism on communities. Annals of Tourism Research，37（2）：499-519.

Su Y W，Lin H. 2014. Analysis of international tourist arrivals worldwide：The role of world heritage sites. Tourism Management，2：46-58.

Sun M Y，Shi M Y. 2012. Study on the motivation of intangible cultural heritage recreational visitors and its market segmentation. Tourism Tribune，27：95-102.

Sund K J. 2004. Tourism clusters and the geographical distribution of hotels in Switzerland. 2nd Biennial Conference：Changing Patterns and Use of Leisure Time，Bolzano：10-12.

Taheri B，Jafari A，O'Gorman K. 2014. Keeping your audience：Presenting a visitor engagement scale. Tourism Management，6：321-329.

Teo P，Yeoh B S A. 1997. Remaking local heritage for tourism. Annals of Tourism Research，24：192-213.

Terry W. 2014. Solving labor problems and building capacity in sustainable agriculture through volunteer tourism. Annals of Tourism Research，49：94-107.

Tim C，Claire D. 2014. Energy practices among small-and medium-sized tourism enterprises：A case of misdirected effort. Journal of Cleaner Production：1-10.

Timothy D J，Boyd S W. 2003. Heritage Tourism. Harlow：Pearson Education.

Triandis H C，Triandis L M. 1960. Race，social class，religion and nationality as determinants of social distance. Journal of Abnormal and Social Psychology，61：110-118.

Tyrväinen L，Uusitalo M，Silvennoinen H，et al. 2014. Towards sustainable growth in nature-based tourism destinations：Clients views of land use options in finnish lapland. Landscape and Urban

Planning, 122: 1-15.

United Nations Environment Programme. 2005. Making Tourism More Sustainable-A Guide for Policy Makers.Paris: World Tourism Organization Publications: 11-12.

Urtasun A, Gutiérrez I. 2006. Tourism agglomeration and its impact on social welfare: An empirical approach to the Spanish case. Tourism Management, 27 (5): 901-912.

Valentine P. 1992. Review: Nature-based Tourism. London: Belhaven Press.

Victoria M. 2013. Implementing sustainable tourism: A multi-stake holder involvement management framework. Tourism Management, 36: 342-353.

Vu H Q, Li G, Law R, et al. 2015. Exploring the travel behaviors of inbound tourists to Hong Kong using geotagged photos. Tourism Management, 46: 222-232.

Wager J. 1995. Developing a strategy for the Angkor world heritage site. Tourism Management, 16: 515-523.

Wang C. 2014. The role of local government and the private sector in China's tourism industry. Tourism Management, 45: 95-105.

Wanhill S, Buhalis D. 1999. Introduction: Challenges of tourism in peripheral areas. International Journal of Tourism Research, 1 (5): 295-297.

Weaver D B, Lawton L J. 2013. Resident perceptions of a contentious tourism event. Tourism Management, 37: 165-175.

Wells E C, Zarger R K, Whiteford L M, et al. 2016. The impacts of tourism development on perceptions and practices of sustainable wastewater management on the Placencia Peninsula, Belize. Journal of Cleaner Production, 111 (1): 430-441.

Wells V K, Gregory S, Diana T, et al. 2016. An exploration of CSR development in heritage tourism. Annals of Tourism Research, 5: 1-17.

Wu B H, Li M M, Huang G P. 2002. A study on relationship of conservation and tourism demand of world heritage sites in China. Geographical Research, 21: 617-626.

Wu T, Xie P, Tsai M. 2015. Perceptions of attractiveness for salt heritage tourism: A tourist perspective. Tourism Management, 12: 201-209.

Xavier F. 2014. Sustainability motivations and practices in small tourism enterprises in european protected areas. Journal of Cleaner Production, 137: 1-10.

Xi J. 2014. Changes in land use of a village driven by over 25 years of tourism: The case of gouge zhuang village, China. Land Use Policy, 40: 119-130.

Xu F. 2014. Modelling attitudes to nature, tourism and sustainable development in national parks: A survey of visitors in China and the UK. Tourism Management, 45: 142-158.

Yale P. 1991. From Tourist Attractions to Heritage Tourism. Huntingdon: ELM Publications.

Yi W, Bramwell B. 2012. Heritage protection and tourism development priorities in Hangzhou, China: A political economy and governance perspective. Tourism Management, 8: 988-998.

Zhao S, Timothy D J. 2015. Governance of red tourism in China: Perspectives on power and guanxi. Tourism Management, 2: 489-500.